吉林师范大学教材出版基金资助

大学生职业发展与就业指导

Daxuesheng Zhiye Fazhan yu Jiuye Zhidao

主　编
郑晓明

副主编　王志强　张维微　穆永光
高玉梅　赵东方

编　委　张效良　王　鑫　于　洋　于铁夫　侯川子
李　鑫　柏　松　代　牧　靳妍钰　齐长利
李瑶瑶　林　琳　张　爽　陈　擎　赵明宇
徐　帅　常　赫　朱　烁

高等教育出版社·北京

内容简介

本书是高等学校"大学生职业发展与就业指导"课程教材。全书12章，主要包括生涯唤醒，自我探索，职业世界探索，生涯决策及行动计划，职业能力素质提升，大学生就业形势与就业政策、法规，就业观念与就业信息搜集，自荐材料制作，笔试，面试，试讲、说课，就业心理和就业安全等内容。

本书除作为高校教材外，还可供对职业发展与就业感兴趣的读者阅读参考。

图书在版编目（CIP）数据

大学生职业发展与就业指导/郑晓明主编. --北京：高等教育出版社，2020.8

ISBN 978-7-04-054388-9

Ⅰ. ①大… Ⅱ. ①郑… Ⅲ. ①大学生-职业选择-高等学校-教材 Ⅳ. ① G647.38

中国版本图书馆 CIP 数据核字(2020)第 114731 号

策划编辑	杨利平	责任编辑	杨利平	封面设计	赵　阳	版式设计	杨　树
插图绘制	于　博	责任校对	马鑫蕊	责任印制	耿　轩		

出版发行	高等教育出版社	网　　址	http://www.hep.edu.cn
社　　址	北京市西城区德外大街4号		http://www.hep.com.cn
邮政编码	100120	网上订购	http://www.hepmall.com.cn
印　　刷	北京市鑫霸印务有限公司		http://www.hepmall.com
开　　本	787mm×1092mm　1/16		http://www.hepmall.cn
印　　张	14.75		
字　　数	260千字	版　　次	2020年8月第1版
购书热线	010-58581118	印　　次	2020年8月第1次印刷
咨询电话	400-810-0598	定　　价	43.00元

物 料 号　54388-00

编写委员会

主　编　郑晓明

副主编　王志强　张维微　穆永光　高玉梅　赵东方

编　委　张效良　王　鑫　于　洋　于铁夫　侯川子
李　鑫　柏　松　代　牧　靳妍钰　齐长利
李瑶瑶　林　琳　张　爽　赵明宇　陈　擎
徐　帅　常　赫　朱　烁

前言

高校毕业生是国家宝贵的人才资源。高校毕业生就业，事关大学生个人事业发展和价值实现，事关国家经济提质增效和转型升级，事关民生改善和社会和谐稳定。习近平总书记强调要支持帮助学生们迈好走向社会的第一步。① 李克强总理多次批示指出，就业稳则心定、家宁、国安，要加强就业指导。② 党的十九大报告指出，要坚持就业优先战略和积极就业政策，实现更高质量和更充分就业。③ 这为高等学校就业工作确立了目标，指明了方向。

目前，我国的高等教育进入了新的发展阶段，逐步实现从扩大规模到提升质量的转变。就业指导工作是人才培养工作的重要组成部分，是提升高等教育质量、推动内涵式发展的重要内容。就业指导课程是提升学生职业素养的主渠道。多年来，吉林师范大学高度重视大学生职业发展与就业指导工作，将职业发展与就业指导课程列入教学计划，作为全校必修课。2009 年，结合教育部办公厅 2007 年下发的“关于印发《大学生职业发展与就业指导课程教学要求》的通知”要求，我们编著出版了《大学生职业发展与就业指导》校本教材，供大学生职业发展与就业指导课程教学使用。教材结合学校实际，增强了就业指导课程的教学效果，推进了学生就业工作，教材荣获省优秀教材二等奖。教材出版几年来，我们不断总结经验，广泛听取师生的意见建议，密切关注形势变化，现对原教材进行了修订，以全新的面目出现在师生面前。

本书结构简明扼要，内容简单实用。新体系、新理论、新思维、新方法、新案例令人耳目一新，呈现出时代性特点。一是系统性，全书从职业生涯规划到就业指导，使课程体系更加完整，结构更趋科学，构成了一个完整的关于大学生职业发展与就业指导的内容体系。二是实用性，全书注重理论与实践的有机结合、学习与应用的有效链接，结合了具体的案例陈述理论，使全书的可读性得到增强。

---

① 唐湘岳，刘翔．让学生迈好走向社会的第一步[N]．光明日报，2018-05-03(14)．

② 佚名．李克强：以大众创业万众创新拓展就业空间[N]．经济日报，2015-05-20．

③ 王石川．人民时评：以公平托起更高质量就业[N]．人民日报，2017-11-08(5)．

本书的出版得到高等教育出版社的大力支持，特别感谢高等教育出版社的领导和编辑，感谢所有为本书的出版付出心血的朋友们。本书由郑晓明教授负责制定框架、审稿、统稿。王志强、张维微、穆永光、高玉梅、赵东方、张效良、王鑫、于洋、于铁夫、侯川子、李鑫、柏松、代牧等参与各章节撰写工作。书中案例涉及人物均为化名，切莫对号入座。

本书凝聚了大学生就业指导工作者的智慧与汗水，吸取了各类就业指导书籍的精华，由于时间仓促及编者水平有限，书中难免有疏漏之处，敬请广大读者批评指正，衷心祝愿每一位大学生拥有灿烂美好的明天。

编者

2020 年元月

目 录

1

第一章 生涯唤醒

生涯之学，即应变之学

——金树人

本章要点

- 了解职业生涯规划的重要意义；
- 掌握职业生涯规划的基本步骤；
- 积极进行职业生涯的探索与规划。

理论认知

第一节 初识职业生涯规划

历经12年的寒窗苦读，艰苦奋战，同学们带着万分喜悦的心情走进了向往已久的大学校园，憧憬着美好的未来：毕业以后找到一份好工作，实现人生理想，实现自我价值。可见同学们读大学不是为了四年的荣耀，而是为了人生发展、职业前途。人生舞台没有彩排，在就业市场化的今天，随着竞争的日趋激烈，同学们需要未雨绸缪，提前为自己做好职业生涯规划。运筹于帷幄之中，才能决胜于千里之外。把握自己的命运，创造美好生活，演绎精彩人生。

一、生　　涯

（一）生涯的内涵

生活中我们常听到“生涯”一词，如政治生涯、艺术生涯、戎马生涯、学术生涯等。古人的诗词中也有“生涯”这个词，如陆游在《秋思》中写道：“身似庞翁不出家，一窗自了淡生涯”。《辞海》对“生涯”一词的定义是：指从事某种活动或职业的生活。美国心理学家舒伯(Super,1976)给生涯概念融入了丰富的内涵：生涯是生活里各种事态的演进方向和历程，它统合了人一生中的各种职业和生活角色，由此表现出个人独特的自我发展形态。因此，生涯是指与个体终身从事的工作或职业有关的所有活动的过程。[①] 在本书中，“生涯”是指“一生”，即是从生到死的过程。

生涯的形态不是一条静止的线，而是一个动态的过程，伴随人的一生。它是个性化的，会受个人经验、特质、背景、环境、不可预测因素的影响，任何人都会有属于自己、独一无二的生涯。生涯更是人从青春期到退休之后，一连串有酬或无酬社会职位的综合。除了职业之外，还包括任何与工作有关的角色，如学生、职员、退休者，甚至包括家庭、公民等角色。

---

① 邱美华，董华欣．生涯发展与辅导[M]．新北：心理出版社，1997：11-12.

（二）生涯成熟度

生涯成熟度是指在面对生涯问题时的心理发展水平，它反映了每个人在不同生命阶段完成任务的历程和状态。在入职前，一般用职业选择来衡量心理活动发展水平；在进入职场后，虽然存在职业发展水平问题，但还有一部分更为重要的任务，比如如何适应所在的组织、如何保住自己的岗位、如何晋升、在面临退休时如何计划等。对于在校大学生来说，其职业成熟度的衡量标准以职业选择为主。如果一个学生能根据自己的心理特点、专业能力和就业形势等进行科学的决策、做出职业选择，并采取客观可行的措施，最终获得职位，那么其职业成熟度就高，反之则低。

二、职业生涯

（一）职业生涯的含义

职业生涯是对生涯的狭义理解，专指个体职业发展的历程，就是一个人一生中从事的所有职业以及个人对职业生涯发展的理解和期望。职业生涯是个体以生理、心理、智力、体力、能力等为资本获得工作，又以工作的性质、内容、层次、业绩等为条件，获得薪酬、评价、待遇，最终满足其目标和需求的工作经历、心理体验的历程。

人的职业生涯是一个漫长的过程，也许一生只从事一种职业，也许从事多种职业，每个人都会有所不同，但相同的是每个人都希望拥有能满足自己需求并适合自己的职业。而对于自己职业生涯的选择和规划，每个人的实现程度又有不同，往往都是在满足现有的工作条件下，不断改变和调整自己的兴趣、心态，甚至目标和价值观。

职业生涯是个人追求自我实现的重要阶段，人们通过职业生涯满足人生的大部分需求。我国生涯规划专家程社明通过对 500 名学员调查后，认为：职业生涯对“生活来源”需求满足的平均期望值为 99%；对“归属和爱”需求满足的平均期望值为 55%；对“自我需要”需求满足的平均期望值为 80%；对“来自他人的尊重”需求满足的平均期望值为 86%；对“自我实现”需求满足的平均期望值为 95%。[①] 由此可见，职业生涯不仅是我们的谋生手段，更是我们满足高层次需求的重要途径。唯有在完整的职业生涯中，我们才有可能充分发挥潜能，并从中获得高度满足

---

① 王秀玉．综合高中信息应用学程与高职数据处理学生生涯成熟之比较［D］．台北：“国立师范大学”，2001.

感，实现人生最大价值。

（二）职业生涯的形态

个人职业转折和工作投入的状态，称为职业生涯的形态。职业生涯的形态通常有以下几种类型：

1. 高升型

即在一个组织内，认真工作，即使工作地点或工作内容因组织需要而有所改变，但是工作表现仍然颇受主管的肯定，因而步步高升。这类职业人可能一生都在一个组织中，从基层做起，个人职业发展服从组织的发展需要，因此成为组织中的骨干。

2. 经历丰富型

即换过不少工作，工作的内容差异性很大，勇于尝试和创新，学习能力强，能面对各种突发状况。这类职业人往往“不清楚自己想要什么，但很清楚自己不要什么”，凭直觉作决定。

3. 稳扎稳打型

即在工作初期，处于探索阶段，工作的转换较为频繁。经过一连串的尝试与努力之后，终于进入自己所向往的工作机构。此机构的升迁与发展有限，但是非常稳定，如学校、行政机关、邮局、银行等。

4. 越战越勇型

即职业发展已有明确的方向，但是因为某些原因受到打击和重挫。受挫之后，凭自己的毅力与能力积极进取，以更成熟的态度面对挑战，最后工作的成就远超过从前。

5. 得天独厚型

即对于自己的职业并没有花太多的时间去探索和尝试，反而因为家庭的关系，很早就确定了方向。经过巧妙的安排，进入组织的决策核心，并将组织发展与个人职业发展密切结合。企业家的第二代就是最明显的例子。

6. 中断型

即职业发展因为某些因素而停顿，处于静止或衰退的状态。例如身患疾病的人，花很长时间治疗和恢复，经济上与情绪上处于脆弱与依赖状态，很难开展职业规划。

7. 一心多用型

即有份稳定的工作，同时在工作之余做自己感兴趣的事，在稳定与创新之间，寻找平衡点，使生活更为丰富。现代社会，拥有第二职业、第三职业很常见。

三、职业生涯规划

职业生涯规划不应该简单地等同于找工作，或者仅仅与工作相关。当然，这个概念也是经过几十年的发展，才有了更为广泛的含义。

职业生涯规划最早起源于1908年的美国。有“职业指导之父”之称的帕森斯(Frank Pasons)针对大量年轻人失业的情况，成立了波士顿职业局，首次提出职业指导的概念。自此以后，职业指导开始系统化。在随后的几十年中，心理测验的蓬勃发展促进了职业指导的扩展。第二次世界大战中对大量不同人才快速分类与安置的需要，以及对战后复原人员就业安置的需要，使职业指导成为一种时尚。当时的职业指导主要关注人职匹配，内容以测评和提供职业资讯为主。到五六十年代，舒伯(Super)等人提出“生涯”的概念，于是生涯规划不再局限于职业指导层面。舒伯(Super)的生涯发展理论将生涯的过程视为从出生到死亡的全过程，如图1-1所示，其中包括成长期(0~15岁)、探索期(15~25岁)、建立期(25~45岁)、维持期(45~65岁)和衰退期(65岁以上)。大学生的生涯发展阶段属于探索期，这个阶段主要的生涯发展任务是从多种机会中探索自我，逐渐确定职业偏好，并在所选定的领域中开始起步。

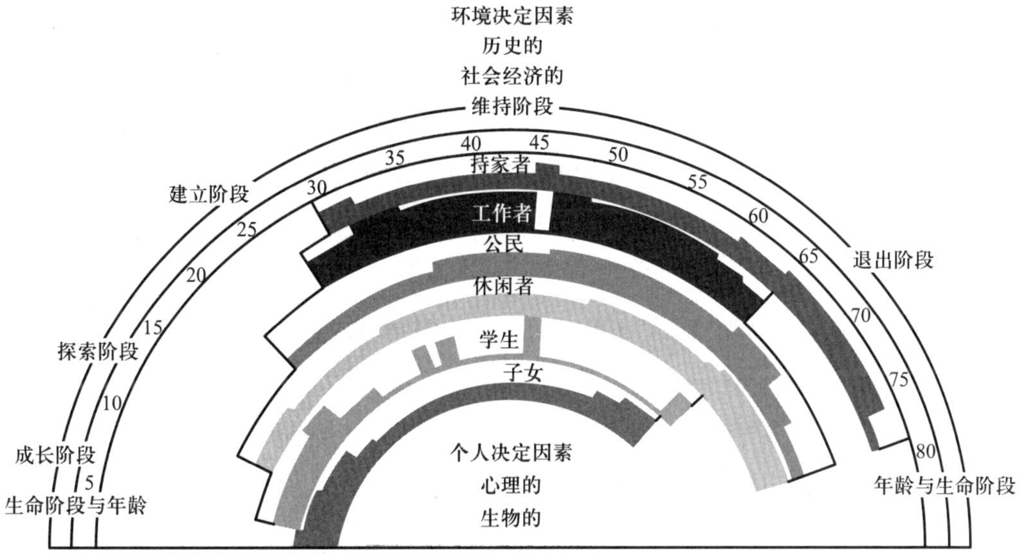

图1-1 舒伯的生涯彩虹图

舒伯认为：持家者、公民、休闲者、学生、子女、配偶、退休者等的角色和工作者的角色都是一个人自我概念的具体表现。自我概念包括个人对自己在兴趣、能力、价值观以及人格特征等方面的认识，是个人生涯发展历程的核心。个人对工作与生活满意的程度，有赖于个人能否在工作上、职场中以及生活形态上找到展现自我的机会。

舒伯认为，一个完美的人生，未必仅仅依赖于职业角色的完美与否，更多的非职业角色使人生有更多自我实现的可能性。就好像一个学生的兴趣，如果不能从专业学习中得到百分之百的释放，那么就要认真规划一下自己的休闲角色，从而获得更多的自我实现。

在美国，生涯教育运动开展得也很普遍，生涯教育是美国广泛实施的咨询活动和学校心理辅导的重要组成部分。曾任美国教育总署署长的马兰(Marland S. P.)认为生涯教育就是“在初等、中等、高等以及成人教育所有阶段中按照每个人发展阶段的特点，为使学生能在未来的职业方面实现自己的愿望，所进行的有组织的、综合性的教育。”同时，他一再强调，组成社会经济体系的所有结构，如教育、劳动、商业、工业、家庭、社区、政府等都必须考虑将生涯教育当作自己的责任。① 美国联邦教育总署在推广生涯教育的《指导手册》时宣称：所谓生涯教育，“就是把劳动所体现的各种社会价值统一于个人的人格价值的结构之中，使劳动成为人人享有的、富有意义的，并且能够从中得到满足。公共教育和地区、社会全体成员努力的目的，就是要帮助每个人在生活中实现这些社会价值”。②

在美国，从幼儿园开始就有生涯辅导，在中小学，更是有多种多样旨在扩展生涯经验和增进自我了解的职业探索活动和教育活动。生涯辅导不是以“一个萝卜一个坑”的方式进行人与职业的组合，而是融入个体的自我发展、角色发展中进行的。

在我国，生涯规划起步较晚，现在仍有很多大学新生认为生涯规划离自己还很远。其实则不然，我们必须知道，生涯规划越早开始越好。

四、职业生涯规划的基本步骤

具体而言，一个系统的职业生涯规划应当包括觉知与承诺、认识自己、认识工作世界、决策、行动和再评估六个步骤。

（一）觉知与承诺

在这个阶段，学生了解到职业生涯规划的重要性和作用，并愿意花时间来规划

---

① 日本文部省．五国普通教育[M]．刘树范，关益，等译．北京：教育科学出版社，1982：165.

② 崔正昀．美国职业教育的立法及其特色[EB/OL](2004-08-04)[2004-10-10].http://www.doule.net//1072134_1.shtml.

自己的生涯。但在此要提醒学生的是：生涯规划是一个过程，是一种面对生涯发展的态度，它未必能立竿见影，马上为自己带来理想的工作。这就像我们播下种子，未必能马上发芽一样。所以，对职业生涯规划要有合理的预期。

（二）认识自己

系统化的职业生涯规划是一个“从内而外”的过程。因此，在职业生涯规划时，首先要认识自己，梳理以下几个方面的情况：

（1）我有哪些人格特质？

（2）我的兴趣是什么？

（3）哪些东西是我生命中不能缺少的？我最看重什么？

（4）我有哪些技能是与众不同、赖以为生的？

（5）其他：健康、性别、民族等。

（三）认识工作世界

工作世界信息和自我信息是职业生涯规划中基础和重要的部分。对工作世界的了解具体包括：

（1）专业与职业的关系；

（2）工作世界的宏观发展趋势；

（3）具体职业对工作人员的要求、条件和待遇等；

（4）继续教育方面的选择。

（四）决策

决策是综合整理和评估信息的部分，在决策时有可能因信息不全而重新回到前面两个步骤，具体内容包括：

（1）综合与评估信息；

（2）目标设立与计划；

（3）处理决策过程中的各种问题：生涯信念、障碍。

（五）行动

行动是将全部的探索和思考落实的阶段。学生要通过行动来实现自己设立的工作目标。通常包括；

（1）具体的求职过程

（2）制作简历、面试

也有可能在与现实的接触过程中，你对自己有新的发现，由此对生涯发展有了新的思考。所以，虽然我们为了方便学习，将职业生涯规划人为地分成不同的步骤，但无论处在哪个步骤，自我与外部信息的探索都不会停止，不要忽略这些部分带给你的新启示。

（六）再评估

当在实践中迈出职业生涯规划的重要一步——进入工作世界时，随着外部环境的变化，自己或许会继续沿着过去的规划前进，也有可能发现过去的规划已不适合自己，或者发现过去的规划并不尽如人意，这就需要再次进行生涯探索。

第二节 大学生与职业生涯规划

大学并不是象牙塔，也不是人生的港湾和终点，只能说是人生之舟的又一次启航，需要你重新确立航行目标、设计航行路线，历练出劈波斩浪的本领。

一、大学生对职业生涯规划的认识误区

（一）职业生涯规划可有可无

职业生涯规划观念淡漠，是当代大学生普遍存在的问题。很多大学生表示自己从来没有对职业生涯做过有意识的规划，只知道大学生就业形势特别严峻，从进校开始就十分紧张。但在感到不安的同时，并没有认真地规划自己的职业前景。不少大学生认为职业生涯规划可有可无，反正能否就业不由自己说了算，听天由命。也有部分大学生认为，自己尚处于学习阶段，未来有太多的不确定因素，所以现在规划自己的职业生涯为时过早。这种想法造成的后果是学习的无目的性，荒废了宝贵的学习时光，错过了职业规划的大好时机。

（二）职业生涯规划是毕业生的主要任务

不少大学生在谈及职业生涯规划时，都认为这是毕业生的主要任务，其他年级的学生是不必为职业规划而“浪费”时间的，认为计划不如变化快，职业规划等到

即将毕业时再做不迟，其实这是一种误区。如果学生不从走进大学的第一天，就开始学习有关职业规划的理念，并在老师的指导下，逐渐形成自己的职业发展规划，那么到毕业真正面对就业问题时，就会陷入盲目状态。当意识到自己的专业水平和能力方面存在不足时，就已经无能为力了，出现不知所措的尴尬，从而追悔莫及。

（三）职业生涯规划中的自我定位不准

进行自我评估的目的是找出自己的优势和不足，不幸的是，许多大学生在评估的过程中看不到自己的优势所在，随之而来的是对自己的过分否定，认为自己一无是处。能不断地从自己身上找缺点并克服这些缺点，的确是难能可贵的，但过分否定自己，也容易让自己失去信心。缺乏自信的人，其事业是难以成功的。许多大学生没有做好自己的职业规划，首要的原因是对自己认识不清，不知道自己想干什么、适合干什么，想进行职业规划，但不知如何下手。在进行职业规划时，最好做一个全面的自我分析，做好“四定”：(1)“定 向”，确定自己的职业方向；(2)“定点”，确定自己职业发展的地点；(3)“定位”，确定自己在社会上的位置；(4)“定心”，做到心平气和。以上四点实际上就是解决职业生涯计划中“干什么”“如何干”“怎么干”“以什么样的心态去干”这四个基本问题。这样，既可以防止“低价出售自己”，也可以避免期待值过高而一无所获。

（四）职业生涯规划急功近利，把就业、职业和事业混为一谈

不少大学生忽视职业生涯规划过程的动态性和阶段性，盲目从众，急于求成，甚至企图走“捷径”实现目标，而不考虑自己的实际情况，欲速则不达。曾有一份在数百名大学生中所做的调查显示，95%的同学表示自己两年内要做主管，五年后成为部门总监。77%的同学表示，35 岁之前要成为年薪 50 万到 100 万元的企业经理人，还有 20%的同学表示毕业后十年之内上《福布斯》等知名杂志的富豪排行榜，做一名“金领”。这样的职业规划对于绝大多数大学生而言显然是不现实的，最终只能导致失望与失败。

有些大学生把就业、职业和事业混为一谈，认为就业等同于职业，甚至把就业与一生的事业发展画上等号，因此在就业问题上显得优柔寡断，把就业当成一生中带有定格性的事情来对待，这样既不利于毕业时就业问题的解决，也不利于长远职业生涯的规划，就更谈不上事业发展。职业生涯设计师徐小平认为人生职业分为三个层次：第一层次就是就业，维持生存；第二层次就是职业，从事比较稳定的工作，满足基本的物质需求；第三层次就是事业，这个层次不仅有丰富的物质生活，

更有精神上的满足感。这三个层次逐步推进，逐步实现，并不能一步到位。

二、职业生涯规划的意义

职业生涯规划将伴随我们大半生，在我们人生的旅途中留下永恒的印迹。一个没有规划的职业生涯是迷茫的，没有方向的，有时会走很多弯路，浪费许多宝贵时光；职业生涯规划，好比大海中的启明灯，为航行中的人生之舟指明方向，因此，职业生涯规划对大学生的发展具有特别重要的意义。

（一）职业生涯规划帮助大学生树立人生目标，让大学生活富有意义

在一些学校的校园论坛中，常常可以看到学生们在讨论这样一个主题：在大学，你学会了什么？从学生的回帖中看到，有学会学习，学会做人、做事，但也常常会看到学生们的郁闷。比如，有的学生说：大一、大二学到了上网成性，学会了挂科成片，学会了喝酒，学会了懒惰。大三重新学会了自习、上课，至于和人交往，也一直在学。感觉我在大学就是浪费自己的时间。有的说：逃课，三天学习一学期的课还不挂科。有的说：堕落，喝酒抽烟，考试作弊，交际方面的虚伪和奸诈。甚至有人说：知道了就不该上这该死的大学，不上大学可能会后悔吧，但上了大学一定会后悔，活着就是一件无聊的事。还有一些大四的学生在即将毕业时，回首大学生活，却是想哭的感觉，他们说：不是因为离别，而是什么也没学到，要说收获的话，就是对什么都有了忍耐和适应。

目前这种状况虽然只发生在极少数同学身上，但作为一种情绪却是弥漫性的，到底是什么原因让这些“天之骄子”如此无聊、郁闷？归其一点是目标的缺失。这里谈的目标缺失有几种情况：一是根本无目标，没想好(或根本没想过)大学毕业后怎么办，走一步算一步。二是有一个目标，但目标的制订是随大流的：大家都考研，我也考研；父母让我出国留学，我就学英语；外企工资高，我的目标就是进外企。三是自己虽有明确的目标，但与现实情况相矛盾，想当律师，却学了化学，不知如何是好。四是目标是外在的，而不是自己的。

职业生涯规划能帮助你制订适合自己的职业发展目标，目标是让你最大限度地挖掘潜能，最恰当地利用已有条件，从而获得成功。著名的体操运动员桑兰在她体操生涯的黄金时期受了重伤，胸部以下完全瘫痪。遭此挫折，她要拿奥运金牌的目标也无法实现了。但她仍然以顽强的精神笑对人生，她学会了自理，到北大新闻系读书，在星空卫视担任节目主持人。她轮椅上的人生如此绚丽，源于她有一个新的

人生目标——拿人生的金牌。目标给人的行动指明方向，使人知道什么最重要，促使人们把握住一个一个的今天，并通过对目标的不断评估，产生持续的信心、热情和动力，最终实现目标。

对大学生而言，有了明确的职业目标，就很容易确定大学的学习目标，增强学习的主动性和自觉性。

（二）职业生涯规划帮助大学生发现自我、挖掘潜能、实现自我

自我实现的理论是人本主义心理学家马斯洛提出来的，人的五种不同层次需要的满足是人类的共性。生理的、安全的、社交的、自尊的、自我实现的需要，其中最高层次的需要是自我实现。马斯洛通过对杰出人物的研究，总结出了真正达到自我实现的人所具有的一些共同特征，其中排在第一位的是自我实现者有出色的认识能力，不仅仅是指对客观外在事物的认识，还有对政治、哲学、艺术、人生的较深的理解，更有对自我理想的判断。因此，我们要善于发现一个客观的我，一个有信心的、有能力的、有欲望的我。世界上没有两片完全相同的树叶，当然也不存在两个完全相同个性的自我。尺有所短，寸有所长，每个人各有所长。马克·吐温是位出色的作家，但他经商却一败涂地；爱因斯坦的思维更倾向于直觉，所以他选择了物理作为他终身的研究方向。如果他当初选择数学，人类就会失去一位伟大的物理学家；著名华裔科学家、Google 全球副总裁兼中国区 CEO 李开复刚上大学时学习的是法律专业，大二时，他发现自己对参加的“计算机编程社团”更感兴趣，为社团工作时，他甚至可以废寝忘食，为此他毅然放弃了在全美排名第三的哥伦比亚大学法律专业，而转到刚刚开设的计算机专业。如果他继续学习法律，他会成为美国的一个衣食无忧的中等阶层的律师，但就不会有现在的这种自我实现的快乐感。就在校大学生而言，职业生涯规划能够帮助你做出正确的选择，找到适合自己的发展方向，在大学期间不断充实自己，进而在事业的舞台上厚积薄发。

虽然有些成功人士没有做形式上的职业生涯规划，但他们在不知不觉中自然地、朴素地实践着职业生涯规划的理念。大学生从现在起学习职业生涯规划的理念与方法，在自我成长的道路上将更加具有主动性、目的性和计划性，事业成功的概率会更高。

（三）职业生涯规划帮助大学生增强就业竞争力

在大学期间做好职业生涯规划有助于合理地安排和利用大学生活，为实现自己的规划目标，制订大学阶段的学习和能力培养计划，并根据自己的爱好、

实际能力和社会需求制订正确的大学生涯发展目标和有效的实施步骤。有了目标，就能积极主动地学习知识，完善自己。比如，许多同学毕业后想考研究生，那么大学期间就要认真地学习专业知识，加强外语学习，了解时事政治，对目标专业考试大纲进行深入研究，并利用业余时间扩展性地学习，此外还需提高自身的语言表达能力、应试心理素质以应对初试和复试的考核。也有一部分同学毕业后想开办公司，自己做老板，那么就要有意识地培养自己的创新意识、开拓精神和吃苦耐劳的工作作风。在目标的指引下，大学生们就可以不断提升自己的就业竞争力。

（四）职业生涯规划是帮助大学生奠定未来事业成功的基础

有了职业生涯规划，在职业选择时就会多一份理性和自信，在职业发展过程中就会多一些准备和从容，在事业的成功上就会多一点积累和希望。

每个人成功的方式和成功的道路各有不同，但有一点是相同的，那就是正确认识自我和社会，充分发挥个人所长，确定目标并持之以恒，有了规划便坚持不懈，克服困难的勇气多了，获取成功的信心足了，离得到鲜花和掌声的时刻也就更近了。如果同学们能够踏踏实实地按照职业规划去做，紧紧围绕职业目标不懈努力，相信你们的梦想不会遥远。

三、大学生涯的规划与发展

在国外，高中生选择大学和选择专业首先考虑的是就业问题。他们根据自身的职业规划与职业目标选定专业，选择大学，安排大学生活，从而为自己的职业生涯发展奠定基础。职业生涯规划理论在我国起步较晚，但也越来越被人们重视。大学阶段是职业生涯规划的准备期，从进入大学起，就应该明确自己的职业目标，为之努力学习，合理地规划和安排自己的大学生活。谁也无法拥有比别人多的时间，我们唯一可以做的就是充分利用自己的时间，让自己的大学生活充实而美好，还是那句话：当我们回首往事的时候，不因虚度年华而悔恨。

大学的学制一般为3~5年，每一学年中，大学生的学习重点与心理特征都不尽相同。根据这一自然的年限划分，大学生可以按学年为阶段设置阶段目标，进行职业生涯规划，并按照每一阶段的不同目标和自身成长特点，制订一些富有针对性的实施方案。以四年制大学本科为例，其生涯规划可分为以下阶段：

（一）大学一年级

大学一年级，被称为职业生涯的探索期。一是要学会适应大学生活，了解和掌握大学学习、生活的特点，融入集体生活。二是要了解自己的爱好、兴趣、性格、能力等，发现自己的优势和劣势。三是加深对本专业的培养目标和就业方向的认识。培养专业学习的自觉性，要注重专业基础知识学习，打好专业基础。

大学专业基础课，主要是在大学一年级开设，包括大学英语、高等数学（含线性代数、概率论和应用数理统计）、计算机基础和专业基础课程等。如果说大学是你人生发展的一个平台，那么基础课学习就是这个平台的基础。一定要足够重视专业基础课程的学习，因为将来无论是找工作、考研还是出国，这些基础课程都是重要筹码。另外，专业课是你安身立命之本，应该深钻细研，梳理成体系，逐渐培养自己的独到见解，多跟同学切磋，多参与课题、实验项目或课程实践，多跟老师沟通，利用网络和报刊、图书馆等资源涉猎各类课外知识，开阔视野，还要树立正确的人生观、价值观。大学一年级的学习往往能够决定你整个大学生涯的走向。此外，要初步明确将来所从事的职业，为将来制订的职业目标打下基础。要对自己希望从事的职业与自己所学专业对口的职业有初步的了解，制订职业生涯规划。过程中可与师哥、师姐进行交流，尤其是向大四即将毕业的师哥、师姐询问就业、考研等情况，以便尽早形成自己的职业意向。

（二）大学二年级

大学二年级，被称为职业生涯的定向期。此时已对职业有了初步的了解，意识到自身应具备哪些素质、积极参加各类实践活动，锻炼自己的综合能力。例如，参加校内的各种社团活动，大学生科技创新活动，培养和锻炼自己的创新意识、创新思维的同时也锻炼自己的科研能力；“暑期三下乡”活动，不仅能帮助你忆苦思甜，还能锻炼你的组织能力、协调能力和沟通能力等。可以利用课余时间参加社会兼职，如文学院的同学可以到可信度高的企业做文秘或宣传工作，管理学院的学生可以到企业从事人力资源管理和企业管理方面的实践，使自己所学的理论能够找到应用的舞台，使自己所具备的能力和素质更具社会气息、更具有生命力和实用性，增强自己的社会适应力。还可以使自己对职业本身和职业所处的社会环境有更深入的了解，为职业目标的确立奠定基础。另外，这一阶段还要增强自身的外语口语表达能力和计算机应用能力，通过外语和计算机的相关证书考试，并开始有选择地辅修其他专业的知识来充实自己；检验自己的知识技能，根据个人兴趣与能力修订个人的职业规划，在大二上学期制订出大学学习生活计划。

（三）大学三年级

大学三年级，被称为职业生涯的冲刺期。此时毕业已不再遥远，因此要根据个人的职业目标进行个性化的准备。例如将来的职业目标是成为一名全国优秀的高中物理教师，那么除了按照学校课程设置的内容学习物理学和教育学相关知识外，还要考取教师职业资格证书，进一步了解高中物理教育教学现状，不断增强教学能力和水平；刻苦训练教师基本技能——“五能”即课堂教学技能、实践活动指导技能、班主任工作技能、教学研究技能和现代教育技术运用技能；“三字”即粉笔字、钢笔字、毛笔字；“一话”即普通话。扩大校内外的交往圈，了解就业形势、教师职业发展趋势及特点，积极参加“职业发展与就业指导”相关活动，获得求职应聘的方法等。例如，模拟招聘活动，可以将同学们带入模拟的职场应聘情境中，让同学们领略求职应聘的真实场景，目睹求职应聘的全过程。非教师教育专业的模拟招聘还会有企业的 HR 亲临现场，参与模拟招聘活动；就业沙龙活动现场有资深的国家级职业指导师为学生指点就业迷津；简历制作大赛让同学们提前进入备战状态，尽早发现自身的不足和差距。想要考研的同学准备进入冲刺阶段。想要出国留学的同学则可以向可靠的留学机构咨询有关信息，积极参与学校组织的留学系列活动，先准备 TOEFL、GRE，注意留学考试咨询，向相关教育部门索取考试简章。这一时期要根据个人发展的实际情况、职业生涯的评估和修正方法，对自己的职业生涯进行相应的调整，使之更加切实可行。

（四）大学四年级

大学四年级，被称为职业生涯的分化期。大部分学生对自己的出路都有了规划，同学们首先应检验自己职业目标是否明确，前三年的准备是否充分；再根据自身状况做好心理调整和行动调整，整理个人求职材料；最后，通过各种方法获取招聘信息，积极参加合适的用人单位招聘，勇于面对挑战和挫折，获得适合自己的工作岗位，完成角色转换，扬帆远航。

人完全可以不用规划自己，也依然会“发展”。但是这种比较随机的发展，往往只能解决眼前的利益与发展目标。职业生涯规划，需要人站在更广阔的生涯全景中，来重新审视自己，从而为自己的生涯发展目标负责。这样才能够使自己的生命更加绚烂。为此，希望同学们清晰定位，好好完成当前生涯阶段的“必修课”，从而让自己的大学生涯少些后悔，多些靓丽。

课后思考题

1. 什么是职业生涯规划，职业生涯规划的意义何在？
2. 如何规划大学生活？

课后阅读

1. 吴芝仪．我的生涯手册[M]．北京：经济日报出版社，2008.
2. 韩旭彤，张录全．大学生职业规划与就业创业指导[M]．北京：现代教育出版社，2013.

2

第二章 自我探索

尽管我们常常谴责人类不了解自己的缺点，但恐怕也很少有人了解自己的长处。就像在泥土中埋藏着一罐金子，土地的主人却不知道。

——约拿珊·斯敏夫特

本章要点

- 了解霍兰德职业兴趣类型理论，掌握测试兴趣的方法和手段；
- 正确认识自己的职业能力；
- 重视对自身价值观的澄清，培养健康合理的价值观；
- 了解MBTI理论，识别自己的性格，思考性格特征对职业的影响。

理论认知

第一节 自我职业兴趣探索

漫画家蔡志忠说过做人最重要的就是要了解自己。有人适合做总统，有人适合扫地。如果适合扫地的人以做总统为人生目标，那只会一生痛苦不堪，受尽挫折。我国的先哲也曾说过："人贵有自知之明。"这些观点都在阐述认识自己的重要性，只有正确认识自己，才能够发现自己的优势和劣势，作出正确的职业定位、设计出合理的职业发展路线。了解自己应先从了解职业兴趣开始。

一、兴趣与职业的关系

（一）兴趣是人生幸福感的来源

"兴趣"这个词的出镜率不低，微博里有让你填写的兴趣分类，以便更新每天向你推送的消息；社团纳新表里，也有兴趣一栏。兴趣是人们认识事物所表现出来的积极态度与心理倾向，职业兴趣指人们对某种职业所表现出来的积极态度与心理倾向。经研究发现，如果一个人对某一工作感兴趣，他能发挥全部工作才能的80%~90%，并且兴趣将成为其克服困难、疲倦、辛苦的不竭动力；而对工作没兴趣的人，只能发挥他全部才能的20%~30%，也容易感到精疲力竭。爱迪生就是个很好的例子：他几乎每天都在实验室里辛苦工作十几个小时，在那里吃饭、睡觉，但是丝毫不以为苦。他宣称：我一生中从未间断过一天工作，我每天其乐无穷。

芝加哥大学心理学教授米哈利（Mihaly Csikszentmihalyi）花了30多年的时间对各行各业的人物进行访谈，研究什么才是真正令他们感到快乐和幸福的。或许你以为是休闲娱乐，或是睡到自然醒，或数钱数到手抽筋的时候。但事实却是，在专心致志从事某项活动、甚至忘我地完全沉浸在这种活动中的时候，他们最为愉快和满足。对于不同的人而言，这种幸福可能是忘我地跳一支舞，或者唱一首歌，又或是阅读一本好书。米哈利教授把这种状态称为"flow"，这个词的意思是流动的，而在这里我们把它译为"沉浸心流"的状态。一切像被一股潮流推动着向前走一样，一切都很平稳而自然地发生了。在这种状态下，人们没有考虑到做这件事有什么回报，或者担心自己表现得如何，只是整个人都忘情地投入其中，享受这个活动本身带来的乐趣。此时是与个人积极状态连接的时候，例如信心、希望、快乐等。这一发现说明，人们的满足感、幸福感来源于从事某项活动而不是单纯的享乐或者无所事事。米哈利教授强调，要做自己喜爱的事情，才能获得快乐，而这也正是工作原本的意义所在。

（二）兴趣与职业发展的关系

试想一下，如果我们所从事的事情是自己喜欢的，那我们的工作和生活就会愉快得多，这样的工作也会使我们更加热爱工作、对工作更有激情，更有可能在工作中获得满足感。

研究表明，兴趣和工作满意度、职业稳定性和职业成就感之间存在着明显的关联。兴趣和能力也有密切的关系，但这种关系并不是简单的正相关。人们倾向于在他们感兴趣的事情上投入更多的时间，往往得以培养更强的能力。由于有较强的能力，人们在从事自己喜欢的事情时就会显得得心应手，从而增添了对这些事情的兴趣，继而形成良性循环。也有一些人，因为担心能力不足而放弃或者怀疑自己的兴趣，却不了解以兴趣为动力，能力也是可以培养出来的。所以需要注意的是，兴趣并不等于能力，兴趣测评的分数也不代表能力的高低。因此在探索兴趣时，请不要考虑你是否有能力把这件事做好，而只需要考虑喜恶即可。

二、霍兰德的兴趣类型理论

（一）霍兰德职业兴趣理论

1. 霍兰德职业兴趣类型

约翰·霍兰德(John Holland)是美国约翰·霍普金斯大学心理学教授，美国著名的职业指导专家。他于1959年提出的具有广泛社会影响的职业兴趣理论，是职业规划领域应用最广泛同时也是最实用的职业理论之一。根据霍兰德的假设，大多数人的职业兴趣可以归纳为六种类型：现实型、研究型、社会型、艺术型、企业型和常规型。

（1）现实型(R)

共同特点：愿意使用工具从事操作性工作，动手能力强，做事手脚灵活，动作协调。偏好于具体任务，不善言辞，做事保守，较为谦虚。缺乏社交能力，通常喜欢独立做事。

典型职业：喜欢使用工具、机器，从事需要基本操作技能的工作。对要求具备机械方面才能或从事与物件、机器、工具、运动器材、植物、动物相关的职业有兴趣，并具备相应的能力。如技术性职业（计算机硬件人员、摄影师、制图员、机械装配工），技能性职业（木匠、厨师、技工、修理工、农民、一般劳动）。

（2）研究型（I）

共同特点：思想家而非实干家，抽象思维能力强，求知欲强，肯动脑，善思考，不愿动手。喜欢独立的和富有创造性的工作。知识渊博，有学识才能，不善于领导他人。考虑问题理性，做事喜欢精确，喜欢逻辑分析和推理，不断探索未知的领域。

典型职业：喜欢智力的、抽象的、分析的、独立的定向任务，要求具备智力或分析才能，并将其用于观察、估测、衡量、形成理论、最终解决问题的工作，对这些工作具备相应的能力。如科学研究人员、教师、工程师、电脑编程人员、医生、系统分析员。

（3）社会型（S）

共同特点：喜欢与人交往、不断结交新的朋友、善言谈、愿意教导别人。关心社会问题、渴望发挥自己的社会作用。寻求广泛的人际关系，比较看重社会义务和社会道德。

典型职业：从事提供信息、启迪、帮助、培训、开发或治疗等事务，并具备相应的能力。如教育工作者（教师、教育行政人员），社会工作者（咨询人员、公关人员）。

（4）艺术型（A）

共同特点：有创造力，乐于创造新颖、与众不同的成果，渴望表现自己的个性，实现自身的价值。做事理想化，追求完美，不重实际。具有一定的艺术才能和个性。善于表达、怀旧、心态较为复杂。

典型职业：喜欢的工作要求具备艺术修养、创造力、表达能力和直觉，并将其用于语言、行为、声音、颜色和形式的审美、思索和感受，具备相应的能力。如艺术方面（演员、导演、艺术设计师、雕刻家、建筑师、摄影家、广告制作人），音乐方面（歌唱家、作曲家、乐队指挥），文学方面（小说家、诗人、剧作家）。

（5）企业型（E）

共同特点：追求权力、权威和物质财富，具有领导才能。喜欢竞争、敢冒风险、有野心、抱负。为人务实，习惯以利益得失、权力、地位、金钱等来衡量做事的价值，做事有较强的目的性。

典型职业：喜欢要求具备经营、管理、劝服、监督和领导才能，以实现机构、政治、社会及经济目标的工作，并具备相应的能力。如项目经理、销售人员、营销管理人员、政府官员、企业领导、法官律师。

（6）常规型（C）

共同特点：尊重权威和规章制度，喜欢按计划办事，细心、有条理，习惯接受他人的指挥和领导，自己不谋求领导职务。喜欢关注实际和细节情况，通常较为谨慎和保守，缺乏创造性，不喜欢冒险和竞争，富有自我牺牲精神。

典型职业：喜欢注意细节、精确度，有系统、有条理，具有记录、归档、根据特定要求或程序组织数据和文字信息的职业，并具备相应的能力。如秘书、办公室人员、记事员、会计、行政助理、图书馆管理员、出纳员、打字员、投资分析员。

大多数人都并非只有一种类型，比如一个人可能同时包含社会型、现实型和研究型三种类型。霍兰德认为，这些类型越相似，相容性越强，则一个人在选择职业时所面临的内在冲突和犹豫就会越少。为了帮助描述这种情况，霍兰德将这六种类型分别放在一个正六角形的每一角，如图 2-1 所示。

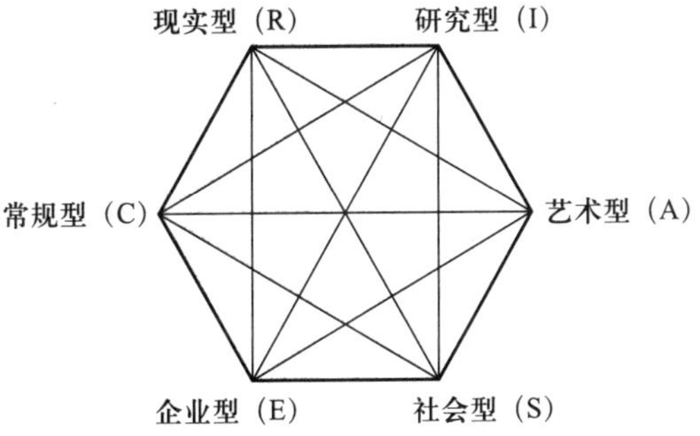

图 2-1　霍兰德六角形职业兴趣类型

2. 六种职业兴趣类型的内在关系

霍兰德所划分的六大职业兴趣类型并非是并列的、有着明晰边界的。从他以六边形所标示的六大类型关系可以看出：

（1）相邻关系，如 RI、IR、IA、AI、AS、SA、SE、ES、EC、CE、RC 及 CR。属于这种关系的两种类型的个体之间共同点较多。如现实型（R）、研究型（I）的人就都不太偏好人际交往，这两种职业环境中都较少与人接触。

（2）相隔关系，如 RA、RE、IC、IS、AR、AE、SI、SC、EA、ER、CI 及 CS。属于这种关系的两种类型的个体之间共同点较相邻关系少。

（3）相对关系，在六边形上处于对角位置的类型之间即为相对关系，如 RS、AC、SR、EI 及 CA 即是。相对关系的人格类型其共同点更少，因此一个个体对同时处于相对关系的两种职业环境都感兴趣的情况较为少见。

人们通常倾向选择与自我兴趣类型匹配的职业环境，如具有现实型兴趣的人希望在现实型的职业环境中工作，可以更好地发挥个人的潜能。但职业选择中，个体并非一定要选择与自己兴趣完全相应的职业环境。一则因为个体本身常是多种兴趣类型的综合体，单一类型显著突出的情况不多，因此，评价个体的兴趣类型时也时常以其在六大类型中得分居前三位的类型组合而成，组合时根据分数的高低依次排列，构成其兴趣组型，如 RCA、AIS 等；二则因为影响职业选择的因素是多方面的，不能完全依据兴趣类型，还要参照社会的职业需求及获得职业的现实可能性。因此，职业选择时会不断妥协，寻求与相邻职业环境甚至相隔职业环境相似的职业，在这种环境中，个体需要逐渐适应工作环境。但如果个体进入了相对的职业环境，即所进入职业环境的是与自我兴趣完全不同的职业领域，工作起来可能难以适应，或者难以做到工作时感到快乐，甚至可能会每天工作很痛苦。

（二）探索职业兴趣的活动

1. 活动项目：回顾平常喜欢做的事

每个人在日常生活中总有一些自愿做或常常想去做的事情。让我们共同来回顾自己平时喜欢做的事情，以及那些在做的过程中或结束后令你感到愉悦和满足的事情，列举三个。例如，我喜欢游泳、我喜欢听音乐、我喜欢和人聊天。

最近一段时间(一星期或一个月)，令你感到愉快的事件：

____

____

喜欢做的事情，可能分不同的类型，也存在不同的原因。比如，同样是打游戏，有些人喜欢的是搏击类的，享受打倒他人而取得的胜利感；有些人喜欢的是在游戏中和他人聊天，一起合作；还有些人仅仅是喜欢操纵键盘的感觉。再比如看书，也有不同的喜欢种类。问问自己，你喜欢做的是哪一类型？为什么这件事情会让你感兴趣？这背后的原因是什么？

这些事件让我感到愉快的原因是：

____

综合看来，不同的生活兴趣背后，可能会存在一些共同的特征。比如都是和人相关的，或者都是和资料、数据分析相关的。找一下你平时喜欢做的事情的共同特征，并在下面的线条中给这些事件标出适当的位置，如图 2-2 所示。

5　4　3　2　1　0　1　2　3　4　5

资料　　　　　　　　　　　　　　　　　　思维

5　4　3　2　1　0　1　2　3　4　5

人群　　　　　　　　　　　　　　　　　　事物

图 2-2　兴趣坐标

通过活动，不仅可以大致了解自己的兴趣类型，还能够对自己真正感兴趣的东西有更深入的了解。

一个人的成长，是踩着过去的步伐，一步一步地向前推进的。如果觉得通过对现在的生活事件的分析还不足以让你完整地了解自己的兴趣，而且你愿意花更多的时间来追溯自己生命的故事，那么你可以追溯自己以前成功的体验，从中发现自己的兴趣爱好，了解自己价值观等方面的倾向。

2. 活动项目：我的成功体验

帮你回顾一些快乐的、值得骄傲的、让你有信心的经验。你必须花上一到两个小时，把生命中的大事，细细地回忆一遍，并依下列步骤完成活动。

步骤一：用表 2-1 的回忆列表，将生命中值得回顾的事件，简略地记录下来，如觉得回忆表的空格太小，可先将它影印放大或自行制作表格。

表 2-1　兴趣回顾表

故事阶段 生命阶段	休闲		学习		工作	
	活动	成就	活动	成就	活动	成就
6 岁以前						
小学						
初中						
高中/职中						
大学/高职						

步骤二：将印象最深刻的五件事，用一两段文字，详细地在一张白纸中描述出来。描述时，请包括下列三个重点：

（1）活动：事情本身是有趣的、有挑战性或是你想学习的、创造的、制作的。

（2）工作或方法：完成该项活动所具有的物体、材料、工作、仪器；帮助你的关键人物；所掌握的重要内容。

（3）成果：完成工作、接触问题、战胜挑战、制成成品。

每个人可能有多种不同的兴趣，其中的某些还可能发展成谋生的技能，但并不是所有的都可以，因此，有必要对自己的兴趣做一个梳理，哪些兴趣是能够和职业挂钩的。

人们的兴趣是千差万别的，这种兴趣上的差异是人们在选择职业时的重要依据之一。我国著名的戏剧家曹禺在入中学前就热衷于看“文明戏”和京剧，也爱看地方戏和电影。他进入天津南开中学以后，成了南开中学话剧团的演员。通过演戏实践，对戏剧产生了浓厚的兴趣。虽然他父亲希望他学医，但他的兴趣在戏剧上。中学毕业后，曹禺进入清华大学学习西方语言和文学，他的兴趣进一步得到发展，开始从事长篇小说和剧本创作。在大学的最后一年，他完成了第一部剧本《雷雨》，而后成了我国著名的戏剧家。

兴趣是推动人们进行求知活动的重要心理因素，它能使人集中精力，积极愉快地从事某种活动。强烈而稳定的兴趣是从事活动、发展才能的重要保证。一般来说，兴趣爱好广泛的人，选择职业时自由度就大一些，他们能更好地适应不同岗位的工作。因此，同学们要利用大学时期积极培养自身的兴趣爱好，要做到既培养中心兴趣，又培养广泛的兴趣，在丰富大学生活的同时，也为今后职业选择创造良好的条件。

（三）培养兴趣，实现自我成长

1. 不要扭曲兴趣

不要把社会、家人或朋友认可和看重的事当作自己的爱好；不要以为有趣的事就是自己的兴趣所在，而是要亲身体验它并用自己的头脑做出判断；不要以为有兴趣的事情就可以成为自己的职业，例如，喜欢玩网络游戏并不代表你有能力开发网络游戏。

拓展阅读

关于兴趣的几种认识误区

第一，把单纯的喜欢当成职业兴趣，没有深入了解这一行业的工作分类、特点及职业要求等。例如，有人喜欢读小说，就认为自己的职业兴趣是当作家，而当真正学习这一专业时，才发现大错特错。

第二，把兴趣当成替罪羊。没有一样事情或者工作能让每个人完全满意。有的同学往往把“不感兴趣”当成逃课的借口，宁愿去玩游戏。有的同学还把它当成不专一的借口，目标职业换来换去，最终一事无成。

第三，把感兴趣的工作等同于轻松的工作。做有趣的工作是快乐的，但这样的工作并不一定是轻松的。不管哪种工作，想要取得成就，都要付出劳动。

第四，兴趣脱离社会现实。非兴趣专业不学、非兴趣工作不做，这只能是一种理想追求。据调查，大学生中有64%的学生在学不喜欢的专业，在职场上有一半的人在从事不感兴趣的工作，每个人一生可能为了生计、地位等因素要做不感兴趣的工作。这就是现实与理想的结合，要立足于现实，能将不喜欢的专业学好、将不喜欢的工作做好，在此过程中培养新兴趣、积累能量、寻找机会。

2. 寻找兴趣点

寻找兴趣点的方法是开拓自己的视野，接触众多的领域。唯有接触才能尝试，唯有尝试才能找到自己的最爱。而大学正是这样一个可以让你接触并尝试众多领域的场所。因此，大学生应当更好地把握在校时间，充分利用学校的资源，通过使用图书馆、旁听课程、搜索网络、听讲座、打工、参加社团活动、与朋友交流、使用电子邮件和论坛等不同方式接触更多的领域、更多的工作类型和更多的专家学者。李开复在论坛中曾给大学生这样回帖：“当年，如果我只是乖乖地到法律系上课，而不去尝试旁听计算机系的课程，我就不会去计算机中心打工，也不会去找计算机系的助教切磋，就更不会发现自己对计算机的浓厚兴趣。”

3. 培养兴趣爱好

通过开拓视野和接触尝试，如果你发现了自己真正的兴趣爱好，这时就可以去尝试课外学习、选修或旁听相关课程；你也可以去找些打工或假期实习的机会，进一步理解相关行业的工作性质；或者努力去考自己感兴趣专业的研究生，重新进行一次专业选择。其实，本科读什么专业并不能完全决定毕业后的工作方向，大学期间的学习过程培养的是你的学习能力，只要具备了这种能力，即使从事的是全新的工作，你也能在边做边学的过程中获取足够的知识和经验。

总之，大家应尽力把本专业学好，并在学习过程中逐渐培养自己对本专业的兴趣。一个专业里可能有很多不同的领域，也许你对专业里的某一个领域感兴趣。有很多专业发展了交叉学科，两个专业的结合往往是新的增长点。因此，只要多接触、多尝试，也许你就会找到自己真正感兴趣的方向。“数字笔”的发明人王坚博士在微软亚洲研究院负责用户界面的研究，可是谁又能想到他从本科到博士所学的都是心理学专业，而用户界面又正是计算机和心理学专业的最佳结合点。就算你毕业后会从事其他的行业，如果你学好自己的专业，它同样能成为你在新行业中的优势。例如，有一位同学不喜欢读医学专业，甚至有放弃硕博连读的念头，一心想毕业后从事管理工作。如何帮助这位同学实现职业兴趣的同时又能够利用专业所长，专家建议他可以试着把本专业学好，同时利用业余时间学习管理学方面的知识，以后在医疗卫生领域从事管理方面的工作。

第二节 自我职业能力探索

能力简单来说就是一个人可以完成某件事情的资本及本领的总和。俗话说“没有金刚钻，别揽瓷器活”，意思是说，做好一件事情需要有相关的本领。能力是一个人获得职业成功的重要条件。意大利诗人但丁曾经说过要是白松的种子掉进英国的石头缝里，它只会长成一棵很矮的小树，但要是它被种在南方肥沃的土地里，它就能长成一棵大树。按照自己的能力选择适合自己的工作，就如一粒种子生长在适合自己的土壤里，会顺利地成长，最终实现自己的目标。一个人也是一样，在适合自己的岗位上工作，才能发挥自己的才能，达到自己的职业目标。

一、能力与生涯发展的关系

心理学家罗圭斯特(Lofguist)与戴维斯(Dawis)在对个体的工作适应问题进行多年研究后，提出了明尼苏达工作适应论。他们认为：当工作环境能够满足个人的需要时，个人会感到“内在满意”；而当个人能够满足工作的要求时，个人能够达到“外在满意”（即令自己的雇主、同事感到满意）。当个人能够同时达到内在和外在满意时，个人与环境之间的关系就比较协调，个人的工作满意度会比较高，在该工作领域也能持久发展。[①] 而在对“内在满意”和“外在满意”这两个指标的衡量当中，能力都占有很重要的地位。“外在满意”主要可以通过衡量个人职业技能与工作的技能要求之间的配合程度来进行评估；而在“内在满意”方面，则主要通过衡量个人价值观与企业文化、奖惩制度之间的适配来评估。我们不难看到：做自己能够胜任的工作、培养和发展自己的能力、发展个人的潜能，常常是个人选择职业时希望能够得到满足的需求。由此可见，能力与个人的职业满意度、工作适应性以及

① 钟谷兰，杨开．大学生职业生涯发展与规划[M]．上海：华东师范大学出版社，2016：54.

职业稳定性具有直接的关系。

二、能力的分类

当一个人的能力和工作的要求相匹配时，最容易发挥自己的潜能，并且获得一种满足的感觉。相反，当一个人去做自己力所不及的工作时，就会感到焦虑，甚至产生挫败感。而当一个人能力超出工作要求太多时，又容易感到工作缺乏挑战，比较乏味。因此，在选择职业时，我们同样要寻求个人能力与职业技能要求的适配。我们需要清楚能力有哪些，自己具备什么样的能力、职业又要求什么样的能力。

能力按照其获得的方式（先天具有与后天培养），可分为“能力倾向”和“技能”两大类。能力倾向（天赋）是指上天赋予每个人的特殊才能，如音乐、运动能力等。它是与生俱来的，不过也有可能因为未被开发而荒废。因此，这是一种潜能。比如，在中国 14 亿人中，虽然不是每个人都像郎朗一样在弹钢琴方面出众，但是一定有一部分人具有先天的音乐律动性和节奏感知力，但是因为这样或者那样的原因，他们从来没有机会去发展这方面的天资。遗传、环境和文化都可以影响到天赋的发展。技能（skill）则是指经过后天学习和练习培养而形成的能力，如阅读能力、人际交往能力、表达能力等。在个人成长的过程中，从什么也不会做的婴儿到一个自理生活，能够看、听、说、阅读、写字的普通成年人，其实我们每个人都已经学会了无数的技能。

在现实生活中，个人的能力水平往往是能力倾向和技能两方面的结果。比如，刘翔取得跨栏比赛的奥运会冠军，这中间既因为他有先天良好的身体素质，也离不开他后天勤奋刻苦的技能训练。但同时，我们要注意不要将两者混为一谈。比如，我们常常会听到某人说“我这方面的能力不行”，那么，是真的不具备这方面的天赋，还是由于缺乏机会培养和练习。事实上，像人际交往能力、沟通能力等，主要依赖后天的练习。许多人际交往技能不佳的人，往往是由于其在青少年时期家庭教育不当、只注重学习成绩而不注重其他技能的培养而造成的。在成年以后，他们可以通过听讲座、看书、向人请教乃至心理咨询等方式改善自己这些方面的技能。正如中国古话所讲的“勤能补拙”，先天的不足可以通过后天的努力得到弥补。比如邓亚萍，虽然作为乒乓球运动员的先天条件并不好，但通过后天的刻苦训练还是取得了惊人的成就。其实，每个人都有无限的学习、成长的能力，但许多人成年以后就开始固步自封。我们如果像孩子一样勇于、勤于学习，并且不怕失败和挫折，那么很多技能是可以通过练习而获得的。就像《卖油翁》中所讲的："无他，惟手熟尔。"

与能力相关的还有一个重要概念，就是自我效能感(self-efficacy)。所谓自我效能感，是指个人对自己的能力，以及运用该能力将得到何种结果所持的信心或把握程度。

研究发现，在实际生活和工作中，对个人行为起决定作用的往往不是个人实际能力的高低，而是个人的自我效能感。比如，一份关于男女薪酬差异的调查结果指出：男女两性在薪酬上的差异部分来自于女性的数学水平普遍低于男性，通常薪酬高的职业会要求比较高的数学能力。而女性在数学学习上的弱势并非由于女性天生不擅长学习数学，更主要的原因是相对男性而言，女性对自身学习数学的能力缺乏信心而倾向于在该科目上花更少的时间。

同样，成人学习人际交往技能或学习英语并不比孩子学走路或学说中国话更难，唯一的区别可能只在于：我们从来不会认为有哪一个孩子学不会走路或说中文，但我们却常常怀疑自己是否能学会与人交往时娴熟地使用英语。在心理咨询中我们也常见到有的人本来能力很不错，也得到很多他人的肯定，却由于自卑的原因而束缚了自己，不能充分发挥自己的才能。这些都充分说明了自我效能感对个人发展的影响。

三、探索职业能力的活动

1. 活动项目：成功经验分享

详细描述你曾经做过的工作，包括兼职和暑期工，你的爱好、娱乐活动、休闲经历、社区活动、课外活动、志愿活动或者你成长过程中所学到的任何东西，你肯定有那么几件事情是自认为做得很不错的，甚至感到骄傲的，写下其中的5~7件，每件事情包括以下内容：你要达到什么目标，在完成这件事情上的障碍是什么，你都具体做了哪些事情，取得了什么成就，用什么能够度量你的成功。

全班同学分成若干个小组，在小组中分享每个人的成功经验，并讨论完成每一件事情运用了哪些能力。

2. 总结：如何才能获得职业能力

能力通过完成的任务来体现。如果你只拥有简单的能力，你的工作选择很少，相反你拥有的能力越多，你在职业选择上就越多。不仅要使自己的能力类型与职业相匹配，而且要选择能发挥自己优势的职业，这样才能如鱼得水。不同能力优势的人适合学习的专业和未来从事的职业是有所区别的。如空间能力强的人适合于学习机械制造、工程设计、建筑等理工科的专业和艺术方面的专业，以及从事与这些专业相对应的职业；言语能力强的人适合于学习语言文学、文字编辑、翻译、文艺创作等专业和从事相适应的职业。爱因斯坦因思考方式偏向直觉，就没有选择数学而是选择了更需要直觉的理论物理作为事业的主攻方向；每个人都有自己的能力优势和个性特征，有自己的强项、弱项，只有在充分认识自己的前提下，才能恰当地选择适合自己的专业方向和职业。

有些事你不会做，并不真的是因为你没有能力，而是因为你从来不曾学过，或者是你不曾给自己机会充分地学习。例如，你不会修理电器，可能只是因为从来没有人教过你如何修理电器。如果你真的希望有朝一日能成为专业网络工程师，唯一的方法就是去学习网络技术，加入一些与网络技术相关的学生社团组织，选修相关课程等。培养自己的能力，的确需要投入时间、金钱或心力，但是如果完全不愿意投资自己，那么你就永远不可能具有所需的职业能力。大学生正处于能力的提升期，可塑性比较强。因此，应该根据自己的能力倾向特点学习，努力提升自己的能力。

四、提升职业能力的方法和途径

（1）积累知识，打好基础。知识是能力的基础，离开了知识的积累，能力就成了“无源之水”。知识的积累要靠勤奋学习来实现。所以，对于大学生来说，培养能力首先是“固本”，然后才是“求远”，要记住“知识永远是能力的源泉”。

（2）勤于实践，锻炼能力。能力是在实践中形成、发展，并表现出来的。实践是培养能力的重要途径。在大学期间，担任学生干部，参加一些社会活动等都会有助于大学生实践能力的提高。只要处处留心，时时注意，大学生活中有许多锻炼机会。

（3）开拓思维，发展兴趣。兴趣和爱好是能力发展的动力。

（4）执着努力，超越自我。超越自我是指突破极限的自我实现或技巧的精熟。要超越自我，首先就要认识自我，这样你才知道你想在哪些方面改变自己，不断超越自己，这个过程可能是一个极为艰难的过程，需要同学们有持之以恒的决心和永不停息的毅力。

第三节　自我职业价值观探索

生涯成长的关键是自我成长，自我成长的关键是自我认知模式的突破。在生涯探索中，价值观就是这个认知模式的关键。

一、职业价值观的内涵

价值观是一个人在成长的过程中潜移默化逐渐形成的，对周围事物的一种评价或态度。职业价值观即价值观在职业选择上的体现，是你无论从事什么工作，都会努力在工作中追求的东西。从某种角度可以认为，职业价值观就是你在工作中最期待获得的东西。当然，这可能是成就感，社会奉献，也可能是金钱、权力等。

博鳌亚洲论坛秘书长龙永图先生，在贵州卫视高端对话节目《论道》中以自己为例讲述了自我认识在职业选择中的重要性。他谈到在做人生选择的时候，最重要的就是要听从自己内心的那个声音，不要太多地受到外界的干扰。有些事情可能所有的人看起来都挺好，但自己并不觉得好。他在过了60岁以后，曾为自己做出了一个很重要的决定。当时加入世贸组织的谈判刚刚结束，他面临两个选择，一个是到博鳌当秘书长，另外一个就是到联合国的一个机构当秘书长，相当于联合国副秘书长级别。所有人都说后者太好了，有面子、国际声望高，而且工资那么高，又是到风光最为秀丽的日内瓦。那时候很多人都给他打电话，说这是我们中国人第一次担任联合国的一个重要高官。所有的人，包括他的领导、他的同事都劝他接受这个职位。但是他经过冷静思考，从自身的需求出发深入分析后，认为自己在国外的时间太长了。再一次到联合国去的话，可以干两届，那么至少要“流亡”5年到10年。多年与外国人的谈判生涯使他更加眷恋在国内的生活，特别愿意留在祖国，同家人在一起生活。而且中国当时正处在一个大发展的时期，综合分析后他决定留了下来，并且直至现在他仍然觉得这个决定非常正确。成功者的优势就是能够正确地认识自己，知道什么是自己最需要的，然后努力去追寻。

不同的职业能够满足不同的价值需求。比如，科学家可以满足人的社会声望、成就、稳定、自主、挑战性等价值需求，但不能满足权力、经济、休闲等价值需求；自由撰稿人能满足人的审美、成就、自主等需求，但对经济、安定、升迁等价值需求则很难满足；而清洁工除了能满足人的利益、稳定的价值需求外，经济、社会地位、成就、工作环境、升迁、休闲等价值需求都很难满足。社会价值观是多元的，一个人所接受的价值观也是纷繁复杂的。在多元文化浪潮的冲击下，大学生作为社会主义事业的建设者和接班人应该树立有利于自己发展、有利于国家进步和社会和谐的职业价值观。

拓展阅读

几种不良价值趋向

1. 过分着眼于薪酬及其他福利。忽略了自身的能力等特征，弊处显而易见。

2. 期望工作性质多样化、趣味化。目前，大学生因为工作内容的琐碎和单调而忽略了这份工作的其他意义，导致无目的辞职和跳槽等事件频频出现。

3. 要求工作有充足的自由和自主。过度以自我为中心，不愿从事基础的、在他人指导下所做的工作，导致错失就业机会，有碍大学生职业生涯发展。

二、舒伯的工作价值观

生涯规划大师舒伯提出了15种工作价值观，分别是：

（1）利他主义：能够体现对他人的关心，为他人的幸福和利益尽一份力的职业。

（2）美的追求：能够制作美的物品，得到美感的享受并将美带给世界的职业。

（3）智力挑战：能够不断进行智力开发、动脑思考、理解事物是怎样运行和作用的职业。

（4）成就动机：能够不断取得成就，有一种获得成就感的工作。喜欢能给人现实可见结果的职业。

（5）自主：能够自己做主，按自己的方式、想法去做，自主安排进度，不受他人干扰的职业。

（6）多样性：工作的内容能经常变换，有机会尝试不同种类、涉及不同领域的职业。

（7）稳定：能够有一个安稳的局面，不太可能受到失业、调动等事情困扰的职业。

（8）生活风格：工作能够让你按照自己所选择的生活方式生活并成为自己希望成为的人。

（9）创造力：能使你发明新事物、设计新产品或产生新思想的工作。

（10）同事关系：能和喜欢的人接触并共事，与老板和同事相处融洽愉快。

（11）社会关系：能和各种人交往，建立比较广泛的社会联系和关系。

（12）工作环境：工作能在不冷、不热、不脏的宜人环境下进行。

(13) 声望：所从事的工作在人们的心目中有较高的社会地位，能使自己得到他人的重视与尊敬。

(14) 权力控制：工作能够获得对他人或某事的管理权，能指挥和调遣一定范围内的人或事物。

(15) 经济回报：工作能够获得优厚的报酬，使自己有足够的财力去获得自己想要的东西，使生活过得较为富足。

舒伯的价值观只包含了15项内容，不一定能够完全包括每一位同学的情况，同学们可以根据以上内容，归纳总结自己的职业价值观。

三、探索职业价值观的活动

(一) 活动项目：职业价值观清单

表2-2列出40项价值观，可以根据清单项目勾选出自己最看重的价值，并以此写出你认为最重要的5项价值观。

表2-2 职业价值观清单

○01 金钱	○02 自我表现	○03 身份地位	○04 权力	○05 影响力
○06 专业	○07 丰富的知识	○08 服务他人	○09 自主	○10 安全感
○11 快乐	○12 做事的品质	○13 内在和谐	○14 升迁	○15 成长
○16 关爱	○17 生理上的挑战	○18 帮助别人	○19 亲和	○20 创造力
○21 冒险	○22 知识上的领先	○23 亲密关系	○24 名誉	○25 友谊
○26 变化	○27 挑战性的问题	○28 受人肯定	○29 责任	○30 领导力
○31 卓越	○32 能够自由运用时间	○33 成就感	○34 财富	○35 智慧
○36 名气	○37 和开放诚实的人一起工作	○38 发挥潜力	○39 自由	○40 刺激

(二) 活动项目：价值观拍卖会

以下有15种价值观：

①为大众谋福利；②有良好的艺术审美氛围；③创新，发展新事物；④自己思考，独立行事；⑤有成就感；⑥独立自主、依己意进行；⑦得到别人的尊敬和崇拜；⑧发挥领导、管理和影响他人的能力；⑨收入丰厚；⑩生活安定；⑪有良好的工作环境；⑫人际关系和谐、融洽；⑬与志同道合的人一起工作；⑭选择自己所喜

爱的生活方式；⑮工作富有变化不单调。

拍卖会中学生分成若干个小组，每组持有象征一生的时间和精力的道具——货币若干，主持人展示拍卖品——价值观的象征，成员投标，高价者得。假设每个人有 10 万元，每项价值观相当于底价 1 万元的拍卖品，每次喊价不得低于 1 万元。

拍后总结反思：

问题 1：拍卖的诸多价值观中，你最喜欢的前 5 个及喜欢的原因是什么？

问题 2：活动结束后，反思你们这一组所买到的价值观(列举)；你们是怎么选出要买它们的？如果碰到有组员并不认为那是他所要的呢？而这些中哪些是你支持买的，哪些是你不支持买的，请说明原因。

问题 3：当组员决定要买的价值观并不是你喜欢的时，你会：A. 没关系，以大局为重，牺牲自己；B. 不管别人怎么说，会坚持不把我手上的 10 万元捐出去，因为那不是我真正想要的！而我有这样的权力；C. 会把我想买的告诉组员，并希望他们能体谅我，甚至帮我把它买下来。

问题 4：在这堂课上，你学到了什么？

通过活动，同学们可以更加了解自己主要的价值取向，懂得他人的价值观可能对自己造成的影响，并且懂得如何为了实现主要的人生价值进行选择与放弃。

拓展阅读

职 业 锚

职业锚是指个人经过搜索所确定的长期职业定位，也就是指一个人不得不做出选择的时候，无论如何都不会放弃的职业中的那种至关重要的东西或价值观。美国麻省理工学院提出了 8 种职业锚：

技术或功能型职业锚：爱自己的专业技术或职能工作，注重个人在专业技能领域的进一步发展。

管理型职业锚：他们能发展和提高自己的人际沟通、解决问题的能力，并能得到职位的提升。

自主与独立型职业锚：他们希望在自由度高、少受约束的环境中，按自己的想法开展工作。

创造型职业锚：这些人都有这样一种需要，建立或创设某种完全属于自己的东西。

安全型职业锚：这些人关注公司的稳定，工作的保障和收益的安全。

服务型职业锚：希望用自己的知识和技巧帮助别人。

挑战型职业锚：渴望超越自我，解决别人难以解决的问题。

生活型职业锚：希望工作有足够的弹性，可以同时兼顾个人的、家庭的、职业的需要。

第四节 自我职业性格探索

当前流行的一句话："思想决定行为，行为决定习惯，习惯决定性格，性格决定命运。"近年来，许多用人单位出现一种新的选人观念，他们认为，性格比能力更重要。原因是，如果一个人能力不足，可通过培训不断提高，但一个人的性格不好，改变起来就相对困难，外界因素的引导还要通过内在因素来起作用。所以在招聘新人时，往往将性格测试放在首位。

有的人活泼开朗，有的人处事谨慎等。性格的形成是一个长期的、复杂的过程，不但受遗传因素的影响，更受生活环境和生活经历的影响。

人的性格类型与职业之间有一定的相关性，不同性格类型适合不同的职业要求；从事某种特定职业的人员，会按照职业的要求不断巩固或者调整原有的性格，甚至影响职业原有的一些特点。但性格与职业之间不存在严格的对应关系，不同性格类型的人在同一职业领域中能够有各具特色的表现，同一性格的人在不同职业领域中也会有各种魅力的展示。

一、MBTI 性格类型

目前应用最广泛的是基于荣格心理类型理论的"梅尔·布瑞格斯心理类型指标"（MBTI）。该理论根据 4 组维度、8 个向度将人的性格分为 16 种性格类型。

（一）4 组维度、8 个向度

1. 内向-外向（I-E）

根据能量集中的指向来区分，外向型关注自己如何影响外部环境，将心理能量和注意力聚集于外部世界和与他人的交往上。例如，聚会、评论、聊天，关注外部环境的变化对自己的影响；内向型将心理能量和注意力聚集于内部世界，注重自己的内心体验。例如，独立思考、看书，避免成为注意的中心，听的比说的多。

2. 实感-直觉(S-N)

根据收集信息的方式不同来区分。实感型的人关注由感觉器官获取的具体信息：看到的、听到的、闻到的、尝到的、触摸到的事物。例如，关注细节、喜欢描述、喜欢使用和琢磨已知的技能；直觉型的人关注事物的整体和发展变化趋势：灵感、预测、暗示，重视推理。例如，重视想象力和独创力，喜欢学习新技能，但容易厌倦，喜欢使用比喻，从而跳跃性地展现事实。

3. 思维-情感(T-F)

根据个人做决定的方式不同来区分。思维型的人重视事物之间的逻辑关系，喜欢通过客观分析作决定评价。例如，理智、客观、公正；情感型的人以自己和他人的感受为重，将价值观作为判定标准。例如，对他人情感的影响敏感，关注人与人之间的关系。

4. 判断-知觉(J-P)

根据个人最感到舒适的生活方式不同来区分。判断型的人先工作后玩，确立目标并按时完成，注重结果；知觉型的人如果有时间就会先玩后工作，有新情况时便改变目标，注重过程，通过接触新事物获得满足。

（二）16种性格类型

以上4组维度、8个向度两两组合，便可以得到16种性格类型。

1. “ENTP”（外向+直觉+思维+知觉）

反应快、睿智，有激励别人的能力，警觉性强、直言不讳。在解决新的、具有挑战性的问题时机智而有策略；善于找出理论上的可能性，然后再用战略的眼光分析。善于理解别人，不喜欢例行公事，很少会用相同的方法做相同的事情，倾向于一个接一个地发展新的爱好。较适合做演员、记者、营销人员、摄影师、销售人员等。

2. “INTP”（内向+直觉+思维+知觉）

对任何感兴趣的事物，都要探索一个合理的解释。喜欢理论和抽象的事情，喜欢理念思维多于社交活动。沉静，满足，有弹性。

3. “ESFJ”（外向+实感+情感+判断）

有爱心、有责任心、合作。希望周边的环境温馨而和谐，并为此营造这样的环境。喜欢和他人一起默契、圆满地完成任务。忠诚，即使在细微的事情上也如此。能体察到他人的日常所需并竭尽全力帮助。希望自己和自己的所为能受到他人的认可和赏识。较适合做美容师、健康工作者、办公人员、秘书、教师等。

4. “ISFJ”（内向+实感+情感+判断）

沉静，友善，有责任感和谨慎。能坚定不移地承担责任。做事贯彻始终、不辞劳苦和准确无误。忠诚，替人着想，细心；往往记着他所重视的人的种种微小事情，关心别人的感受。努力创造一个有秩序、和谐的工作和家居环境。较适合做健康工作者、图书管理员、店员、餐饮服务员、教师等。

5. “ENFP”（外向+直觉+情感+知觉）

热情洋溢、富有想象力。认为生活充满很多可能性。能很快地将事情和信息联系起来，然后很自信地根据自己的判断解决问题。十分需要别人的肯定，又乐于欣赏和支持别人。灵活、自然、不做作，有很强的即兴发挥的能力，言语流畅。较适合做演员、咨询师、记者、音乐家、公关人员等。

6. “INFP”（内向+直觉+情感+知觉）

理想主义者，忠于自己的价值观及自己所重视的人。外在的生活与内在的价值观配合，有好奇心，能迅速判断出发展的可能与否，能够加速对理念的实践。试图了解别人、协助别人发展潜能。适应力强，有弹性；如果和自己的价值观没有抵触，往往能包容他人。较适合做艺术工作者、娱乐工作者、编辑、心理学家、社会工作者、作家等。

7. “ENFJ”（外向+直觉+情感+判断）

温情、有同情心、反应敏捷、有责任感。非常关注别人的情绪、需要和动机。善于发现他人的潜能，并希望能帮助他们实现。能够成为个人或群体成长和进步的催化剂。忠诚，对赞美和批评都能做出积极回应。友善、好社交。在团体中能很好地帮助他人，并有鼓舞他人的领导能力。较适合做演员、咨询师、音乐家、教师等。

8. “INFJ”（内向+直觉+情感+判断）

寻求思想、关系、物质等之间的意义和联系。希望了解什么是能够激励人的事物，对人有很强的洞察力。有责任心，坚持自己的价值观。在目标的实现过程中遵守计划而且果断坚定。较适合做艺术工作者、音乐家、心理医生、教师、作家等。

9 “ESTP”（外向+实感+思维+知觉）

灵活、忍耐力强、实际、注重结果；觉得理论和抽象的解释非常无趣。喜欢积极地采取行动解决问题；注重当前，自然不做作，享受和他人在一起的时刻；喜欢物质享受和时尚；学习新事物最有效的方式是通过亲身感受和练习。较适合做财务核查员、工匠、警察、销售人员、服务员等。

10. “ISTP”（内向+实感+思维+知觉）

容忍，有弹性；是冷静的观察者，但当有问题出现时，便迅速行动，找出可行的解决方法。能够分析哪些东西可以使事情进行顺利，又能够从大量资料中找出实际问题的重心。很重视事件的前因后果，能够以理性的原则把事实组织起来，重视效率。较适合做手工艺者、建筑工程师、机械工作者、统计人员等。

11. “ESTJ”（外向+实感+思维+判断）

实际、现实主义、果断，一旦下决心就会马上行动；善于将项目和人组织起来将事情完成，并尽可能用最有效的方法得到结果；注重日常的细节，有一套非常清晰的逻辑标准并系统性地认真遵循，同时希望他人也同样遵循；在实施计划时坚定有力。较适合做督导者、行政人员、财务总监、经理、推销员等。

12. “ISTJ”（内向+实感+思维+判断）

沉静、认真；贯彻始终、得人信赖而取得成功。讲求实际，注重事实和有责任感。能够合情合理地去决定应做的事情，而且坚定不移地完成，不会因外界事物而分散注意力。以做事有次序、有条理为乐，不论在工作上、家庭上或者生活上。重视传统和忠诚。较适合做会计师、财务核查人员、工程师、财务经理、警察、技师等。

13. “ENTJ”（外向+直觉+思维+判断）

坦诚、果断，有天生的领导能力。能迅速察觉公司或组织程序和政策中的不合理性和低效能性，发展并实施有效和全面的系统来解决问题。善于做长期的计划和目标的设定。通常见多识广，博览群书，喜欢拓宽自己的知识面并将此分享给他人。在陈述自己的想法时非常强而有力。较适合做行政人员、律师、经理、营销人员、工程人员等。

14. “INTJ”（内向+直觉+思维+判断）

完美主义者，沉静、友善、敏感和仁慈。欣赏目前和周遭所发生的事情。喜欢有自己的空间，做事又能把握自己的时间。忠于自己的价值观，忠于自己所重视的人。不喜欢争论和冲突，不会强迫别人接受自己的意见或价值观。较适合做电脑分析师、工程师、法官、律师、工程人员、科学家等。

15. “ISFP”（内向+实感+情感+知觉）

安静、友好、敏感、和善；喜欢有自己的空间，喜欢能按照自己的时间表工作；对于自己的价值观和自己觉得重要的人非常忠诚，有责任心；不喜欢争论和冲突，不会将自己的观念和价值观强加到别人身上。较适合做文书工作者、建筑工作者、音乐家、户外工作者、油漆工作者等。

16. “ESFP”（外向+实感+情感+知觉）

外向、友好，接受力强，热爱生活。亲人类，乐于精神或物质上的享受，喜欢与别人一起合作，总能将事情做成功；在工作中注重常识和实效，总会使工作显得有趣；灵活、自然不做作，对于新的事物能很快适应；学习新事物最有效的方式是和他人一起尝试。较适合做儿童保育员、采矿工程师、秘书、督导等。

二、探索职业性格的活动

活动题目：发现我是谁

全班同学分成若干小组，通过小组讨论，分析自我人格类型。首先要求同学们了解人格类型理论，可以讨论，可以比较，最终要自己作出判定，对自己的性格类型进行描述。

每种性格类型都有独到之处。通过了解他人的性格，会给予他人更多的理解，更有利于与人交往和沟通。通过了解自己的性格类型有助于我们在生活中扬长避短，可以逐渐修正或重塑自己的性格。

三、完善你的性格

自我性格的培养和完善是一个相当长的过程，你可以试着通过下面的途径来不断完善自己。

（一）通过交友来培养自己的性格

通过与朋友之间的交往，可以从他们身上学到好的性格特征。此外，在与朋友交往的过程中，通过比较，你可以发现自己性格中的弱点，这样你就可以有针对性地完善自己的性格。

（二）通过读好书、看好的电影等来培养自己的性格

一部好书可以影响人的性格的形成，乃至影响人的一生。大学生应多读好书。好的网站、好的影视作品、好的音像作品，一句话，优秀作品能引导人形成良好的性格。

（三）在日常生活中培养良好的性格

一个人的性格决定了他在职场中的命运。因此，在日常工作中注意对自身良好性格的培养，不仅有利于工作的顺利开展，也有利于自我完善与成长。

（四）在体育锻炼中培养性格

体育锻炼对人的性格培养有重要作用，但并不是所有的人对此都有所了解。国内外有关研究都表明，体育锻炼可以培养好的性格品质。这些性格特征包括：决心、进取心、自信心、坚韧性、责任感、勇敢、果断性、主动性、独立性和自制力等。

（五）在业余爱好中培养自己的性格

健康向上的爱好既可以使我们获得许多乐趣，同时也使我们的性格得到陶冶。比如，旅游可以使我们欣赏名山大川，培养我们对大自然的热爱；书法可以培养我们宁静勤奋、一丝不苟的性格特征；集邮和钓鱼等爱好可以培养我们认真、仔细和耐心的性格特征；下棋打牌可以培养我们思维的灵活性等。

总之，同学们要正视自己的性格，并注重要在日常的学习生活和工作中不断完善自身的性格，为今后的职业发展创造有利条件。

课后思考题

1. 独立完成一次职业兴趣测评，找寻自己的主要职业取向。
2. 写下你最向往的职业，并尽可能多地写下这个职业吸引你的地方。
3. 分析自己的性格在将来职业发展中的优势与劣势。

课后阅读

1. 张伟．大学生职业发展与就业指导[M]．济南：山东人民出版社，2010.
2. 戴安娜，苏柯尼卡，等．职业规划攻略[M]．边珩，等译．北京：化学工业出版社，2014.
3. 施恩．职业锚：发现你的真正价值[M]．北京：中国财政经济出版社，2004.
4. 克劳格，等．赢在性格[M]．浙江：浙江人民出版社，2004.

3

第三章 职业世界探索

知己知彼，百战不殆。

——孙武

本章要点

>>> 了解职业及分类；

>>> 掌握多种获取职业信息的方法，学会有效管理职业信息。

理论认知

第一节 职业环境分析

达尔文在其进化论中提到“适者生存”，作为社会环境中的一分子，同样也只有顺应外部环境的需要，才能最大限度地发挥个人优势。因此，在制订个人的职业生涯规划时，要做到知己知彼。在对自身条件理性分析的基础上，充分了解环境的特点、发展变化、自己在环境中的地位等有利条件和不利条件。科学制订职业发展目标、路线和实施方案，有利于加强大学生大学阶段学习的自觉性和针对性 。大学并不是“两耳不闻窗外事”的象牙塔，大学生既要专心学习，同时也要勇敢地去了解职业世界，寻找自己的职业理想，发现自身与社会需求的差距，这样学习才能产生事半功倍的效果。

一、了解社会环境对职业发展的影响

当今社会环境具有以下一些特点，这样的社会特征会对个人的职业发展产生很大的影响。

（一）市场经济与职业发展

1. 市场经济的特征

市场经济是一种经济体系。在这种体系下，产品和服务的生产及销售主要由市场的价格机制引导。它不是像计划经济那样由国家引导。我国目前正处在由计划经济向市场经济过渡的时期，即社会转型时期。整个社会的职业在量和质上都有了很大变化。

2. 职业发展变动在量上的表现

职业变动增加。市场经济的激烈竞争要求人在一生中要进行多次职业转换，这就使得许多人不可能像过去那样，走出校门，找到一份工作，然后永远“靠”在一个单位、一个工作上，直至退休。

工作方式多元化。越来越多的新型工作方式在我国社会出现，传统的朝九晚五不再是社会唯一认可的工作方式。比如，兼职工作、弹性工作制、SOHO 一族，正成为年轻人向往的工作方式。

3. 职业发展变动在质上的表现

（1）人们的职业选择自由度提高。大学生毕业时不再实行国家分配而是实行双向选择的自主择业。

（2）个人能力成为获得职业的重要因素。随着自主择业就业改革的不断深化，要求大学毕业生不仅要有良好的职业能力，还要有较强的心理承受能力和市场竞争意识。

（二）知识经济与职业发展

1. 知识经济的特征

知识经济通俗来说就是“以知识为基础的经济”。从内涵来看，知识经济是经济增长主要依赖于知识和信息的生产、传播和使用的经济体制。它以高新技术产业为第一产业支柱，以智力资源为首要依托，是可持续发展的经济。按照经济合作及发展组织(OECD)的说法，知识经济就是以现代科学技术为核心的，建立在知识和信息的生产、存储、使用和消费基础之上的经济。

2. 知识经济的标志

（1）资源利用智力化。从资源配置来划分，人类社会经济的发展可以分为劳力资源经济、自然资源经济、智力资源经济。知识经济是以人才和知识等智力资源为第一要素的经济。它可以节约并更合理地利用已开发的现有自然资源。

（2）资产投入无形化。知识经济是以知识、信息等智力成果为基础构成的无形资产投入为主的经济，无形资产成为发展经济的主要资本，企业资产中无形资产所占的比例超过 50%。无形资产的核心是知识产权。

（3）知识利用产业化。知识形成产业化经济，即所谓技术创造了新经济知识密集型的软产品，即利用知识、信息、智力开发的知识产品载有的知识财富，将大大超过传统技术创造的物质财富，成为创造社会物质财富的主要形式。

（4）高科技产业支柱化。高科技产业成为经济的支柱产业，但并不意味着传统产业彻底消失。

（5）经济发展可持续化。知识经济重视经济发展的环境效益和生态效益，因此，采取的是可持续化的、从长远角度有利于人类发展的战略。

（6）世界经济全球化。高新技术的发展，缩小了空间、时间的距离，为经济全球化创造了物质条件。全球经济的概念不仅指有形商品、资本的流通，更重要的是知识、信息的流通。以知识产权转让、许可为主要形式的无形商品贸易极大发展。各国综合国力的竞争在很大程度上转化为人才、知识、信息的竞争，集中表现为知识产权的竞争。全球化的经济与知识产权保护密切联为一体。

(7) 企业发展虚拟化。知识经济时代，企业的发展主要是靠关键技术、品牌和销售渠道，通过许可、转让的方式，把生产委托给关联企业或合作企业，充分利用已有的厂房、设备、职工来实现的。

(8) 人均收入差距扩大化。这是指发达国家与发展中国家，发达地区与落后地区之间而言的，是知识经济带来的负面效应之一。

3. 知识经济对产业发展和职业变化的影响

21 世纪知识经济在世界领域处于全面推进，促进经济全球化、区域经济一体化格局的形成。在这种形势下，经济产业也呈现出以下面貌：

第一产业的就业数量比例很小，劳动生产率提高，产品呈现“绿色”、高科技(生物工程等现代技术)、深加工等特点，职业岗位则“少而精”，其蕴含的知识、技术含量高，对从业者——“现代农民”的技能素质层次要求高。

第二产业的结构随着社会需求变化而不断变化、更新，其产品和技术工艺的种类繁多，职业岗位的数量与层次也增多，从总体上可以分为经营者、技术开发人员、管理人员、生产人员、服务性人员等。

未来第三产业职业的发展趋势在数量和比例上进一步加大，岗位种类与层次众多，新职业迅速、大量出现，职业层提高，形成若干个大的“高薪第三产业”职业群，以致人们提出“第四产业”“第五产业”的概念。

4. 如何应对知识经济对职业发展影响的挑战

知识经济时代职业分工越来越细，新职业层出不穷，现代科学技术运用到职业领域中的周期越来越短，使得职业的专业性越来越强。职业专业性的增强，促使新职业对从业人员的素质提出越来越高的要求。因此，在知识大爆炸的时代，我们必须有竞争意识，树立终身学习的理念，对于大学生而言更要养成自主学习的习惯，积累更多知识，培养从业素质，以适应时代和职业发展的要求。

（三）社会政治与职业发展

一切社会制度都服从并服务于政治制度。政治制度制约职业的地位，政治舆论影响待遇的标准，政治信念影响劳动的态度。比如，同一个国家的同一种职业在不同的社会发展时期有不同的社会地位，这是社会的经济制度与政治制度的变异性在职业地位上的反映。

影响职业的政治因素包含：政治体制、经济管理体制、人才流动的政策等，比如政府人事制度和社会保障制度。这些因素都对职业的选择和发展产生重要的影响。例如：北京的事业单位会比较重视求职者的学历、毕业院校、出生地、性别等；而广东的民办企业则更看重求职者的实际操作能力，招聘单位不会因为你的学习成绩、毕业院校而特别注意或者不注意你，而是看重你的实践能力以及面试表现。了解这些差异有利于同学们有针对性地做好就业准备，对自己的能力培养方向更加明确，也会为未来的职业选择提前做出准备。

（四）地域特点与职业发展

从整个国家范围来看，经济的发展、科技的进步、劳动生产率的提高、职业化的进展速度、就业岗位的发展变化，等等，一定会存在地区差异。在发达地区水平较高，经济发展较为缓慢和相对落后的区域，其就业信息、就业岗位则相对较少，职业提升也相对缓慢。因此，不同的经济区域呈现出了各自的发展特点。就业区域划分通常包括：珠江三角洲、长江三角洲、以京津为核心的环渤海经济圈、东北老工业基地和其他地区。现就其职业发展特点进行对比。

1. 珠江三角洲地区

珠江三角洲地区是我国改革开放起步最早、经济发展创造的奇迹最多的经济发展前沿地带，是我国经济发展、改革和创新富有特色的一个区域。一般意义上的珠江三角洲地区是指包括广州、深圳、珠海、佛山、江门、东莞、中山、惠州、肇庆等城市所在的区域，经济总量位居全国前列。改革开放 40 多年来，珠江三角洲经济突飞猛进，是我国经济发展最快的地域之一，也是经济最富朝气和活力的区域之一。有理由相信，随着不断的发展，珠三角地区乃至泛珠三角地区能够提供越来越多的良好就业岗位和创业机遇。

2. 长江三角洲地区

长江三角洲地区是指长江三角洲及其沿江地区(以下简称“长三角地区”)，地跨江、浙、沪两省一市，其所形成的长江经济带是我国产业布局的重要轴线，它稳定、持续、快速的发展对于全国国民经济的发展都起着重要的作用。现在人们对于长江三角洲地区在地域概念上的界定有多种理解，既包括 1 个省级城市上海，3 个副省级城市南京、杭州和宁波，11 个地级城市江苏省的镇江、扬州、苏州、无锡、常州、泰州、南通和浙江省的绍兴、嘉兴、湖州、舟山，其经济总量占全国的 1/5 左右，也包括安徽省的合肥、芜湖及周边城市，即所谓的泛长三角地区。总体来说，长三角地区呈快速、稳定、上升的发展势头。长三角地区经济的迅猛发展，使得就业机会增多，外出的劳动力减少，并且国内部分劳动力开始涌向长三角地区。长三角地区经济持续高速增长的态势为就业问题的解决创造了根本条件。随着该地区产业结构的进一步调整，市场化程度不断提高，使得劳动力市场逐步成熟，劳动力市场价格引导机制得到进一步确立和完善，降低了就业运行成本，提高了就业市场的动态灵活性。民营、私营和外资，三资经济成为吸纳劳动力的主渠道。长三角地区也是一个吸引毕业生的巨大市场。

3. 以京津冀为核心的环渤海经济圈

以京津冀为核心的环渤海经济圈称为中国第三大经济圈，它是全国重要工业基地，已经形成了临海沿边的地理区位优势、发达便捷的海陆空交通优势、雄厚的工业基础和科技教育优势、丰富的自然资源优势、密集的骨干城市群优势等使环渤海地区在充分发挥其政治、经济、科技、人才、流通等突出优势的基础上，紧紧抓住东北振兴、西部开发等历史机遇，通过平等协商，加强合作等方式逐步形成优势互补、协同合作的有机整体。

4. 东北老工业区

东北地区主要是指辽宁、吉林、黑龙江三省。东北是我国重要的老工业基地，中华人民共和国成立以来对我国的经济建设有巨大的贡献。但是近些年来出现了产业结构调整方面的问题，严重影响了老工业基地的发展。改革开放后，在为国家发展作出重大贡献的同时，也同时面临着市场经济的冲击。企业转型，劳动力市场化的重新组合，下岗与失业并行，新的就业岗位的创建相对缓慢，造成了人才相对过剩和浪费。随着国家振兴老工业基地战略的实施，区域经济的发展，就业岗位的不断增加，就业者观念上的转变，经济结构和产业布局等的合理调整以及市场经济的进一步完善，东北地区将加速发展社会经济，吸纳更多的劳动力和大学毕业生就业、创业。

5. 其他地区

其他地区主要指除上述地区之外的省份。这些地区之间差异很大，有的集中了许多大型工业基地，曾是中央财政收入的主要来源地之一。但在区域经济的发展中，其经济发展水平明显落后于全国平均水平，特别是与东部地区的差距越来越大。有的一直就是老少边穷的生态脆弱地区，特别是一些革命老区，急需在经济、技术、人才等方面大力改善提高。

认识和把握国家、社会、经济、文化等的发展与时代变迁的客观规律，会使职业生涯设计与社会发展的“大形势”合拍，确保规划的合理性。要对宏观环境进行分析和评估，需养成关心时事的习惯，无论读什么专业，今后从事什么职业，都应该懂一点政治、学一点经济、读一点文化，了解国家、社会、时代的当今形势和未来趋势，学会观察和分析社会现象，树立科学的世界观和方法论，使自己在复杂的宏观环境中站得更高、望得更远、走得更顺、收获更多。

二、评估行业环境

选择行业是每个人一生中的重要决定。一个人选择什么样的工作，就会有什么样的生活状态。企业的行业环境将直接影响企业的发展状况，进而也就影响个人职业生涯的发展。对大学生而言评估行业环境是指对目标职业所处的行业环境进行的有效分析。主要内容包括：

（一）行业发展现状

一般来说，有些大学生所学习的专业已经基本决定了今后从事的行业，例如，物理教育、生物教育、新闻学等。但更多的专业是没有行业限制的，例如，英语、国际经济与贸易、法学等。因此，在对目标行业进行行业发展现状的分析时应主要了解以下问题：

1. 目标行业处于生命周期的哪个阶段

行业的生命周期包括引入期、成长期、成熟期和衰退期，各阶段的特点如下：

（1）引入期：这一时期行业的风险大，失败的可能性也大，此阶段的行业要慎重加入。

（2）成长期：销售收入和利润快速增长，处于此阶段行业适宜加入。

（3）成熟期：行业的增长趋于平缓，处于此阶段行业可以加入。

（4）衰退期：市场对产品的需求逐渐减少，处于此阶段行业慎重加入。

2. 朝阳行业还是夕阳行业

处于朝阳行业适宜加入，例如，IT 业、旅游业、管理咨询、电信业等发展空间广阔；不断萎缩的行业慎重加入，例如，小型采矿业、小型造纸厂等资源消耗大、对环境污染严重的行业。

（二）国内外重大事件对行业的影响

行业的发展易受到国际国内重大事件的影响，进而影响到能否为该行业提供较多的职业机会。比如，我国的“一带一路”政策对建筑业和交通运输业的发展起到了积极的推进作用，从而极大地刺激了这两个行业就业机会的增长。

（三）行业发展前景预测

行业发展的前景可以从两方面进行分析，一是行业自身的生命力，是否有技术、资金支持等；另一方面也要考虑和研究国家对相关行业的政策。政府会根据经济与社会发展状况对一些行业发布政策法规，如对一些行业适时鼓励、扶持；对另一些行业则限制发展，缩小其规模。总之，通过分析和了解影响职业生涯的行业因素，有利于个人选择有发展前途的行业和职业，有助于个人职业目标的更好实现。

三、分析组织环境

对于绝大多数人而言，职业生涯是与某些工作或服务的组织相联系的。个人所在的组织环境对个人的发展有着重要的影响，当组织环境适宜于个人发展时，个人职业更容易取得成功。因此，在进行职业选择时，要学会对组织环境进行有效评估。

（一）组织文化

组织文化（又称企业文化），是组织（企业）在长期发展（生产经营）过程中逐步形成与发展的带有本组织（企业）特征的文化。它可以分为组织（企业）的物质文化、精神文化、制度行为文化和组织（企业）形象四大层次。

1. 物质文化

物质层面是组织文化的表层，包括设备、产品和生产环境，还有视觉形象、厂房外观、颜色、服装等。

2. 制度文化

制度层面是组织文化的浅层，包括管理体制、规章制度、经营机制、奖惩办法及行为准则、道德规范等。

3. 行为文化

行为层面是组织文化的中层，包括会议、活动、典礼仪式、领导风格、行为语言及习惯等。

4. 精神文化

精神层面是组织文化的核心，包括企业经营理念、发展目标、价值趋向、标语口号等。精神层面的核心是企业的核心价值观，即企业全体员工共同信奉的价值标准和基本信念。

最本质的组织文化应该到该企业的楼道里去找、到电梯里去找、到食堂里去找、甚至到洗手间里去找，真正的组织文化是企业在没有任何掩饰的时候仍然坚持的理念。

组织文化是企业宝贵的无形资产，是凝聚员工最重要的法宝。组织文化是决定在一个组织内发展前必须了解的信息。如果到一个与个人价值观相抵触的单位工作，往往会发现自己不仅处处受到限制，而且自认为很得意的成绩往往得不到应有的赞许，不利于自身的成长。

（二）组织结构

组织结构是对于工作任务如何进行分工、分组和协调的合作。组织结构是管理人员达到组织目标的一种手段，是企业管理的重要组成部分。引人瞩目的是组织结构从三角形变为菱形即组织的“扁平化”的过程。在三角形的组织结构中，处于组织最高层的管理者、执行者、办公人员和部门主管等只占全体员工的15%，而由于不存在足够的空间让更多的人进入组织管理的更高水平，大部分工作者的生涯呈现在三角形中更低的部分。在新出现的菱形工作结构中，除了5%～10%的高层执行者和管理者外，其他的50%～80%的员工称为组织中的核心员工。组织形态从三角形到菱形的转变，意味着个人职业生涯将会受到组织向菱形转变的影响。在大型组织中，团队结构一般作为典型的职能结构的补充；而在小型组织中，可以拿团队结构作为整个组织形式。如在投资银行、顾问公司等新型管理行业中，团队结构几乎成为公司开展业务的主要组织形式。因此，现代社会成功的组织特征之一是保持扁平化的管理结构，从管理导向的系统转化为团队导向的系统；每一位团队成员都拥有足够的专业知识，团队由这些服务提供者和其他自我管理、独立对利润负责的成员组成。

（三）人力资源规划状况

今天，大型比较正规的企业一般都制订人力资源规划。通过人力资源规划，可以预测组织未来的人力资源需求总量和人力资源供给总量。这其中包括企业未来需要什么类型的人才和各种类型人才需要多少，哪些需要从本企业的员工中培养出来等数据。一方面，如果员工知道企业的人力资源规划，知道企业未来对人力资源的需求，就会知道自己职业发展能否有机会和会有什么样的机会，进而把企业的人力资源需求与自己的职业发展目标相结合，制订比较恰当的职业发展计划；另一方面，企业对员工进行职业生涯开发，有目的地对员工进行培养和培训。这对企业来讲是确保企业发展和适应市场竞争的重要途径，对员工来讲，是实现个人发展的重要保证。

（四）组织性质

组织性质指对本组织是党政机关还是群众团体，是事业单位还是企业部门，是哪种所有制，单位的上下隶属关系如何等的确定。

（五）经济状况

经济状况包括经济发展是处于上升趋势还是下降势头？经济来源、收支情况、公共积累、工资奖金、岗位津贴等。综上所述，大学生在进行职业生涯规划时，首先要了解所处的社会环境、行业发展及各种组织环境，这是认知社会的具体内容。

拓展阅读

PLACE 评估职业的有效方法

P 指职位（Position）：包括该职业在社会中有哪些具体职位，职位的经常性任务、所需担负的责任、工作层次等；

L 指工作地点（Location）：包括地理位置、环境状况、室内或室外、工作地点的变化性、安全性等；

A 指升迁状况（Advancement）：包括工作的升迁通道、升迁速度、工作稳定性、工作保障等；

C 指雇用状况（Condition of Employment）：包括薪水、福利、进修机会、工作时间、休假情形及特殊雇用规定；

E 指雇用条件（Entry Requirements）：包括所需的教育程度、资格证书、训练、能力、人格特质、职业兴趣、价值观等。

第二节 职业信息获取

目前，在工作世界中有超过 2 万种职业，对于每个人来讲，如何有效地获取职业信息并根据自身情况进行识别与筛选十分重要。当然，我们首先只有认识到职业信息获取的重要意义，才能够使自己从“被动地接收”转变为“主动地获取”，才能够自觉、自愿地进行职业世界探索。

一、职业及职业分类

（一）职业的内涵

所谓职业是指从业人员为获取主要生活来源所从事的社会工作类别。如教师职业必须具备以下特征：一是目的性，即职业活动以获得现金或实物等报酬为目的；二是社会性，即职业是从业人员在特定社会生活环境中所从事的一种与其他社会成员相互关联、相互服务的社会活动；三是稳定性，即职业在一定的历史时期内形成，并具有较长生命周期；四是规范性，即职业活动必须符合国家法律和社会道德规范；五是群体性，即职业必须具有一定的从业人数。

（二）职业分类

职业分类是指特定的国家采用一定的标准和方法，依据一定的分类原则，对从业人员所从事的各种专门化的社会职业进行的全面系统的划分与归类。职业分层与职业分类是两个不同性质的概念。职业分类是社会劳动分工的记录，是横向的社会职业类别的划分，是以社会劳动分工为基础的；职业分层是职业地位的反映，是纵向的社会职业等级层次的排序，是以劳动者所从事职业的社会地位为基础的。职业分类往往由政府制定，具有权威性和法律性，其本身并不具有高低等级差异之分；社会公众所认可、所遵循的职业地位高低次序排列却表现出明显的一致性，并直接反映了不同职业社会地位的高低差异。

当前，普遍认可的职业分类方法如下：

1. 国际标准分类

1958 年，国际劳工组织颁布了第一部《国际标准职业分类》，该分类包括 8 个大类、83 个小类、284 个细类，共 1 056 个职业项目，总共列出 1 881 个。其中 8 个大类是：(1)专家、技术人员及有关工作者；(2)政府官员和企业经理；(3)事务工作者和有关工作者；(4)销售工作者；(5)服务工作者；(6)农业、牧业、林业工作者及渔民、猎人；(7)生产和有关工作者、运输设备操作者和劳动者；(8)不能按职业分类的劳动者。以上是各国编制职业分类的依据和各国间交流的标准。

2. 我国国家职业分类

《中华人民共和国职业分类大典》是我国第一部对职业进行科学分类的权威性文

献，由劳动和社会保障部、国家质量技术监督局、国家统计局联合编制。大典将我国职业分为 8 个大类、75 个中类、434 个小类、1 481 个职业。其中 8 个大类分别为：国家机关、党群组织、企业、事业单位负责人；专业技术人员；办事人员和有关人员；商业、服务业人员；农、林、牧、畜、水利业生产人员；生产、运输设备操作人员及有关人员；军人；不便分类的其他从业人员。

3. 职业指导领域分类

职业指导领域最常用的分类方法包括霍兰德(Holland)的“职业环境分类”和美国大学考试中心(ACT)的“工作世界地图”。著名的生涯辅导理论家霍兰德在 20 世纪 70年代提出了将大多数人的职业兴趣分为六种类型，即实用型(Realistic type,简称 R)、研究型(Investigative type,简称 I)、艺术型(Artistic type,简称 A)、社会型(Social type,简称 S)、企业型(Enterprising type,简称 E)、事务型(Conventional type,简称 C)。霍兰德认为个人的职业兴趣往往是多方面的，很少只是集中在某一种类型上。为比较全面地描绘个人的职业兴趣，通常用最强的三种兴趣的字母代码来表示一个人的兴趣，即“霍兰德代码”(Holland Codes)，代表着一类典型的职业。因此，霍兰德根据职业兴趣代号与其相应的职业对照，形成了“霍兰德职业索引”。

二、职业信息获取的意义

职业信息获取伴随着人生理想现实化的全过程。实际上，每个人在进行职业信息收集时，是将个人的意向进行理想现实化了，使其具有实现的可能性。通过获得职业信息来帮助选择实现职业目标的途径，而这种选择又可以分为主动和被动。当一个人的选择与实际状况存在矛盾时，自身职业探索就是一种打破幻想、面对现实、降低标准的过程，是向客观情况妥协的过程，这在目前大学生就业过程中是经常出现的。

职业信息获取是进一步认知自我的过程。职业信息往往使我们能够真正地认识自我，认识到我们在社会中的真实地位、状况和境遇，是一种自我反思后自我实现的过程。

职业信息获取是提升自我、感知未来的过程。一些毕业生很希望学校负责就业指导的教师或是辅导员告诉他们职业世界的模样，但结果是令人质疑的，因为受到知识、智力、经验等的局限，不同人对于职业世界的认识是不一样的，所以需要学生自主进行职业探索。这样不仅能够在过程中培养学生的知识、能力，还可以在认识和探索中实现技能的迁移，帮助学生在一定程度上有效地预测未来可能发生的情况，预先做好准备，有效规避风险。

三、职业信息获取的渠道

（一）查阅法（检索法）

查阅法主要目的是通过浏览和查看互联网、报刊、书籍等途径探索目前的职业环境，如探索政治法律政策、经济发展水平、各地区的文化特点、技术更新速度、人才整体需求状况等因素对自身职业发展的宏观影响。查阅法的优点是方便、快捷、信息量大、成本低，而查阅法的不足体现在得到的信息是间接的、隔离的，可能与现实感受有差距。

大学生在探索宏观职业环境时，要多浏览政府网站信息，尤其是各省市的毕业生就业信息网。通过浏览这些网站可以了解不同职业的需求状况，并从中总结出最近几年大学生就业市场的总体状况和一些特征。运用查阅法在探索行业环境、组织环境、岗位环境时，一般按照下面的程序进行：

（1）将个人希望了解的职业方向（或职业群），通过网络、书籍、期刊及有关声像资料，进行初步查阅。

（2）选定各种典型的职业，进一步对其入门所需的基本条件如学历、资格证书、身体条件等进行查阅。

（3）通过查阅，对做好职业工作所需要的知识、技能、生理条件及个性特征有一个初步的认识。对该职业的生存环境、发展前途以及个人发展可能取得的职业成就等形成初步印象。

（二）讨论法

讨论意味着与别人共享对职业的探索结果。当大学生对职业的特点不能很好地把握时，可以和周围人群一起讨论，比如与同学、朋友、老师等一起探讨。个人的探索总有局限性，与别人一起讨论自己感兴趣的职业问题，会打消个体一些不切实际的想法，得到更多的启示。讨论法的要点是：不要把个人已经拿定主意、不会改变的事情说出来进行讨论，也不要把自鸣得意的结果拿出来炫耀，应把正在探索或是已有结果、但仍需进一步证实或充实提高的东西拿出来讨论。

（三）参观和实习法（体验法）

参观和实习法是探索行业环境、组织环境及岗位环境需用的方法。参观是到相关职业现场进行短时间的观察和了解。通过观察，可以了解职业相应的工作性质、内容、职业环境及氛围，获得实实在在的职业感受。参观法的优点是能得到切身的感受，缺点是无法对职业的实质深入了解，易被营造的氛围迷惑。

实习是到职业场所进行一定时间的打工、兼职或者试讲等。实习是一种比较全面地了解职业的方法。实习可以更深入更真实地对职业的工作任务、工作要求、工作环境及个人的适应情况进行了解、判断，可以了解工作的程序、报酬、奖罚、管理及升迁发展的信息，还可以通过工作与人员的实际接触，感受职业对人的影响及入职情况。

（四）访谈法

访谈法是一种通过和相关的从业人员特别是成功的人或失败的人交流，了解职业的知识、技能需求、待遇和发展前景的方法。访谈法的好处是结果比较客观，对职业了解得比较多，可以从不同的角度认识职业。不足是由于访谈对象的不同，结果可能差异较大。有的人对工作比较积极、赞誉较多；有的人对工作比较消极、可能评价较低。大学生在对职业环境进行分析的时候，不要仅仅采用一种方法，应采用多种方法，多角度、全面地了解自己。

拓展阅读

生涯人物访谈的“三三制”原则

进行生涯人物访谈，至少要采访这个职业领域工作三年以上的三个人，从三个方面的问题着手：

一、职业历史

1. 关于这个职业的历史发展、关于当前单位的历史发展、关于当前岗位上的产品历史发展；

2. 关于生涯人物成功应聘这个工作的历史；

3. 做这个工作需要什么样的背景资源与资质。

二、职业现状

1. 这个工作目前的工作内容与节奏、作息时间表、目前的薪资福利状况；

2. 这个工作最看重人的什么品质？在这个职位工作的感受与体验；

3. 如果你想从事这个职业或职位，需要做什么样的准备。

三、职业未来

1. 这个职业未来的发展、这个岗位未来的发展；

2. 这个职业、职位的发展路径是什么；

3. 发展过程中需要什么样的准备工作与资质。

课后思考题

1. 职业有哪些分类？
2. 定位一个自己感兴趣的职业，寻找资源进行生涯人物访谈。

课后阅读

1. 李晓红. 大学生职业生涯规划[M]. 北京：北京邮电大学出版社，2012.
2. 胡建宏. 大学生职业生涯规划[M]. 北京：中国宇航出版社，2007.
3. 鲍利斯. 你的降落伞是什么颜色[M]. 刘宁，译. 北京：中信出版社，2002.

4

第四章 生涯决策及行动计划

我们的决定决定了我们。

——萨特

本章要点

- 觉察自己的决策风格,能够承担责任,自主决策;
- 掌握计划型决策方法,制订切实可行的行动计划。

理论认知

决策对于每个人来说都不是一件特别容易的事情，不少人常常担心自己做决策后会后悔、犯错，所以在做决策的时候经常举棋不定。怎样才能做出有利于自身职业发展的决策，这是一个非常重要的问题。

第一节 决策与决策风格

一个决策很有可能就奠定了未来的发展道路，锁定了未来的发展空间。与职业有关的决策无疑是若干决策中最重要的决策，因为职业影响甚至决定了一个人的生活方式、人际交往及主要的活动，进而决定了人的生活质量，所以选择一种职业也就是选择了一种生活方式。

一、决策与职业决策

“决策”是指为了达到一定的目标，采用一定的科学方法和手段，从两个以上的方案中选择一个比较满意的进行分析判断的过程。按决策问题的可控程度，决策分为确定型决策、非确定型决策和风险型决策。确定型决策，是指在决策所需的各种情报资料已完全掌控的条件下做出的决策；非确定型决策，是指资料无法加以具体测定，而客观形势又必须要求做出决定的决策；风险型决策，是指决策方案未来的自然状态不能预先肯定，可能有几种状态，对每种自然状态发生的概率可以做出客观估计，但不管哪种方案都是有风险的决策。

职业决策是指个人为了确定职业，根据各种现有条件，进行搜集信息、确定目标、分析评价、最终选定等一系列认知活动的过程。职业决策是一个复杂的认知过程，通过此过程，决策者组织有关自我和职业环境的信息，仔细考虑各种可供选择的职业前景，继而做出职业行为的公开承诺。因此，我们可以看出，职业决策是一个过程，而不单单是一种结果。

二、职业决策风格

美国职业生涯专家斯科特（Scott）和布鲁斯（Bruce）于 1995 年提出，决策风格是在后天的学习经验中逐渐形成的。不同的人做决策时采取的方式是不一样的，特别是在面对自己的职业决策时更是显得困难。决策是不可避免的，关键是我们采取什么样的方式来进行决策。根据丁克里奇(Dinklage,1966)的理论阐述，可将决策风格分为以下 7 种类型。

(一) 冲动型(Impulsive)

当遇到第一个选择就不再考虑其他的选择，直接做出决定，是典型的“先决定，以后再考虑”，这种决策的方式风险很大。

(二) 直觉型(Intuitive)

根据自己的直觉来做出决定。这种决策方式很容易因个人偏好而产生偏差，一般来讲不可取。

(三) 宿命型(Fatalistic)

自愿放弃自己对生命的“主权”，由境遇或命运自然得出选择的结果。这样的决策一般会成为“环境受害者”，从而怨天尤人。

(四) 从众型(Compliant)

根据大部分人或是自己相信的人的计划或决定来做出自己的决定，而不是独立思考后做出的决定。

(五) 拖延型(Delaying)

习惯性地将对问题的思考和行动往后推迟，把期望寄托于困难的自动解决上，反而越拖越严重。

(六) 挣扎型(Agonizing)

往往花很多的时间和精力去收集信息，反复比较，却难以做出决定。

(七) 瘫痪型(Paralytic)

个人很可能理智地接受了自己做出的决定，但无法开始决策过程。

大学生或多或少地存在上述决策倾向，了解以上类型是为了有效避免决策时存在的问题。所以，在决策时应利用科学有效的、适合自身的决策方法，形成科学、理性、客观的决策风格，做出合理的职业生涯决策。

三、职业决策步骤

(一) 确定目标阶段的步骤

生涯决策是指个人面临生涯发展方向究竟该何去何从而犹豫不决时，能谨慎思考与问题有关的事项，仔细地分析研究收集到的资料，客观地评价、预测每一种解决方案的利弊得失，最后做出选择的过程。

个人在进行职业决策时，首先要确定职业目标。确定职业目标大致可以按以下四个步骤进行：

第一，试探。根据自己所学的专业、个人兴趣、爱好及职业理想，考虑不同的选择方向及可能的目标。

第二，具体化。针对可能目标列出自己存在的优点与不足，经过对各种选择方向或目标优缺点的斟酌，明确什么是自己最想要的，什么是阻碍自己目标实现的最大困难。

第三，选择。选定一个能排除目前主要困扰的目标。

第四，明确化。对最终选择的目标再审视，看到底是不是自己最想要的，并且可以通过努力实现的，发现问题、修正和调整准备要行动的目标。

(二) 实施与调整阶段的步骤

这一阶段主要是将选择的方案付诸行动，落实于现实生活，然后评估其结果，并根据个人对结果的满意程度，对方案做调整或改变。具体的实施可分为三个步骤：

第一，入门。开始执行自己的选择，也是积累新经验的开始，在新环境中，争取团队的接纳。

第二，转化。调整步伐与心态，专心一致，肯定自己在新环境中的角色，并全力以赴。

第三，整合。个人的信念与集体的信念达到平衡与妥协。

四、职业决策的实用方法

(一) PLACE 方法

这种方法要求职业生涯决策时要考虑每个职业的 5 个要素和 6 个步骤：PLACE

法的 5 个要素分别是：P 职位(place)，指一般责任、工作内容和有关单位；L 位置(location)，指工作的地理区域和物理环境；A 晋升(advancement)，指升迁机会和工作保障；C 雇用条件(condition)，指薪酬、奖金、工作时间、着装规范等；E 准入资格(entry)，指相关的教育和培训经历等。

PLACE 法的 6 个步骤分别为：一是将正在考虑的职业填写在职业名称中；二是按 PLACE 法对该职业进行客观描述；三是用文字表达自己对于该职业 PLACE5 要素的评价；四是以 0~5 进行评分，从“完全没有吸引力”到“有绝对吸引力”，表示各要素满足个人需要的程度；五是算出该职业方案的总分；六是依次对各个职业进行评分，对总得分进行排序比较，选择得分最高的一个。详见职业评价工作单(表 4-1)

表 4-1　职业评价工作单

职业目标：____________		
职业特点 (客观描述)	评价 (主观看法)	评分 (完全没有吸引力→有绝对吸引力)
P(职位)		0　1　2　3　4　5
L(位置)		0　1　2　3　4　5
A(晋升)		0　1　2　3　4　5
C(雇佣条件)		0　1　2　3　4　5
E(准入资格)		0　1　2　3　4　5
总得分		0　1　2　3　4　5

(二) SWOT 决策分析法

SWOT 分析是市场营销管理中经常使用的功能强大的分析工具：S 代表 strength(优势)，W 代表 weakness (劣势)，O 代表 opportunity (机会)，T 代表 threat(威胁)。其中，S、W 是内部因素，O、T 是外部因素。在进行 STOW 分析时，应遵循以下 4 个步骤：

步骤一：评估自己的长处和短处。每个人都有自己独特的价值观、性格、兴趣和能力，有些人不喜欢整天坐在办公室里，有些人则一想到不得不与陌生人打交道就犯怵。要列出自己喜欢做的事情，以及长处和短处。找出短处与发现长处同等重要：一是努力去改正常犯的错误，提高技能；二是放弃那些对自己不擅长的技能要求很高的职业。

步骤二：找出职业机会和威胁。不同的行业(包括行业里不同的组织)面临不同的外部机会和威胁时，找出这些外界因素将有助于个体成功地找到一份适合自己的工作。如果组织处于一个常受到外界不利因素影响的行业里，那么这个组织能提供的职业机会将会减少；相反，充满了积极的外界因素的行业，将为求职者提供广阔的职业前景。列出自己感兴趣的一两个行业，然后认真地评估这些行业所面临的机会和威胁。

步骤三：提纲式地勾勒出今后五年的职业目标。仔细地对自己做一个 SWOT 分析评价，列出自己毕业后五年内最想实现的三个职业目标。这些目标可以包括：想从事哪一种职业，或者希望拿到哪一级别的薪水。

步骤四：提纲式地列出一份今后五年的职业行动计划。拟出一份实现步骤三所列出的每一个目标的行动计划，并且详细地说明为实现每一个目标，自己要做的每件事及完成的时间。如果觉得需要一些外界的帮助，请说明需要何种帮助及如何获取这种帮助。拟订详尽的行动计划，帮助求职者做出恰当的决策。

（三）CASVE 循环模型

职业决策是一项重大决策，我们必须考虑其中的风险性，所以应该尽可能多地考虑各方面的影响因素，有计划地做好决策。CASVE 循环正是基于此的职业决策方法。在 CASVE 循环中，C 表示沟通（communication），A 表示分析（analysis），S 表示综合（synthesis），V 表示评估（evaluation），E 表示执行（execution）。这 5 个步骤构成的计划型决策英文缩写为“CASVE”循环（Peterson, Sampson&Reardon, 1991）。

1. 沟通

一个人只有知道自己的需求，才会有清晰的目标。职业生涯决策问题也是如此。这一步是决策的开始，许多大一学生常常认为找到一份工作是“一件遥远的大事”，不需要在大一时考虑自己的职业生涯规划，因此在刚步入大学时，教师应当引导学生树立职业规划意识，并认识到求职不是一蹴而就的过程，这样他们才会为自己设立目标，从而顺利地进入职业决策的下一阶段。

2. 分析

这是“了解自我和我的各种选择”的阶段。需要我们从知识、兴趣、价值观、技能等方面，不断了解职业、学习领域、休闲领域、工作组织、行业类型等各种职业决策信息，将这些相关信息进行关联度分析，确定各项成分的比重。可以说，分析是决策过程中最容易出现问题的阶段。所以在分析这一过程中，我们要将问题的各个组成部分都相互联系起来进行全面综合的评估。

3. 综合

综合是在分析的基础上，进一步收集相关信息，最终形成针对个人或集体的解决方案。在这里我们需要注意的是不能在探索之前就匆忙地做出决定，而是要通过实践制订方案。在生涯规划中，我们提倡先扩展个人的职业前景清单，涵盖学生希望从事并可以从事的职业(通常要列出至少 10 个以上)，拓宽自己的视野，充分地看到自己所拥有的可能性。在收集信息的过程中，逐步将清单中的职业选择压缩至 3~5 个选项。

4. 评估

可行性与满意度是评估需要考量的两个基本方面，并按所得出的结果对所有选择进行排列，最终得出结论。例如，可以适当地将所有重要的价值观、求职必备技能等因素列成表作为评判的标准，并对照比例将每项所对应的分数进行加权评分，按照总分进行排序。

5. 执行

上述四个过程中产生的可量化结果是制订计划的重要依据，但执行计划并不是计划型决策的终点。CASVE 是一个循环的过程(图 4-1)，这一过程要求我们对自己的决策及其执行结果进行多次评估，从而有选择地进入新一轮的沟通、分析、综合、评估和执行，在循环往复中逐渐将职业生涯规划推向一个新的高度，最终做出正确的职业决策。

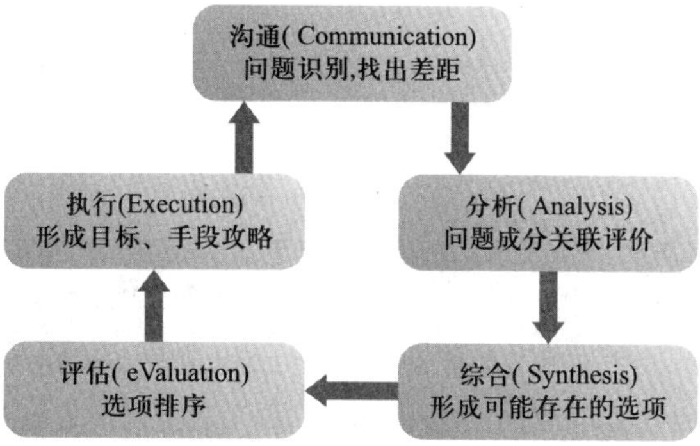

图 4-1 CASVE 循环示意图

(四) 决策平衡单

“决策平衡单法”经常应用于问题解决模式和职业咨询中，用以协助咨询者有系统地分析每一个可能的选项，判断分别执行各选项的利弊得失，然后依据其在利弊得失上的加权计分排定各个选项的优先顺序，以执行最优先或偏好的选项。它将决策的主要影响因素定为：个人物质方面的得失；他人物质方面的得失：个人精神方面的得失：他人精神方面的得失。在使用决策平衡单时，需要投入比较多的时间和精力，因为列举的各项考虑因素、给各项价值观分配权重以及给各项选择打分的过程，就是在帮助个人清理自己思维的过程。这样做出的决策是适合自己的决策，这种决策产生的结果具有十分重要的意义。决策平衡单的具体操作方法如表 4-2 所示。

（1）将各种生涯选择水平排列在决策平衡单的顶部。

（2）在平衡单的左侧，列出我们在“个人物质方面的得失”“他人物质方面的得失”“个人精神方面的得失”“他人精神方面的得失”四个方面的考虑因素。

（3）综合各种因素按 1～5 的等级分配权重。5 为最高权重，表示“非常重要”；3 代表“一般”；而 1 代表“最不重要”。

（4）按照各项生涯选择满足个体价值观和考虑因素的程度，进行打分。分值在“-5”到“+5”分之间，其中“+5”表示“价值观和考虑因素在该生涯选择中得到了完全的满足”，“0”表示“不知道或无法确定”，而“-5”表示“价值观和考虑因素完全未能得到满足”。

（5）将各项生涯选择的得分与各项价值观和考虑因素的权重对应相乘进行计分，将结果记录在相应的空格内。

（6）将每一选择项下所有的正负积分相加，得出结果，再对所有总分进行比较和排序。

表 4-2 决策平衡单样表

选择项目 考虑因素	权重	选择一		选择二		选择三	
	-5～+5	加权分数 （+）	加权分数 （-）	加权分数 （+）	加权分数 （-）	加权分数 （+）	加权分数 （-）
个人物质得失 1. 2. 3. ⋮							

续表

选择项目 / 考虑因素	权重	选择一		选择二		选择三	
	-5~+5	加权分数(+)	加权分数(-)	加权分数(+)	加权分数(-)	加权分数(+)	加权分数(-)
他人物质得失 1. 2. 3. ⋮							
个人精神得失 1. 2. 3. ⋮							
他人精神得失 1. 2. 3. ⋮							
总分							

(五) ABCD 问题分析法——职业生涯设计评价法

当发生某个环境事件时，你会用一系列的想法和观念去分析它，而这些想法和观念反过来又会产生一系列积极或消极的情感。这些情感推动你在作出决策时要么朝着正确而有效的方向前进，要么背道而驰。当你的行为证实了你原先对形势的理解及获得你所期望的结果后，这一循环过程便告完成。由唐纳德·托希发明的 ABCD 问题分析法是基于这一前提之上的(表 4-3)。

(1) 职业生涯设计的过程包括从早期探讨到承担义务直至最后采取行动的一系列步骤。其中每一步都可能成为导致无理性决策的诱发因素。所以在进行职业生涯设计时，你还会发现其他的情况。你可以在留出的空白处增加或修改这张表格的内容。按照其对你困扰的程度顺序排列，并填写在表 4-3 的 A(诱发事件)一栏内。例如，大学毕业后面临的就业和升学的选择；工作之后是留在国内深造还是到国外留学等。

表 4-3 ABCD 问题分析法

项 目	感情影响最弱的	感情影响最强的
A. 诱发事件		
B. 我的想法		
C. 我的感觉		
D. 我的行动		

（2）当你作出职业生涯决策时常常会流露出某些情绪。尝试分析一下影响你当前职业生涯决策的诱发事件出现时的感觉，并将其填入表 4-3 中的 C(我的感觉)一栏内。例如，你觉得愤怒或烦躁，你觉得焦虑、担忧或孤单等。

（3）某些行为对做出有效的职业生涯设计是有害和不当的，特别是当它们频繁出现时，更是如此。选出当你面临“诱发事件”A 和“我的感觉”C 时可能会采取的行动，并把它们记录在表格 D(我的行动)一栏内。例如，我力图避免对选择的负责，我推迟选择，我放弃自己的职业等。

（4）大量的无理性观念引起职业生涯设计中的不必要行为，选出当你作出职业生涯决策时存在于“诱发事件”A 和“无益情绪”C 之间的无理性观念，将它们列入表格 B(我的想法)一栏中。例如，犹豫不决但并不妥当，因为它是不成熟的表现；别人知道你最适合干什么等。以上图表完成后，你便会找到自己在职业决策中的某些缺失，从而改进对职业生涯的规划设计，作出合理的调整。

第二节 目标设立与行动计划

一、目标的重要性

明确的目标对每个人的职业生涯发展都具有重大的指导意义。然而，大学生很多时候忙忙碌碌，选修各种课程，参加各种活动，准备各样考试，但却没有自己的人生目标。很多大学生一方面感到迷茫，另一方面，却又不想停下来花一点时间看清楚自己的方向，只是盲目地胡乱奔跑，习惯于听从父母、老师。“忙—盲—茫”的现象在当代大学生中屡见不鲜，这种“边跑边看路”的做法无异于缘木求鱼。就像《爱丽丝梦游奇境记》里，猫对爱丽丝说的那样：如果你不知道自己想去哪儿，那么走哪条路都无所谓；而你只要一直往前走，哪怕是胡奔乱跑，也总可以到达某个地方。但你对自己的处境满意与否可就是另一回事了。并且，如果连自己都不知道想要什么样的人生，那么别人也不可能给你有效的帮助。一个人只有在头脑中对自己的职业发展方向有清晰的概念时，他的生命才会有意义。

二、目标设立的 SMART 原则

设立职业目标可以使用 SMART 原则为工具：

（1）明确(Specific)：不要用含糊笼统的语言；

（2）可量化的(Measurable)：这样你才能有一个可以衡量成功或者失败的标准，从而可以准确地评价你是否达到了自己的目标；

（3）可以达到但有挑战性(Achievable but challenging)：就你的能力和特点而言，实现这个目标是现实的、可能实现的但又有一定难度；

（4）目标有意义、有价值，并有奖惩的措施(Rewarding)：实现这个目标能带给你成就感、愉快感；反之，则会使你有所损失；

（5）有明确的时间限制(Time-Bounded)：不能将目标统定为“在大学毕业之前完成”，而要有计划地分步骤地在限定的时间内完成。以一周、一个月或一学期为单位设立目标，会比将事情都堆到大四毕业前完成要有效得多；

（6）可控的(Controllable)：在 SMART 的这几条标准之外，还有一条原则对于目标设立来说是非常重要的，那就是可控性。可控性主要是指你对影响到目标实现的因素具有一定的控制能力。目标的可控性原则表明：你必须为自己的目标负责，不能指望他人来实现。

三、职业生涯目标的分类

职业生涯目标的设定，要以自己的最佳才能、最优性格、最大兴趣、最有利的环境等信息为依据，通常分短期目标、中期目标、长期目标和人生目标。

（一）短期目标

一般为一两年内的目标，是中期目标和长期目标的具体化、现实化和可操作化，是最清楚的目标。短期目标又可分为日目标、周目标、月目标、年目标。其主要特征有：具备可操作性；明确规定具体的完成时间；对现实目标有把握；服从于中期目标；目标可能是自己选择的，也可能是企业或上级安排的、被动接受的；要适应环境；要切合实际。

（二）中期目标

目标一般为3~5年内的目标，相对于长期目标更具体些，如参加一些旨在提高自己水平的培训并获得等级证书等。其主要特征有：通常与长期目标保持一致；结合自己的意愿和社会环境要求制定目标；用明确的语言来定量说明；对目标实现的可能性做出评估；有比较明确的时间，且可作适当的调整；基本符合自己的价值观，充满信心，愿意公布于众。

（三）长期目标

长期目标一般为5~10年内的目标，它通常比较抽象、不具体，可能随着企业内外部形式的变化而变化，在设计时以轮廓为主。其主要特征有：有可能实现，具有挑战性；对现实充满渴望；非常符合自己的价值观，为自己的选择感到自豪；目标是认真选择的，和社会发展需求相结合；没有明确规定实现时间，在一定范围内实现即可；立志改造环境。

（四）人生目标

对一般人来说，从23岁大学毕业开始工作起到60岁退休，其间仅有不到40年的时间在工作。人生目标是指成年后的整个人生的发展目标，时间跨度约40年。

一般来说，短期目标服从于中期目标，中期目标服从于长期目标，长期目标又服从于人生目标。具体实施目标，通常是从具体的、短期的目标开始的。

1984年，在东京国际马拉松邀请赛中，名不见经传的日本选手山田本一出人意料地夺得了世界冠军。当记者问他凭借什么取得如此惊人的成绩时，他说了这么一句话：凭智慧战胜对手。当时许多人都认为这个偶然跑到前面的矮个子选手是在故弄玄虚。马拉松赛是体力和耐力的运动，只要身体素质好又有耐性就有望夺冠，爆发力和速度都还在其次，说用智慧取胜确实有点勉强。

两年后，意大利国际马拉松邀请赛在意大利北部城市米兰举行，山田本一代表日本参加比赛，这一次他又获得了世界冠军。记者又请他谈经验。山田本一性情木讷，不善言谈，回答的仍是上次那句话：用智慧战胜对手。这回记者在报纸上没再挖苦他，但对他所谓的智慧迷惑不解。

10年后，这个谜终于被解开了。他在自传中是这么说的：每次比赛之前，我都要乘车把比赛的线路仔细看一遍，并把沿途比较醒目的标志画下来，比如第一个标志是银行；第二个标志是一棵大树；第三个标志是一座红房……这样一直画到赛程的终点。比赛开始后，我就以百米的速度奋力地向第一个目标冲去，等到达第一个目标后，我又以同样的速度向第二个目标冲去。40 多公里的赛程，就被我分解成这么几个小目标轻松地跑完了。起初，我并不懂这样的道理，我把我的目标定在 40 多公里外终点线的那面旗帜上，结果我跑到十几公里时就疲惫不堪了，我被前面那段遥远的路程给吓倒了。同样，在现实中，我们做事之所以会半途而废，这其中的原因，往往不是因为目标难度较大，而是觉得成功离我们较远。所以，我们制定目标的时候，应该把我们的职业生涯的最终目标，分解成一个个的阶段性的目标，这样的话，只要我们坚持下去，我们的职业生涯的总目标也一定能够最终实现。

四、制定职业生涯目标应注意的问题

（一）注重职业生涯发展环境的分析

在制订职业生涯规划时，从三个方面对环境进行分析，即社会环境、行业环境、组织环境，要符合社会与组织的需要。

（二）目标要适合自身的特点并建立在自身优势之上

不同的人有不同的特点和优势。将目标建立在个人优势之上，就能左右逢源，处于主动有利的地位。要选择与自身长处相符或相近的目标。在选择目标时应注意以下两点。一是人的才能各不相同。目标的选择不能偏离自身长处，否则便是跟自己过不去，为自己设置前进道路上的障碍。二是才能相符。目标要求与已有才能之间跨度不大，如写字与绘画，体育表演与杂技表演，写小说与写话剧等才能相近。即便如此，才能相近也需花费相当的气力才能做到相符。自己的才能长处与目标方向一致了，就会为未来的成功增添筹码。

（三）高远但绝不能好高骛远

一个人追求的目标越高，其才能就发展得越快，对社会越有益，所以不能根据现有能力制定目标。人不可能超过自己设定的目标，因此自我人生目标就是自己的发展水平的上限。

当然，目标也不能过高。如果目标过高，则使人悬在幻想的高空，在现实生活中必然一事无成，目标也就失去了意义。

（四）注意合理确定目标幅度

在目标确定过程中，最好选择相对窄一点的领域，有利于投入全部身心力量。如要想成为人力资源管理各个方面的专家，似乎有点不太现实。但如果你想成为某一具体专业的能手，这样更容易获得成功。例如，某人想成为一名人力资源管理专家，此目标定得就太宽，因为人力资源管理包括招聘、薪酬、福利、培训、绩效考核等许多领域。但如果他致力于成为一名薪酬专家，则经过几年的努力，就有可能实现。

（五）注意长期目标与短期目标的结合

职业生涯目标应长短结合。长期目标指明了发展方向，可以鼓舞斗志，防止短期行为。短期目标是实现长期目标的保证，没有短期目标，也就不会有长期目标。特别是在职业生涯发展过程中，短期目标的达成，能体验到达成目标的成就感和乐趣，鼓舞自己为了取得更大的成就，向更高的目标前进。

（六）目标要明确具体

同一时期目标不要太多，目标越简明、越具体，就越容易实现，越能促进个人的发展。目标就像设计的靶子一样，清清楚楚地摆在那里。干什么，干到什么程度，要有明确具体的要求。比如，从事某一专业，到哪年，学习哪些知识，达到什么程度，都要明确、具体地确定下来。无论什么目标都要有“时间”和“度”的要求。只有这两者完全结合，才能成为明确的目标。

要实现人生目标，成就一番事业，必须把目标集中到一个焦点上。集中一个目标，并不是说你不能设立多个目标，而是你可以把他们分开设置。具体来说，就是一个时期一个目标，拉开时间差距，实现一个目标后，再实现另一个目标。

（七）注意职业目标与其他目标的结合

人生除了职业目标外，还有财富、婚姻、健康等问题。事业的成功，家庭与健康是基础和保障，并直接影响着人生事业的发展和生活质量。所以财富、婚姻、健康也是人生的重要组成部分，在制订职业生涯目标时应加以考虑。

五、生涯目标探索活动：生涯幻游

每个人的心目中，会有各种职业梦想，同学们可以想一想在没有任何客观条件的制约下，自己梦想的职业是什么。

通过生涯幻游，可以使操作者了解自己幻想的生活状态，其中无论是对自己的衣着、交通工具，还是对工作内容和场景的幻想，都可以告诉操作者很多信息，让操作者更加明确自己的目标。

活动：生涯幻游

场景准备：最好有宽敞的空间，有舒适的座椅，同时有舒缓的背景音乐。

指导语：好，调整你觉得最舒服的姿势，然后开始尽可能地放松。现在，请你闭上眼睛，尽可能放松自己(停顿)，调整你的呼吸，反复呼气(停顿)、吸气(停顿)。好，保持平稳的呼吸，现在开始放松每一块肌肉，放松(停顿)、再放松(停顿)。

好，现在想象一下你来到了十年后的某一天。现在正好是你清晨醒来，想一想你是自然醒的还是被闹钟吵醒的？睁开眼看一看，你在哪？现在是几点钟？观察一下四周，它是什么样子？你看到了什么？闻到了什么？听到了什么(停顿)？起床后你要做的第一件事是什么(停顿)？好，现在你洗漱完后正在考虑穿什么衣服去上班(停顿)。想象一下，当想到今天的工作时你的感觉怎么样？是平静、激动、厌倦还是害怕(停顿)？现在你开始吃早餐，有人和你一起吃吗？有的话，他们是谁(停顿)？好，现在你准备去上班，出门后回头看看你住的房子，它是什么样子的？(停顿)

好，现在出发去上班。你的单位距离家有多远(停顿)？想一想，你使用什么交通工具去上班？有人和你在一起吗？如果有的话是谁呢？好，现在你到单位了，想象一下单位是什么样子的？现在你走进工作的地方，那儿都有些什么人？他们在做什么？想一想，单位的人都是怎么称呼你的(停顿)？你的办公室是什么样子的？接下来你要做什么(停顿)？想象一下你上午的工作都做了些什么？你是在做高度用脑的工作还是做一些简单的事务性工作。你是跟别人合作，还是独自工作？是在户外还是在室内工作(停顿)？

上午的工作结束了，你该吃午饭了，你在哪就餐，跟谁一起吃饭？你们会谈些什么(停顿)？午休结束了，现在开始下午的工作。下午的工作与上午有什么不同(停顿)？下午你都做了些什么？好，一天的工作结束了。这一天你感觉到满足还是沮丧？为什么(停顿)？快下班了，今天你还想去别的地方吗(停顿)？在这一天当中，你还想做什么(停顿)？

好，现在你下班回家了，有人在家等你吗(停顿)？回家的感觉怎么样(停顿)？你如何与家人分享这一天所做的事情(停顿)？现在到了晚上，你准备去睡觉了，回想这一天，你感觉怎么样(停顿)？你希望明天也是如此吗(停顿)？好，请你缓缓睁开眼睛，看看周围的一切。

参与活动后可考虑以下问题：.

(一) 我十年后一天的描述

1. 我十年后从事的工作的描述

(1) 工作是________________；

(2) 工作职务是________________；

(3) 工作内容是________________；

(4) 工作场所在________________；

(5) 工作场所周围的环境________________；

(6) 工作场所周边的人群________________。

2. 我十年后生活状态的描述

(1) 婚姻状况 □ 已婚 □ 未婚 □ 其他________________；

(2) 家中成员有子女________人，与父母同住吗？

□ 与父母同住 □ 否

(3) 居住场所在________________；

(4) 居住场所的周围环境________________。

(二) 需思考的问题

(1) 在幻游过程中，印象最深刻的画面是________________；

(2) 进行幻游后，对比与现在环境最大的不同点是________________；

(3) 在进行幻游后，最深的感受是________________。

(三) 在进行幻游后，觉得未来的生涯发展如何？

(1) 认为我未来会从事________________职业；

(2) 认为未来会与幻游过程相关吗？

□ 是 □ 不是 □ 其他

通过生涯幻游，可以想象出未来十年内各自生活的理想画面。这里面既包含了工作内容，也包含了生活方式，而我们一天中做的事情和接触的人也反映了我们的生活角色，因此可以为我们确定生涯目标提供有效帮助。但是由于同学们可能对自己认识不够，从而想象出来的东西容易受社会主流价值观的影响，有时候只是当时热门的，或者有社会声望的一些职业是比较符号化的，没有具体内容。因此，在生涯幻游中，更重要的是体会里面深层次的兴趣和价值取向。

六、行动计划及评估

（一）制订行动计划

职业目标可以分为长期目标、中期目标和短期目标。当我们把自己的中长期目标分解为一个个小的短期目标时，就有了具体的行动计划和步骤。这样做有助于个人对自己的职业生涯发展进行管理。举例来说，如果你现在刚上大三，学的是中文，希望五年以后成为一名大公司的人力资源专业人士，那么将这个目标倒推回来：四年后一定要跟一家大公司签协议，两年后大学毕业时应当获得一家公司人力资源部门的初级职位，一年后应当争取进入一家公司的人力资源部门实习。这样，半年后就应当开始投递简历，寻求实习机会。因此，这一个学期，你就应当写好自己的简历，列出有可能向你提供相关信息的人脉，并阅读一些与人力资源相关的书籍。

在个人职业目标、发展方向确定下来之后，行动便成了关键环节，没有达成目标的行动，目标就难以实现，也就谈不上事业的成功。为了顺利达到目标，个人首先需要对达到目标所要求的条件进行分析，然后对照自己找出差距，设计弥补差距的方案，并将其付诸实际行动。可以通过学习、培训和社会实践等活动来提高自己的知识、技能和人际关系等。例如，为了达到目标，在学习方面，你计划采用什么措施以提高你的专业知识，在实践经验方面，你计划参加哪些锻炼提高你的经验值，既要有具体的计划又要制订详细的措施，便于定期检查与实施操作。

（二）评估与反馈

无论自身还是外部环境都是发展变化的，因此，职业生涯规划也不是一成不变，所以要根据实际变化来适时地进行调整。影响职业生涯规划的因素诸多，有的变化因素是可以预测的，而有的变化是难以预测的。在此状况下，要使职业生涯规划行之有效，就需根据变化不断地对职业生涯规划进行评估与修订。例如，在实施职业生涯规划的过程中自觉地总结经验和教训，评估职业规划，修正对自我的认知，纠正最终职业目标与分阶段职业目标的偏差。职业规划调整的内容主要包括：职业的重新选择、职业目标的修正、实施策略计划的变更等。可以通过回答下列问题进行评估：

（1）与价值观及兴趣的一致性如何？

（2）与组织需求的一致性如何？

（3）与职业需求的一致性如何？

（4）与环境需求的一致性如何？

（5）与职业生涯适合的程度如何？

（6）对风险的承受能力如何？

（7）生涯规划帮助事业成功的概率如何？

职业生涯规划是一个不断改进和完善的过程，在操作过程中，我们必不可少且应时刻实施的就是职业评估。

课后思考题

1. 请谈一谈自己的决策风格是怎样的？
2. 尝试使用 CASVE 循环对自己现阶段面临的职业决策问题进行分析。

课后阅读

1. 普劳斯. 决策与判断［M］. 施俊琦，等译. 北京：人民邮电出版社，2004.
2. 赵北平. 大学生职业生涯规划教程［M］，武汉：武汉理工大学出版社，2007.

5

第五章 职业能力素质提升

我们这个时代的麻烦就是将来不会是过去那个熟悉的模样。

——保尔·瓦雷里

本章要点

>>> 理解职业能力素质；

>>> 提升职业道德，增强情商，提高时间管理能力；

>>> 掌握提升职业能力的通用方法。

理论认知

第一节 理解职业能力素质

经过职业生涯规划知识的学习，同学们要有意识地进行自我认知，不断地自我觉察，要学会如何了解外部世界，掌握科学决策的方法，为自己设定长短期目标。正确认识自己，知道自己最想要的是什么，知道自己的优势与劣势，更好地接纳自己，更加自信，愿意去拓展未知的空间。对自己有了洞察，内心、思想、行为才能够同步。同时也能够理解一个人的成功并不仅仅是事业的成功，家庭幸福、身体健康、朋友亲密，我们的生命有无限可能，需要根据自身的生涯规划不断地完善自己，来适应环境需要，从而实现自身的目标。在逐渐实现目标的过程中，需要同学们不断提升自身的能力和素质。

一、职业能力素质

职业能力素质很好理解，就是在职场中为了完成某项工作而需要具备的特质。职业能力素质是社会素质中的一部分，人的能力和个性心理特征，构成职业能力素质；人的敬业精神、职业道德、拼搏程度等对待生活的态度，也构成职业能力素质；甚至，人们普遍认识到的“人际关系”，也与职业能力素质息息相关。因此，一个人要获得职业生涯的成功，须有较高的职业能力素质，职业能力素质是职业生涯成功的重要条件。当然，能力素质不是死板的、固化的，而是灵活的、可变的、习得性的和可塑的。为了获得职业生涯的成功，一个人必须努力提高自身的职业能力素质。因为一个人的职业能力素质水平，决定着他的求职能力、创业能力，从根本上决定着他所从事的岗位及工作状况。此外，一个人的职业素质水平，对于走上工作岗位以后的生涯发展状态有着关键性的影响。一个具有高职业能力素质水平的人，可以主动寻求自己的最佳位置，得到较好的职业生涯归宿。

（一）职业能力素质的特征

一般来说职业能力素质具有下列一些主要特征。

1. 职业性

不同的职业，职业能力素质是不同的。对建筑工人的素质要求不同于对护士的职业素质要求；对商业服务人员的素质要求，不同于对教师的职业素质要求。中国工匠精神的代表人物胡双钱的职业素质始终是和他作为制造中国大飞机团队里的一分子联系在一起的。

2. 稳定性

一个人的职业素质是在长期执业过程中日积月累形成的。它一旦形成，便产生相对的稳定性。比如，一位教师，经过三年五载的教学生涯，就逐渐形成了怎样备课、怎样讲课、怎样热爱自己的学生、怎样为人师表等一系列教师职业能力素质，于是，便保持相对的稳定。当然，随着他的继续学习、工作以及环境对他的影响，这种素质还可以继续提高。

3. 内在性

职业从业人员在长期的职业活动中，经过自己学习、认识和亲身体验，体会出怎样做是对的，怎样做是不对的。这样，有意识地内化、积淀和升华这一心理品质，就是职业能力素质的内在性。我们常说，“把这件事交给某某师傅去做，有把握，请放心”。人们之所以对他放心，就是因为他的内在素质好。

4. 整体性

一个从业人员的职业能力素质和他的整体素质有关。我们说某某同志职业能力素质好，不仅指他的思想政治素质、职业道德素质好，而且还包括他的科学文化素质，甚至还包括身体心理素质好。一名从业人员，虽然他的思想道德素质好，但科学文化素质、专业技能素质差，就不能说这个人整体素质好。相反，一名从业人员科学文化素质、专业技能素质都不错，但思想道德素质比较差，同样，我们也不能说这个人整体素质好。所以，职业能力素质一个很重要的特点就是整体性。

5. 发展性

一个人的素质是通过教育、自身社会实践和社会影响逐步形成的，它具有相对稳定性。但是，随着社会发展对人们不断提出新要求，人们为了更好地适应、满足、促进社会发展的需要，总是不断地提高自己的能力素质，所以，能力素质具有发展性。

（二）能力素质分类

有人把能力素质分为基础能力素质和专业能力素质(表 5-1)。基础能力素质比较通用，它在各行业领域、各职业岗位都可能需要。专业能力素质的专业性比较强，有针对性，某些特定的职业或者岗位才需要，比如你具备平面广告分析的能力，让你去做财务管理，显然不合适，从事平面广告策划还差不多。

专业能力素质的精深让我们在某一领域做得更加精专，增强我们在某个岗位的就业竞争力，而基础能力素质的优势让我们在众多领域有所施展，拓宽了我们的就业跨度。

表 5-1 基础能力素质和专业能力素质

基础能力素质	专业能力素质		
团队合作力素质	战略发展规划和建设能力素质	行业政策应用能力素质	市场渠道开拓能力素质
沟通影响力素质	战略发展系统管理能力素质	财务管理能力素质	公关谈判能力素质
客户服务能力素质	人力资源战略和规划能力素质	资金管理能力素质	采购管理能力素质
执行能力素质	人力资源配置能力素质	稽核审计与分析能力素质	平面广告分析能力素质
自控能力	绩效管理能力素质	风险管理策略设计能力素质	客户管理能力素质
开拓创新能力素质	薪酬管理能力素质	风险识别与测评能力素质	公共关系协调管理能力素质
学习能力素质	培训管理能力素质	市场研究能力	市场推广能力素质
应变能力	行政事务处理能力素质	营销策略制定能力素质	客户管理能力素质
组织协调能力	策划与文案制定能力		

（三）能力素质冰山模型

把个人具备的知识、能力、素质等比作冰山，我们所具有的知识、能力都在冰山之上，容易被看到。但是我们具备的素质却是隐性的，在水下部分，不容易被发现。在水下冰山的底层，也就意味着，它是基础，决定着上面的冰山是否牢固。能力部分再强大，如果没有良好的素质做支撑的话，终究难以抵御大风大浪。这里面说的素质更多的是指个人的品质方面。也就是说一个人的发展，外显因素知识、能力起到一定作用，但实际上起关键作用的还是个人的素质，包括思想品德、个人修养等。

（四）岗位能力素质模型

随着人力资源管理水平的科学化和规范化，大多数工作单位对每个岗位需要什么样的人才都能够量化出来。即构建了岗位能力素质模型，把能够与岗位匹配的能力素质都描述出来。这里我们需要知道不同的岗位需要的能力素质不同，同样的岗位，因为级别不同，即便需要同样的能力素质，能力素质需要达到的层级也会有差异。就像买东西一样，关于商品的材质、产地、标价、尺码我们会一目了然，职业素质模型，也清晰地呈现了岗位到底需要什么样的人。它是用人单位在招聘、培训、绩效、薪酬、晋升方面的尺子和标准。按照这个逻辑，对个人而言，职业能力素质就是个人求职、薪酬、奖金、升迁的依据。用人单位的人力资源部门根据岗位能力素质模型，在面试过程中设置针对岗位需要的考点，考查应聘者是否与岗位要求相匹配。

拓展阅读

不同类型职业的职业素质要求

一、工程技术人员的素质要求

各类工程技术人员除了一些特殊要求外，还要具备一些共同的素质：

1. 扎实的专业知识和较宽的知识面；
2. 不满足于现状，较强的创造、革新、实践精神；
3. 试验操作模型制造、解决操作难题等实践能力强；
4. 较强的组织能力，保证技术的攻关和实施；
5. 求知欲旺盛，不断学习新知识、新技术；
6. 对科技发展、应用有敏锐的洞察力和预测能力；
7. 严肃认真，实事求是的工作态度。

二、政府机关公务员的素质要求

1. 公务员要求较高的政治素质，要坚持四项基本原则，坚持改革开放；执行党的路线、方针、政策；全心全意为人民服务，遵纪守法，保守国家秘密；公正廉洁；具有高度的责任感和强烈的事业心；
2. 具有扎实的基础知识、专业知识、管理知识和宽广的知识面；
3. 具有较强的组织管理、协调能力和决策能力；
4. 具有较强的调研能力和较高的政策水平；
5. 具备良好的思维能力、分析、综合、比较、抽象概括能力，思维的广度、深度、独创性、灵活性等应有相当的发展水平；
6. 较强的文字能力和应变能力；
7. 具有一定的社会交往能力，且能坚持原则性和灵活性的统一。

三、教师的素质要求

1. 热爱教育事业，有献身精神；

2. 具有较强的语言表达能力，口齿清楚，发音正确，善于表达；

3. 专业知识扎实，知识面宽广；

4. 较强的组织管理能力；

5. 观察能力强；

6. 较强的记忆力和理解能力；

7. 对学生态度和蔼、有耐心、平易近人；

8. 作风正派；

9. 兴趣广泛；

10. 良好的仪表。

四、金融财会人员的素质要求

1. 廉洁奉公，有正义感，能抵制各种诱惑，坚持原则；

2. 责任心强，时间观念强，慎重细致；

3. 有较强的数字反应能力和汇总、规划能力；

4. 具有较强的社交能力；

5. 具有扎实的专业知识和宽广的知识面，金融财会人员要学习有关经营、制造、推销、采购等方面的知识；

6. 较强的理解、分析、综合、判断和推理能力。

五、企业管理人员的素质要求

1. 合作精神，能赢得人们的尊重与配合，愿与他人一起工作；

2. 决策才能，依据事实而非依据想象进行决策，具有高瞻远瞩的能力；

3. 组织能力，能发挥部属的才能，善于组织人力、物力和财力；

4. 精于授权，能大权独揽，小权分散。自己抓大事，把小事分给部属；

5. 善于应变，不墨守成规，积极进取；

6. 勇于负责，对上级、下级、产品、用户及整个社会抱有高度的责任心；

7. 勇于求新，对新事物、新环境、新观念有敏锐的感受能力；

8. 承担风险，对企业发展中不景气的风险敢于承担，有改变企业面貌、创造新局面的雄心和信心；

9. 尊重他人，重视和采纳他人意见，不武断狂妄；

10. 品行端正，品德为社会人士、企业职工敬仰。

六、自然科学研究人员的素质要求

1. 喜欢独立思考；
2. 数学能力较强，语言、文字表达能力也很突出；
3. 好奇心、进取心强；
4. 抽象思维能力和判断能力强；
5. 坚持真理，尊重事实；
6. 有丰富的想象力和直觉敏感性；
7. 有坚忍不拔的精神；
8. 善于收集信息和发现问题；
9. 有强烈的自我意识和自我情绪；
10. 独创性强。

七、社会科学研究人员的素质要求

1. 性格外向，善于处理自己与他人的关系；
2. 能有效地观察事实，观察力和预测力很强；
3. 自立自主，不满足现状，也不因遭受打击与挫折而沮丧；
4. 对生活总是感到新奇、愉快，有狂热的追求；
5. 以问题为中心，而不以自我为中心；
6. 具有大慈大悲、济世救人的社会责任感；
7. 具有民主的气度，对各种各样的人都一视同仁；
8. 富于幽默；
9. 较强的社会责任感和为真理献身的精神；
10. 富有创造性。

八、广告策划、设计人员的素质要求

1. 较强的创造性，能独出心裁；
2. 丰富的知识，对复杂的事物有鉴别、识别能力；
3. 有战略眼光和预见能力；
4. 法制观念强，不制造虚假广告；
5. 诚实守信，较强的人际交往能力；
6. 有全局观念和开拓新领域的能力；

九、各种咨询人员的素质要求

1. 具有实事求是和为他人服务的精神，具有高度的责任心；

2. 具有多方面的理论知识、专业知识和实践知识；
3. 具备较强的言语表达能力；
4. 具有较强的社会调查能力、系统分析能力和逻辑推理能力；
5. 具有较强的想象能力和察言观色的能力；
6. 在兴趣上乐意与人接触，善于与人合作与交往；
7. 具有较强的记忆力和创造能力；
8. 具有较强的劝说能力。

二、职业能力素质提升的意义

我们要树立提升自身能力素质的意识，因为能力素质对我们的职业发展有很重要的意义。比如面对工作，小A总是完不成，小B是刚好能完成，小C是能够出色完成。能不能完成工作是由什么决定的，可能是由于能力决定的，能力不够；也可能是由于态度决定的，不认真。总之，能不能完成工作取决于一个人的职业能力素质高低。那么对于总是完不成工作的小A，人力资源工作做得好的单位，一开始会扣工资、奖金，帮助他找原因，给他提供培训机会，但是如果还是于事无补的话，最终肯定是辞退。对于小B虽然能完成，但也没达到最好的效果，工资能发，奖金不一定，而且如果公司遇到编制缩减，小B很容易成为被裁掉的那个。而对于小C，除了工资、奖金之外，可能还会作为单位的重点培养对象，如果时机成熟还可能得到升迁的机会。因此，我们需要不断地提升个人的能力素质，更好地胜任本职工作，并获得生涯发展。

对于个人而言，拥有较高的能力素质，可以让自己游刃有余地胜任工作，并不断提升幸福感。还是前述例子，这里面的小A，每次再努力都完不成工作，这时候的小A面临的压力是比较大的，而且因为工作会影响到生活上时间的分配和生活的质量等。而能力超强且轻松完成工作的小C，就不会因为工作影响生活，反而他的工作会对生活有极大的促进，获得奖金和职位提升，会更加提高自己的社会地位和生活质量，个人的幸福感和满足感也会随之提升。

第二节 提升职业道德

所谓职业道德，就是从事工作所具备的最基本的操守。吵得沸沸扬扬的校园虐童事件，那些施暴者让我们深恶痛绝，先不谈这些人懂不懂法律，但至少他们没有职业道德。他们从事的学前教育教师的职业需要的不仅仅是教，更需要有育，需要付出爱心和耐心，爱护每一位孩子，这是最起码的道德底线。

一、不遵守职业道德的危害

（一）影响服务对象的身心健康发展

像我们听到的虐童事件，受害的儿童不仅是身体受到伤害，精神上也会受到摧残，在幼小的心灵里留下阴影，害怕幼儿园，对老师不信任。

（二）影响工作的效率和质量

工作中如果没有高尚的职业道德，就不会投入足够的精力、热情。没有良好的工作态度，工作效果可想而知。就像虐童事件中的幼儿园教师，她完全没有什么工作效果，要说效果也只能是恶果。

（三）影响自己的生活、事业发展

在工作上不遵守道德，投机取巧，势必也会迁移到生活的其他方面。这样的人对待朋友，往往也会采取同样的方式，很难获得别人的真诚相待和尊重。

（四）影响整个社会的风气

影响人们对社会、政府和国家的信任。比如说，如果政府部门服务窗口的工作人员职业道德水平低，对待服务对象态度不好，故意刁难，前来办事情的人势必会迁怒于政府，责怪政府办事效率低，为民服务意识不够。

二、不遵守职业道德的现象

（一）经济利益和个人利益至上，不顾服务对象的利益或者是感受

不良餐馆为了降低成本使用劣质原材料，如使用地沟油，用老鼠肉代替牛肉。手机新闻曾经报道，一年轻女子血浆变成猪油色，原因竟是因为其经常吃外卖。在生活中我们也会有很多经历，让我们能感受到自己对职业道德的渴

望。例如有的搓澡工让你感觉很贴心，会问你，力道如何，不合适就提醒他，搓完了还给你拍拍背，你会有一种被关注和重视的感觉，很舒服。而有的只知道用力搓，力道没有因人而异，没有沟通和交流，一会就糊弄完了，作为被服务对象即便嘴上不指责他，下次一定也不想让他搓。这样的经历恐怕很多人都有过。搓澡工的水平没有一个好坏的衡量标准，那就更需要靠搓澡工用职业道德来进行自我约束。

（二）消极懈怠，服务质量差

在中央八项规定出台之前，不少团体和机构存在门难进、脸难看、事难办的现象。同学们可以回顾一下自己或者家长的亲身经历。多年前，总有老人反映，去办理工资卡，由于年纪大，加之不认识字，被折腾得团团转，也不见得能把手续办完，害得老人劳心费力，很生气，影响心情和健康。值得一提的是，这类现象在八项规定出台之后好多了，我们对社会主义核心价值观的宣传，的确提升了公民的道德水平。很多城市成立了一站式服务大厅，到大厅办业务方便快捷多了，服务态度也好了。前几日在路上偶尔听到老人去办理工资发放的事宜，进门有工作人员接待，并且一直问好，很快就查明原因，顺利办理完毕。

（三）超越底线，徇私情

我们俗称的“走后门”也是一种违反职业道德的情况。中央颁布八项规定之前，到哪去办正常的事，先得找找认识人，要不然怕办不上，找了认识人，不用排队了，到那直接就能办理，否则就得排队。在国家为我们提供的公共资源面前，如果我们遇到了不平等，不公正，是不是会很恼怒？因此国家加大了纪检监察力度，原来很多靠道德层面来约束的事情，都上升到法律法规和规章制度的高度，形成了不敢、不想、不能触犯的道德红线，有效地遏制了不良现象的发生。

（四）不尽责，不钻研

作为一名工作者，不能抱着混日子的态度，要真正能够解决问题、解决难题，对待工作要用心、用脑、用力。比如说医生，不是会开开药就行，要能对症下药，用心研究每一个病情，攻克疑难杂症。再如老师，不是只教教课就完事了，要真的对学生有所启发，让学生受益，能够解决学生的问题。我们每个人都有多重角色，一方面我们是公民，享受着各行各业为我们服务的权利，另一方面我们也有职业责任，要完成岗位职责。所以只有当我们每一个人做到“我为人人”的时候，才可能真正实现“人人为我”，整个社会才能欣欣向荣。

三、遵守职业道德

（一）爱岗敬业

树立正确的职业理想和就业观念，干一行，爱一行，干好一行；脚踏实地，不怕困难，有吃苦精神；忠于职守，团结协作，认真完成工作任务；钻研业务，提高技能，勇于革新，做行家里手。

（二）诚实守信

做老实人、说老实话、办老实事，用诚实劳动获取合法利益，讲信用，重信誉，信守诺言，以信立业；平等竞争，以质取胜，童叟无欺，反对弄虚作假、坑蒙欺诈、假冒伪劣。

（三）办事公道

按行业行为准则办事，不以私害公，不出卖原则。在职业活动中坚持公平、公正、公开原则，秉公办事；处理问题出以公心，合乎政策，结果公允；主持公道，伸张正义、保护弱者；清正廉洁，克己奉公，反对以权谋私、行贿受贿。

（四）服务群众

无论从事什么职业，都要做到自觉听取群众意见，了解群众需要，为群众排忧解难；端正服务态度，改进服务措施，提高服务质量，为群众工作和生活提供便利；反对冷硬推拖，吃拿卡要，抵制行业不正之风。

（五）奉献社会

树立强烈的社会责任感，为国家发展多尽一份心，多出一份力；承担社会义务，自觉纳税，扶贫济困，致富不忘国家和集体；艰苦奋斗，多做工作，顾全大局，必要时牺牲局部和个人利益；反对只讲索取，不尽义务。

第三节 提高情商

在日常生活中，有些人能够清晰地表达自己的情感和诉求，能洞察他人的情绪、感受和心思，能够很好地与人沟通，能把话说到人家心坎里，把事做到点子上，人际关系如鱼得水，这就是情商高的表现。

一、情　　商

情商包含了情绪、意志、抵抗挫折等方面的品质。根据心理学家丹尼尔·戈尔曼(Daniel Goleman)的情商要素模型，情商的五大要素包括：自我情绪认知、控制情绪、自我激励、认知他人情绪、处理与他人的关系。从中不难看出情商既包含了处理与他人的关系，也包含了处理与自己的关系，处理与自己的关系其实就是关照自己的情绪。

（一）认识情绪

情绪是什么？是谈恋爱时候的心潮澎湃？还是生气时摔东西的行为？情绪是身体的内部信号，告诉你正在发生的事情。当发生高兴的事情时，你觉得很爽，当发生不好的事情时，你觉得糟糕。情绪好比天空中的云，时而白云悠悠，时而乌云压城，让你捉摸不定。

情绪可以分为两类，一类是原生情绪，一类是衍生情绪。顾名思义，原生情绪是对触发事件的第一反应，是情绪发挥出的原始功能，不需要三思而行。比如听到一声巨响，你会本能地产生恐惧；美女邀请你共进晚餐，你会产生高兴的情绪；心爱的宠物死了，你会产生悲伤的情绪。原生情绪是人类运作的基础，与生存息息相关。原生情绪并不复杂，未经教化，也不是各种情感五味杂陈的混合物，只要我们有意识，都能够感受到。原生情绪也被定义为适应性情绪，即为了适应外界而采取的正常本能的反应。这些情绪有的令人快乐，有的令人痛苦，可以说是不可或缺的，是有积极的意义，它能够反映你正在经历的事情。例如，当你看到一条恶狗时，你会产生恐惧，正是这种恐惧提醒你，远离危险，从而保护自己不受伤害。

衍生情绪是由原生情绪衍生而来的，是对原生情绪的情绪化反应，是由情绪引发的情绪，也可以说是对感受的感受。比如为受到的屈辱而愤怒、为受到的委屈而伤心、为自己的易怒而苦恼、为自己的胆怯而羞愧、为自己的焦虑而焦虑等。虽然快乐的情绪也能衍生出其他情绪，例如乐极生悲、得意忘形，但更多的衍生情绪是对悲伤、羞辱、恼怒、失落等情绪的反应。

为了让同学们理解原生情绪和衍生情绪，跟大家分享个小故事：故事的主人公是一对结婚两年的夫妻，一天男主人开车载着妻子，两人边走边聊天。刚开始气氛非常好，聊着聊着，聊到了家里存折，女主人告诉男主人，存折里一分钱都没有了。男主人听了说："什么？一分都没有了，咱俩一个月怎么也得有七八千？钱都哪去了？咋花的？"女主人一听男主人这么强硬的口气和质问，觉得很委屈，因为每一分钱都是花在生活开销上。同时她很伤心，她想：平日里口口声声说对我好，花点钱，看看那心疼的样儿，还质问我，不信任我，口是心非。于是十分强硬地回复道："你凭啥质问我啊？看你那小气样，就花没了，爱咋咋地。"男主人听到这说："随口问问，怎么就不行了呢？你是不是找茬，无理取闹？"女主人一听更生气了，心想：不但不信任我，还这么评价我，脱口而出："我就这样，你要嫌弃咱俩离婚。"摔门而去。

从这个故事可以看出，原生情绪很简单，但衍生情绪会变得很复杂，这里面夹杂了剪不断理还乱的想法。"你口口声声说对我好，花点钱你就急了，那么小气，口是心非"，这样的想法首先让女主人觉得感情被欺骗，很伤心，接着伤心的情绪又会迅速地衍生出愤怒的情绪。愤怒的情绪促使她的行动，因此回答的时候充满怒气：嫌弃我就离婚，摔门而去。衍生情绪被看作是反应性情绪，往往是遭受挫折而引发的防御和攻击，它不仅会掩盖原生情绪，还会掩盖事情的真相，令事情越来越复杂，越描越黑，远离事实。

任何人都可以获得高情商，但前提条件是，你必须正确辨识哪些是原生情绪，哪些是衍生情绪，而且要知道衍生情绪经常是有问题的、消极的，很容易让人背离实际情况，陷入情绪化的思维和行动。人们经常在衍生情绪的驱使下做出过激行为，比如朝自己讨厌的人吐口水、破口大骂、大打出手。衍生情绪不论是在生理上还是人际交往中，抑或是看清事实真相方面，都对你和他人没有好处。希望我们都能从衍生情绪中解脱出来，冷静客观地认识自己和他人以及发生在自己身上的事情，在工作和生活中更加游刃有余。

（二）调节情绪

当我们能够识别自己的情绪时，接下来就要调节自己的情绪。情绪的产生有两种因素，一类是内在的，一类是外在的。外在的就是发生的事件，比如烟雨绵绵、交通堵塞、疾病和死亡；内在的是来自内心世界，比如回忆、想法和感受。外部情绪触发器是客观的，内部情绪触发器是自己的主观臆想和判断，缺少客观依据。但恰恰是这些没有依据的内部情绪触发器，让我们的情绪与现实情况脱节，陷入混乱，并火上浇油，让自己情绪失控。所以回忆仅仅是回忆，并不是现实；想法仅仅是想法，并不是事实；感受仅仅是感受，并不是真实存在。所以我们要把情绪和想法、感受和行为分开，让自己的情绪不被想法、感受和行为左右，才能避免产生更多的衍生情绪。

分析了情绪、想法和行为之后，我们要接纳自己的情绪，感受自己的情绪，记住，是接纳和感受自己的情绪，而不是想法，要避免产生不切实际的想法。要能够正确地描述自己的情绪，当你激动的时候，在内心对自己说，我突然有一种我能行的感觉；当你紧张时，你会说，我的肌肉是紧绷的，描述所发生的事实。另外，不要做出善恶、对错，或者应该、必须的评判。当你感到生气、失意或受到伤害时，很容易对那些引起你产生负面感受的人或事作出评判。走在大街上，突然踩到香蕉皮滑倒，重重摔了一跤，你会大骂扔香蕉皮的人，评判他们没有公德心，甚至还会把环卫工人也捎带上，评判他们没有尽职尽责，当然有的人也会把矛头指向自己，骂自己，笨得像猪，竟然没有看见那个香蕉皮。评判会衍生更加强烈的负面情绪，导致失望和痛苦。

下面我们举几个例子，同学们分析一下，主人公是否做到了接纳情绪？对发生的事情有没有做评判？对自己的情绪有无察觉？

1. 彤彤生气又难过地坐在房间里。她脑子里正想着几天前发生的事——她无意中听到朋友欣悦和别人在议论自己，而且非常确定欣悦当时说了自己很多坏话。彤彤想：我一直把欣悦当做最好的朋友，没想到她竟然说我的坏话。这种事情已经不止一次两次了，我总是被朋友背叛，看来朋友是不值得信任的。亏我还这么信任她，她居然向别人透露我的秘密，我真是又生气又难过。

2. 丽娜与父亲发生了争吵，她想用家中的一笔钱去投资，父亲坚决不同意，没有丝毫商量的余地，哪怕她将投资的钱减少一半也不行。丽娜气得要命。她心里想：父亲总是这样，永远都不相信我，永远把我当成小孩儿。

3. 李同学在练习滑雪，他已经练了好一阵子，但还是没能搞定。每次都是眼看着就要成功了，最终还是一次又一次地从滑雪板上摔下来。他想："这个技能我练了这么久了也没练好，有时候挺灰心的，但是我相信自己最后一定会掌握好。"

当我们处于情绪的低谷时，尝试着对自己好一些，做点自己喜欢的事情，吃点自己喜欢的东西，帮助自己转移注意力，从情绪中走出来。正向激励，自我认可，对自己说：我允许自己有这样的感受，每个人都有这么想的时候，我这么想是可以理解的。

二、人际交往技能

人际关系是日常生活中的重要组成部分，对情绪有着直接影响。好的人际关系，让你如沐春风，心情舒畅；不好的人际关系，让你如坐针毡，带来不尽的烦恼。人际交往中，没有矛盾彼此相安无事，你好我好大家好，一旦出现冲突，不懂人际交往技能，就很棘手。例如朋友说了伤害你的话，你如果忍气吞声，或者仅仅撅噘嘴，轻声细语表达感受，对方可能认为你只是稍微有点生气，并不清楚你已经很生气了，但是你用大喊大叫让对方明白你很生气，多半会破坏朋友关系。高情商的人际交往技能，就是致力于不破坏朋友关系的前提下，充分表达自己的诉求和感受，化解冲突，让人际关系变得和谐长久。

（一）掌握说话技巧

人际关系最重要的就是在于说话的技巧，而当双方发生分歧和矛盾的时候，如何说话就显得更加重要了。这时，一方面要尽可能表达自己的感受和需求，另一方面又不能忽略对方的感受，还要让对方理解和接受。有的人不敢表达自己的感受和需求，一味服从对方，这种做法的结果就是，一次顺利度过危机、两次顺利度过危机，久而久之，自己内心积蓄的不平等和怨恨越来越多，对这段友谊越来越失望，最终不是在某一次爆发，就是逐渐冷淡。也有些人表达感受和需求时缺乏技巧，让矛盾激化，最终不可收拾。

在生活中，我们是不是也应该审视自己跟家人说话的语气和态度，是不是让他们不愿意接受呢？一位母亲经常跟儿子用这样的方式说话：你能不能快点，都几点了还没写完作业，要把我急死了？跟爱人这样表达：你太让我生气了，回家就看电视，你能不能干点活。你们俩能不能让我省点心？这位母亲的话同学们是不是也不愿意听，这种说法只会扩大矛盾，把关系搞僵，这些话表达了某种情绪，比如气愤、失望或沮丧，更重要的是有强烈的指责和批评的味道，这就是加了评判，而且把矛头指向对方，任何人听了都会以其人之道还治其人之身，回敬对方。

所以，在沟通中，首先要明确自己想要表达的是什么，描述事实或自己的情绪，而且要不带任何评判地表达出来。这位母亲对儿子可以说：妈妈太着急了，太希望我们有时间玩一会儿，或者早点休息。对爱人可以说：我感觉自己好累，累得要生气了，我太需要个帮手帮帮我了。第二种说法的意思很清楚地表明了自己的观点，同时也表达了自己能对自己的情绪负责。而第一种说法，不但没有把自己的需求说清楚，却把自己的负面情绪归咎于对方，对方直接收到你的负面情绪，却读不出有用的信息。每个人都要为自己的情绪负责，这一点很重要，我们既然不希望别人把产生坏情绪的原因归咎给我们，同样我们也不能因为自己的情绪而埋怨别人。

（二）要会倾听

1. 倾听事实(Fact)

倾听事实是指不用自己的想法和固有观念对对方的话进行判断，只是客观地接受对方谈话中的信息。很多人在听了对方的话之后，会根据自己固有的思维模式对对方的话进行判断，从而容易误解对方的话。这时，需要我们从对方的话中倾听事实，不要做任何判断。那么该如何区分事实和判断呢？

举例：

昨天，他冲我发火了。(事实)

昨天，他无缘无故冲我发火了。(判断)

事实就是客观存在，而判断是有了你的主观想法。再比如“领导在说话的时候有意在讽刺我”就是判断。所以，当我们在倾听的时候，加入了我们的判断，就很难再保持独立的思考，有可能造成对方要表达的意思跟我们的判断完全相反，这样沟通就很困难了。

2. 倾听感受(Feel)

如果无法理解对方的感受，就很容易陷入沟通的对立面。我们很容易受对方语言、表情的影响，往往无法做到感同身受。平时很多吵架，就是没有倾听对方的感受，无法做到感同身受造成的。

例如，老公工作忙，晚上十一点半才回家，老婆非常生气。等老公拖着疲惫的身体一推开门，老婆就发怒：你以后再这么晚回家，就不要回来了！老公一听，自己为了家庭，工作那么晚，回到家不但没有一句安慰的话，反而是一顿责骂，于是，就大声反击道：你以为我想这么晚回家吗？老婆一听老公这么大声跟自己说话，心里突然委屈起来，说：你竟然吼我！我等你这么晚，你不但不心疼，还吼我！于是，两夫妻之间的吵架大战开始了。无法跟对方感同身受，两个人就像两条平行线，永远没有交点。

3. 倾听意图(Focus)

在沟通之前，我们要了解对方真正的意图是什么。每一个人做每一件事，说每一句话，其实都有一个积极的正面的意图。我们要学会倾听对方正面的意图是什么。有一天，老板带下属去参加一个校园专场招聘会。老板提前到了招聘会的现场，这时，下属打电话告诉他，他要迟到了。老板一听他说迟到了，马上想他可能是因为睡过头而迟到，大声对他说：这么重要的事情你也迟到，不要过来了！后来，他赶到了现场，对老板说：其实我生病了，刚打完针，然后就跑过来。本来可以按时到的，结果遇上堵车，所以迟到了！在那一刻，老板意识到，其实下属内心是很希望按时赶到现场的，于是老板感到很内疚，跟他道歉了。在这之后，他做事更加积极了，老板跟他的沟通也更加顺畅了。如果没有了解他背后的真正的意图，那根本就不可能和他达成谅解。

第四节　增强时间管理能力

假设我们每个人有 126 144 000 元钱，不管你用没用，怎么用，每天都会扣掉 86 400 元，一直扣完 126 144 000 元为止。同学们是眼睁睁地看着这些钱一天天被扣掉，还是会想办法利用一下这些钱，做一下有保障的投资。如果别人拥有这 126 144 000 元钱而你没有，你会不会羡慕别人。很多同学都会选择拿这些钱做投资，都不守着这么多钱而无动于衷。那么好，我告诉大家，这些钱就好比我们大学的四年时光，一共 126 144 000 秒，财富总额对每个人都是一样的，是不是有效利用了，最后的结果是不一样的。做有效投资，就会有回报，但是投资的项目不一样，收益也不同。如果你未作任何投资，或者投资选的方向不对，有可能没有任何收益甚至亏本，最后留下的是一无所有的你。所以合理利用时间对我们来说也是一项非常重要的能力，这一节就来学习时间管理，帮助同学们科学管理时间。

一、时间都去哪了

下面跟随本书的讲解，做一个互动游戏撕纸条。请准备一张纸条，略微长一点，它代表大学四年，已经过去一个学期了，这部分时间不能再被利用，撕掉 1/8；还剩下 7 个寒暑假，每个寒暑假 50 天，大约再撕掉剩余时间的 2/7，这部分时间我们在放假；我们国家每年双休日、节假日一共 108 天，这部分时间在休息，很少有同学会花费在学习上，那么再撕掉 1/4；我们每天有 8 小时时间睡觉，这部分时间不应该占作他用，因此再撕掉 1/3；余下的时间，同学们在学校活动，但是不是所有的时间都是在学习呢？当然不是，吃饭、洗漱、洗衣服、走路、等待，每天要占去一部分时间，根据自己的情况撕掉，还有的同学喜欢逛淘宝、喜欢打游戏、喜欢化妆等。请根据自己的情况，计算一下这部分时间占用了多少？剩下的便代表大学四年可用来学习的有效时间。做了这个游戏，你有怎样的感受？相信很多同学会觉得时不我待，懂得合理利用时间的重要性了。

二、合理利用时间

（一）时间饼状图

先来了解自己的时间分布。画一画自己每天的时间分布饼状图(图 5-1)，一个圆周 360°代表一天时间，根据自己的时间消耗，进行饼图分割。

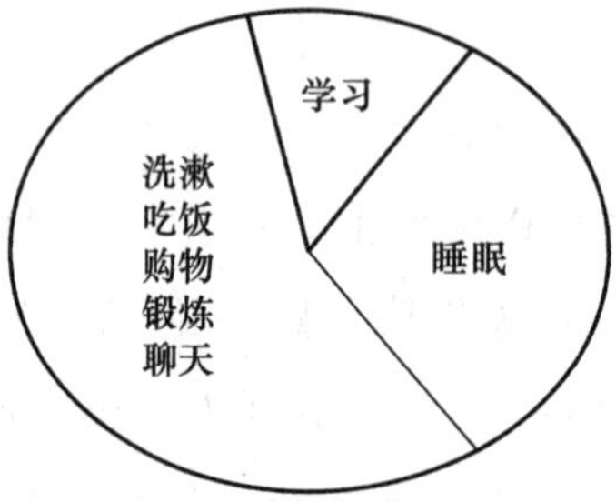

图 5-1 一天时间分配饼状图

看一看自己每天时间分配是否合理？如果不合理，对比一下哪部分占用时间偏多，怎样进行科学调整，绘制调整后的时间饼状图(图 5-2)。

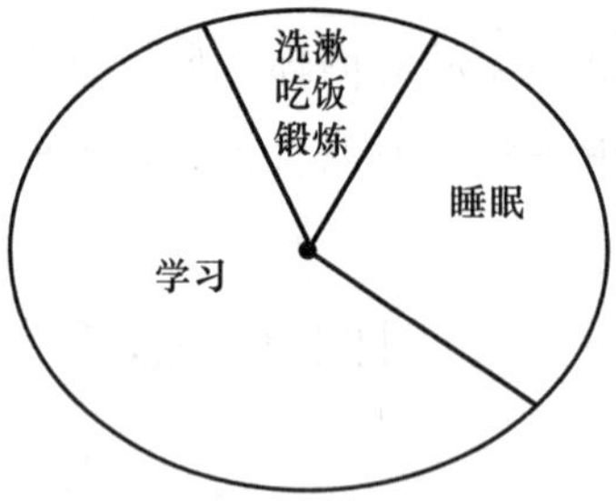

图 5-2 理想时间分配饼状图

时间管理的第一步是做好时间规划，把时间合理分配在各种生涯角色上。我们现在的主要角色是学生，那么在学习者的角色上多投入时间是理所当然的。如果现在是工作者角色，应该在工作上多投入时间。当多种角色并存时，因为其他的生涯角色也在抢时间，持家者的角色要求在做家务、家庭角色上花费时间，这些必然会跟个人学习、工作、休闲时间发生冲突。因此当我们在某个阶段的时候就应该把主要角色的任务尽可能充分完成，避免在下一个生涯发展阶段承担更多生涯角色来弥补这一不足，防止其他角色跟主要角色抢时间。同学们目前除了学生角色外还有休闲者的角色，但是休闲的时间不能占主导，因为学生期间主要角色不是休闲者。现在好多退休的人主要角色都不是休闲者，而是继续工作或者学习，所以同学们更不能过早地让自己懈怠，在休闲者的角色中，我们可以做有益的活动，例如登山、游泳等。

（二）学会利用零散时间

在大学，大块的休息时间不多，一般的时间都很零散，有时候是第三四节才开始上课，然后是第七八节课再上课。同学们一定要有这样的意识，不是上课才开始学习，同学们一直在学校，任何时间都是用来学习的。如果是刚刚那样的课程安排，同学们早上 7 点到 10 点这三个小时以及下午 1:30 到 3 点就应该充分加以利用。

现实生活中有很多成绩好的同学，他们总是随身携带一本书，利用等待的时间来阅读。学校组织开会，会前他们会把已准备好的书拿出来阅读，即把这点滴的时间利用起来，又能够增加自己的阅读量，如果每天都把这样的缝隙时间都利用起来，一年下来也会读好几本书。有的同学的习惯是利用缝隙时间背单词，这也是不错的选择，三五分钟背一两个单词应该不成问题。很多学习好的学生干部，他们把大块的课余时间都用在了学生干部工作上，但他们依然比其他同学学得好，原因之一就是他们把零散的时间都做了充分的利用。他们懂得时间就像海绵里的水，只要挤总是有的。

（三）要事优先法则

美国的管理学家史蒂芬·科维(Stepher R. Covey)提出时间四象限法，是指把工作按照重要和紧急两个不同的维度进行划分的一种时间管理方法，该方法至今被很多人使用。方法是建立如图 5-3 的轻重缓急坐标系，分为四象限：紧急又重要、重要但不紧急、紧急但不重要等、既不紧急也不重要。

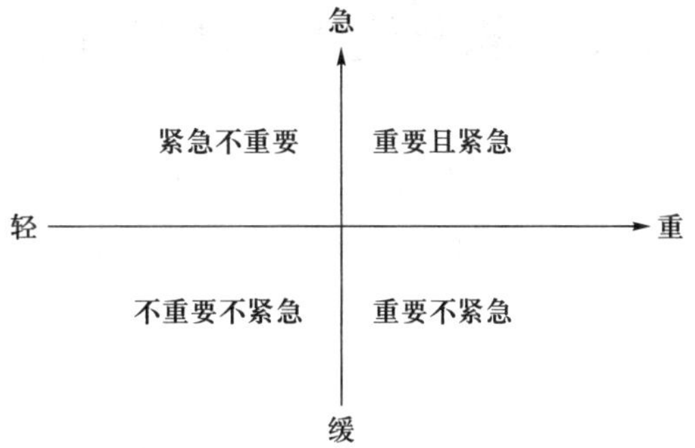

图 5-3　时间管理坐标系

分布在第一象限的就是重要且紧急的事情，优先处理。比如对大四的学生来说，求职找工作就是既重要又紧急的事情，他们整个一年都在为求职而奔波忙碌，而求职找工作对于大一的学生而言却是重要不紧急的事情，因此在第四象限。这类事情对个人的生活和发展很重要，但是并不那么着急，可就是因为不着急，很多人才会忽视它的重要性，在每日的安排里把它排到最后，甚至根本没有纳入日程，而这类事情必须处理，是早晚有一天同学们都要面对的事情，虽不紧急，也要日日准备，做好知识的积累、能力素质的提升，这些关系到四年之后我们找工作、考研，关系到事业发展。今天不学习，不提升能力，目前很难看出对自己有什么不好的影响，但是四年后，当同学们求职应聘或者考研的时候，就会觉得知识和能力对你来说是当务之急，所以现在重要不紧急的事情，如果不处理好，那么有一天它会变成紧急且重要的事情。这也就是为什么有些人，整天被重要且紧急的事情弄得焦头烂额，他们耽搁了曾经重要不紧急的事情，到头来这些事情都变成了重要且紧急的事情。所以，第四象限的事情每天要保证留有时间去处理。第二象限代表紧急但不重要的事情，举个例子，有个不认识的人说要认识一下你，现在就在楼下等你，要跟你见面，这件事情在时间上需要马上解决，但是在重要性上，需要你进行判断，很明显不那么重要。如果时间排不开，可约改日。虽然紧急，但是对你来说并没有重要意义，做不做都不会有很大影响。第三象限，代表不重要不紧急的事情，可处理可不处理。下个月有场你不太喜欢的明星演唱会。这样的事情就是可去可不去的，那我们就不要浪费自己的时间和金钱了。

象限法归纳总结就是，分布于第一象限的事情要优先处理，分布于第四象限的事情要留出时间来保证处理，分布于第二象限的事情，需要根据时间酌情处理，分布于第三象限的事情，可以不用占时间去处理。

第五节 职业能力素质提升训练

在工作世界中需要的职业能力素质因为职业的不同而有所差别，本书没有办法把所有的职业能力素质提升方法都提供给同学们，可以跟同学们分享职业能力素质提升的通用方法，以及同学们在大学期间有哪些途径可以去提升自我。

前面我们讲过能力素质冰山模型，职业素质在冰山下面，是基础，内功很重要，但却不容易培养，需要在潜移默化中逐渐形成。职业能力需要通过训练获得并提升，例如学校每年举办舞蹈大赛，同学们都愿意去观看，舞蹈演员为了在比赛中取得好成绩，各学院文艺部每年早早就开始选演员，起早贪黑进行训练，为什么练得那么早，如果不早练到时候告诉同学们跳什么、上场就跳行不行？答案当然是否定的，这个道理同学们都懂，台上一分钟台下十年功。跳舞也是一种能力，由此可以看出职业能力不是一两天就能掌握的，越练习越熟练，熟能生巧。所以，职业能力和素质是在实践中获得的，需要我们通过行动锻炼，逐渐培养。

一、表达能力的校内训练建议

吉林师范大学的校园网曾播放过这样一个视频专访，讲一名学生为了锻炼自己的表达能力，每天利用课前十分钟演讲，对自己进行训练，最终表达能力得到大幅度提升，达到了表达自如的效果。很多优秀师范生，上大学时就知道自己将来要当一名老师，必须要训练自己的表达能力，于是参加朗诵比赛、演讲比赛、辩论赛、参加演讲协会、争取主持活动的机会，有意识地在这方面多加实践。由不敢开口、不知道说啥、说不出重点、说不出层次、打动不了人，逐渐提高，变得演说时侃侃而谈、清晰流畅、有的放矢、收放自如、生动悦耳。在师范院校这方面机会很多，“我要上典礼”“课前演讲”“师大青年说”“师大讲堂”“就业处助理选拔”等活动，给同学们提供了锻炼表达能力的舞台，同学们要根据自己的目标，有效把握这些提升表达能力的机会。

二、团队合作能力的校内训练建议

有些作业需要小组完成，在合作中同学们会逐渐领悟怎样提升凝聚力，怎样调动积极性，怎样发挥个人的作用和价值，自然而然就学会了团队合作。参与学联工作，或加入一个学生组织，在实践中去摸索和体会。前提是，要有意识培养自己，在工作中坚持做下去，不断总结和反思，不断改进，方能得到个人的成长。

三、执行力的校内训练建议

在社团或者学生会等部门担任职务的同学，面对每一次任务都要积极应对，制订实施计划，按步骤执行，按时完成，这个过程就是在锻炼自己的执行力。而有些人虽然担任了职务，却逃避任务，其结果是徒有其名，没得到任何收获。学生干部职务不能帮助同学们在职场上立足，只有通过实实在在干事锻炼的能力和积累的经验得到的感悟才能内化成素质，才能切切实实推动同学们职场的成功。对于没有任何职务的普通同学来说，能把学生角色做好，把老师布置的作业、任务，把学校对学生的要求，认真落实，做到最好，也是提升执行力的方式。

四、其他方面的校内训练建议

提升个人书法水平。学校有选修课，每个学院都有写字好的老师，同学们可以请教，可以买字帖临摹。学校教授大学语文课程的那些老师都非常棒，即便没有亲自为你们执教，也可以拜他们为师。舞蹈社团、声乐社团，练一练基本功，站姿、坐姿、形体、发音。让你健康的同时，收获美丽的气质。坚持写日记，保持练笔的习惯，向院报、校报等纸媒或网媒投稿，这样可以锻炼自己的写作能力。每个学院都有自己的学生品牌活动，它们都是跟学生所学专业息息相关的，通过参加这些品牌活动，可以积累专业能力，开阔视野，也能够得到人际交往等方面的锻炼。

课后思考题

1. 根据自己的职业目标，分析与之匹配的职业能力素质。
2. 制订与职业目标匹配的职业能力素质提升计划。

课后阅读

1. 王济干. 基于需求导向的大学生核心素质培养研究[M]. 北京：人民出版社，2017.
2. 穆臣刚. 哈弗人生规划课[M]. 北京：中国法制出版社，2015.
3. 约翰-奈芬格，马修-科胡特. 哈弗商学院人格魅力修炼课[M]. 北京：北京时代华文书局，2017.
4. 李筱懿. 情商是什么？[M]. 杭州：浙江文艺出版社，2018.

6

第六章 大学生就业形势与就业政策、法规

审度时宜，虑定而定，天下无不可为之事。

——张居正

本章要点

- 客观认知当前大学生的就业形势；
- 了解大学生就业相关政策法规，学会在就业过程中维护自己的权益。

理论认知

第一节 大学生就业形势

2003年高校首次经历“就业高峰”，此后，随着高校扩招，毕业生规模持续扩大，高校毕业生已经完成了从“精英就业”到“大众化就业”的转变。总体而言，高校毕业生就业形势极端严峻：一方面是毕业生总量和未就业毕业生总量的同步增加；另一方面则是就业质量和就业层次的逐步下降。知己知彼是我们赢得每一场战役的前提，所以，高校毕业生应更加科学理性地认识就业，认清当前就业现状。

一、就业的形式和基本途径

（一）就业形式

概括来讲，目前大学生就业形式主要包括以下几种类型：

（1）毕业生通过与用人单位签订就业协议书，领取就业报到证，到用人单位工作。

（2）毕业生与用人单位已签订劳动合同，或用人单位出具接收函，不需要就业报到证，到用人单位工作。

（3）定向、委培毕业生回原定向、委培单位就业。

（4）毕业生以灵活方式就业，其中包括自主创业、从事自由职业等。自主创业者指创立企业者(包括参与创立企业)或是新企业的所有者、管理者，经营形式包括个体经营和合伙经营两种类型。自由职业者从事以个体劳动为主的一类职业，如作家、自由撰稿人、翻译工作者、中介服务工作者、某些艺术工作者等。

（5）升学：包括专科毕业生升本科、本科毕业生考取研究生。

（6）毕业生出国留学、工作等。

（7）毕业生参加国家、地方项目就业。

此外，还有部分毕业生有就业愿望，但尚未就业。另一部分毕业生暂无就业愿望，拟升学、身体健康及其他原因暂不就业。

（二）就业途径

一般来讲，大学生就业的基本途径包括：

（1）通过学校组织的校园专场招聘会实现就业；

（2）通过参加政府、高校、人才服务机构等组织的大型招聘会实现就业；

（3）通过智联招聘网、中华英才网、前程无忧以及用人单位官网的人才需求信息搜索实现就业；

（4）通过走出校园，登门拜访用人单位实现就业。

（三）就业流程

毕业生在求职择业之际，应该尽早熟悉和了解所在学校以及学校所在地区就业管理机构的就业工作程序，不失时机地利用每次招聘机会进行求职择业。一般而言，完整的就业流程包括以下几步：

（1）毕业生准备推荐材料（协议书、推荐表、自荐材料）；

（2）学院推荐与毕业生自荐，与用人单位双向选择；

（3）毕业生与用人单位签订就业协议书；

（4）单位主管部门盖章批准；

（5）就业指导中心审核，就业协议书盖章；

（6）就业指导中心制订就业建议方案；

（7）上报省毕业生就业指导中心，下达就业方案；

（8）毕业生办理离校手续，领取就业报到证、办理户口迁移；

（9）毕业生到用人单位报到。

（四）就业派遣

狭义的就业派遣是指毕业生领取由学校签发的报到证，即上述第 8 项流程。但实际这只是表象，由于它是整个毕业生就业环节中最为关键的一个环节，因此涉及丰富的内容。在此需要强调的是毕业生就业派遣是就业流程的核心环节，因此必须深刻认识其内含和本质。

1. 派遣对象

国家计划招收的非在职毕业研究生、国家计划招收的普通高等学校毕业生和结业生、国家计划招收的普通中等专业学校毕业生，以及国家计划招收的为地方培养的军队院校毕业生。

2. 主管单位

毕业生的就业管理机构大致由三部分组成：全国主管大学毕业生就业的部门是教育部；各省、直辖市、自治区和中央各部委的有关部门分管本地区、本部门的大学毕业生就业工作；各高等学校和各用人单位负责本校毕业生就业的具体事宜和接收安置毕业生事宜。其中，各省(自治区、直辖市)的高校毕业生就业指导中心是本地区的就业主管部门，负责就业市场开发与维护、就业指导教师培训、毕业生资格审查、就业派遣等各项管理工作。如吉林省高校毕业生就业指导服务中心，主管全省辖区内所有高校的毕业生就业工作，包括所在地区的部属院校。

3. 派遣主要流程

第一步，学校根据毕业生就业计划、协议，结合毕业生的具体情况和国家相关政策，拟订毕业生派遣方案。第二步，地方主管毕业生调配部门和高等学校按照国家下达的就业计划派遣毕业生，派遣毕业生统一使用《全国毕业研究生就业报到证》和《全国普通高等学校本专科毕业生就业报到证》(以下简称《报到证》)，《报到证》是毕业生就业报到的凭证。第三步，由学校向毕业生统一发放《报到证》，并办理相应的户籍和档案调转手续。落实单位的毕业生手持《报到证》在规定的时间内到工作岗位报到。截止学校上报派遣方案时，对尚未落实工作单位的国家计划招收的高校毕业生，派回其家庭所在地，由当地政府相应人事部门负责，帮助其继续落实工作单位。

二、当前大学生就业现状

(一) 就业竞争越来越激烈

应届毕业生人数在逐年增加，海归人数在增加，跳槽再择业的人数在增加，这就意味着在求职的时候，和大学毕业生同场竞技的人非常多。在全国毕业生人数不断增加的情况下，社会的岗位数量却并没有明显增长，导致供大于求，供需矛盾更加突出。特别是大公司的岗位，几乎每年都是百里挑一，很多同学以为熬过艰难的实习期就可以获得自己理想的岗位，但是更多的却是失望。如香港渣打、汇丰等银行每年在香港大学招 50 名实习生，三个月的实习期后只有两三名才有机会留下，一年后的留存名额只有 1 个。对于即将走入社会的大学生来说，在就业环境不容乐观和高校毕业生数量大幅增加的双重压力下，找到合适的就业岗位注定是个不小的挑战。

(二) 公招性(含公务员、事业单位)工作单位招聘就业比例加大

对比 2015 届至 2019 届本科毕业生的就业趋势可以看出，在就业比例排名前十

位的行业中，本科生在“政府及公共管理”行业就业的比例逐届增大。这与政府实行设置大量公招性岗位的政策影响是密不可分的。

（三）国家及省级公务员选拔偏重基层

近年来，“公务员热”已有降温的趋势，很大一部分原因在于，国家及省级公务员招聘政策向基层倾斜的趋势加大。国家出台一系列基层项目，通过提升相应的福利待遇，鼓励引导更多优秀的人才到基层为国家的发展做贡献。

（四）用人单位选拔毕业生出现新趋势

面对严峻的竞争环境，用人单位的招聘出现了一些新趋势，这也是求职的新常态：

1. 时间早

一般而言，用人单位招聘的黄金时间是在每年的10月和11月，但近几年，用人单位普遍将时间提前，出现了“金九银十”的黄金求职季，比往年早了一两个月。

2. 门槛高

由于经济原因或者是户口指标等问题，某些岗位招聘量有所减少。在学历方面，尤其是对于研究生来讲，用人单位对第一学历重视度有所提高；个人的综合能力是考察的重点，对于计算机技能和英语技能的考察度都更高了一些。

3. 受众前伸

招聘单位“受众前伸”是近年来最重要的一个特点。以前是春招加秋招，以应届毕业生为主，现在招聘的受众则前伸到了准毕业生；以前用人单位是来摘红苹果的，现在是来摘青苹果的。对于一些比较优秀的学生，某些企业通过给他们提供实习机会、提供奖学金、大赛选拔等方式，把这个“青苹果”套好袋子，袋子上打上××公司的标签，等到苹果成熟后直接带走就可以了，别的公司就没有摘取的资格了。

三、经济新常态下大学生就业面临的新机遇

（一）国家重视大学生就业

党中央、国务院高度重视高校毕业生就业工作，中央领导同志多次做出重要指

示，对做好高校毕业生就业创业工作提出明确要求。李克强总理在批示中强调：当前，我国经济发展进入新常态，处于动能转换“衔接期”，确保就业局势稳定面临新的机遇和挑战。要坚持实施更加积极的就业政策，突出抓好高校毕业生、就业困难人员等重点群体就业问题①。国务院印发了《关于进一步做好新形势下就业创业工作的意见》，把高校毕业生就业摆在就业工作首位，制定并出台了十多项政策，鼓励毕业生到乡镇，特别是困难乡镇、机关事业单位工作，促进高校毕业生多渠道就业。

（二）就业需求结构性变化

经济新常态下，就业需求在结构性方面有变化。民营中小企业、二三线城市需求明显上升。此外，随着国家最近推出的国际经济发展战略，如“一带一路”“互联互通”、亚太自由贸易区等，外语外贸类专业需求可能会有所增长。

（三）产业进入中高端发展带来机会

产业结构从中低端转向中高端，也契合了劳动力供给结构的变化趋势。新常态下，产业进入中高端，最能够带来的就是高端、高技能、高质量就业岗位的增加。随着经济形态向更高级、分工更清晰、结构更合理的阶段迈进，必然有大量新职业、新工种诞生，这将为大学生就业提供更多选择。

（四）战略性新兴产业加快发展的机会

节能环保、新兴信息产业、生物产业、新能源、新能源汽车、高端装备制造业和新材料被称为“七大新兴产业”。据统计节能环保产业在未来 5 年内的投资需求将超过 3 万亿元，其中仅固废处理投资就将达到 7 000 亿元，城市污水和垃圾处理投资超过 8 000 亿元人民币，而未来 7 年内，新能源的投资将达到 5 万亿人民币。因此，关注新兴产业及相关配套措施，会给就业带来更多的机遇。

（五）服务业的跨越性发展机会

李克强总理指出，服务业是就业最大的容纳器②。服务业及第三产业，在国内发展一直都比较落后，虽然近几年也得到了相应的发展，但上升空间还是很大。未来几年，第三产业占 GDP 的比重将达到 50%，就是说第三产业等于第一产业和第

---

① 佚名．李克强对全国就业创业工作电视电话会议作出重要批示．新华网，2015-05-19.

② 佚名．李克强强调：加快推进结构调整 大力发展服务业．中国政府网，2011-09-23.

二产业的总和。因此，服务业将有很大的发展潜力。

此外，在“大众创业，万众创新”的理念下，将有一大批小微企业诞生，这些新生企业在初创阶段需要高技能人才，给大学生就业带来了一定的机遇。

第二节　就业政策、法规

就业政策和法规是指由国家或地方政府制定的关于就业的政策、法规和一些具体的指导性意见、办法等。它们是搞好就业工作的指南和依据。很多大学毕业生社会经验不足，总觉得这些政策、法规离自己太远，没有什么用处，既不愿意认真了解国家和各级地方政府对当前就业工作的要求和一些有利于自主创业的优惠政策，更不愿仔细琢磨，以发现其中对自己有利的东西。其实，如何利用就业政策、法规，把就业的不利条件变为有利条件，这其中大有学问，值得我们认真探讨。

中华人民共和国成立以来，我国高等学校毕业生就业政策大致经历了一个从计划走向市场的过程。从中华人民共和国成立初期到20世纪80年代中期，在计划经济体制下，我国高等教育实行的是一种高度集中的计划管理模式，即计划经济之下的“统一分配”就业政策。改革开放以来，随着经济体制改革的不断深入，社会主义市场经济的不断完善，以及劳动人事制度改革的不断深化，有关部门开始逐步改革“统招统分”制度，并形成了以“供需见面”为主要形式，以“双向选择”为指导目标的就业政策，就是我们现在倡导的经济体制改革下的“双向选择、自主择业”就业政策。

近年来，由于高校扩招，高校毕业生数量迅速增加，大学毕业生就业难问题日益凸显。为保证大学毕业生能够顺利就业，国家为此专门出台了一系列针对大学生就业的政策。现简要介绍如下：

一、鼓励大学生面向基层就业的政策

2017年，中共中央办公厅、国务院办公厅印发了《关于进一步引导和鼓励高校毕业生到基层工作的意见》，明确了引导和鼓励高校毕业生到基层工作的指导思想、基本原则和保障措施。意见强调，以服务基层发展为目标，以更好发挥高校毕业生作用为核心，进一步创新体制机制，完善政策措施，健全服务体系，加快构建引导和鼓励高校毕业生到基层工作长效机制，确保下得去、留得住、干得好、流得动。意见要求，多渠道开发基层岗位，为高校毕业生到基层工作搭建平台：

（一）结合政府购买基层公共管理和社会服务开发就业岗位

认真落实政府购买基层公共管理和社会服务岗位更多用于吸纳高校毕业生就业的要求，结合基层实际需求和转变政府职能、创新公共服务供给模式需要，加大在基层公共教育、医疗卫生、文化体育、农业技术、农村水利、扶贫开发、社会救助、城乡社区建设、社会工作、法律援助、信息化建设与管理等领域购买服务的力度，创造更多适合高校毕业生的就业岗位。从基层实际需求出发，精准聚焦短缺人才，以县域为单位定期梳理本地区迫切急需的岗位信息，依托各级公共就业人才服务机构信息发布平台等渠道，加强信息发布和政策引导，鼓励用人单位优先吸纳高校毕业生就业。

（二）引导高校毕业生投身扶贫开发和农业现代化建设

鼓励高校毕业生到贫困村从事扶贫工作，到贫困村创业并带领建档立卡贫困人口脱贫致富的高校毕业生，可按规定申报扶贫项目支持、享受扶贫贴息贷款等扶贫开发政策。到农业生产经营主体就业的高校毕业生，可按规定享受就业培训、继续教育、项目申报、成果审定等政策，符合条件的可优先评聘相应专业技术资格。

（三）引导高校毕业生到中西部地区、东北地区和艰苦边远地区工作

在深入实施中部崛起、西部大开发和振兴东北地区等老工业基地战略中，积极拓展高校毕业生就业新空间，引导和鼓励高校毕业生到中西部地区、东北地区就业。艰苦边远地区基层机关招录高校毕业生可适当放宽学历、专业等条件，降低开考比例，可设置一定数量的职位面向具有本市、县户籍或在本市、县长期生活的高校毕业生。

（四）鼓励高校毕业生到基层机关事业单位工作

基层单位出现岗位空缺，择优招录高校毕业生或者拿出一定数量的岗位专门招录高校毕业生。研究制定符合县乡机关工作特点的公务员考录测评办法。市地级以上机关新录用高校毕业生没有基层工作经历的，可安排到县乡机关锻炼 1 年。加大招录国家重点高校优秀毕业生到乡镇一线和其他基层单位工作的力度，为基层干部队伍建设提供源头活水。

（五）鼓励大学生参军入伍

进一步完善高校学生参军入伍优惠政策，重点落实好退役大学生士兵专项研究生招生计划、学费资助、复学升学、就业创业等政策。进一步优化工作流程，为大学生入伍开辟绿色通道，落实预定兵工作机制。完善鼓励高校毕业生在部队长期服役政策，部队服役经历视为基层工作经历，按有关规定享受在基层工作高校毕业生同等政策待遇。

（六）鼓励高校毕业生到中小微企业就业

发挥中小微企业吸纳高校毕业生就业主渠道作用，鼓励中小微企业在适应供给侧结构性改革、推进产业优化升级以及发展新经济、培育新动能过程中，进一步开发有利于发挥高校毕业生专长的管理型、技术型就业岗位。

二、鼓励大学生到西部地区工作的政策

团中央、教育部根据国务院有关要求联合财政部、人事部发出《关于实施大学生志愿服务西部计划的通知》（以下简称“通知”）。《通知》的指导思想是：鼓励青年知识分子到实践中去、到基层和艰苦地区去，经受磨炼，健康成长。在新的形势下，站在执政兴国和人才强国的战略高度，需要长期坚持和不断完善并逐步形成制度。实施大学生志愿服务西部计划要以邓小平理论和“三个代表”重要思想为指导，引导大学生到西部去、到基层去、到祖国和人民最需要的地方去建功立业；促进西部贫困地区教育、卫生、农技、扶贫等社会事业的发展；拓展大学生就业、创业的渠道；培养造就大批既有现代文化知识、又有基层工作经验和强烈社会责任感的优秀青年人才；弘扬“奉献、友爱、互助、进步”的志愿精神，推动经济社会的全面发展。《通知》的主要内容如下：

（一）工作内容

大学生志愿服务西部计划从 2003 年开始，按照分开招募、自愿报名、组织选拔、集中派遣的方式，每年招募一定数量的普通高等学校应届毕业生，到西部贫困县的乡镇从事为期 1 年至 2 年的教育、卫生、农技、扶贫以及青年中心建设和管理等方面的志愿服务工作。志愿者服务期满后，鼓励其扎根基层，或者自主择业和流动就业。

（二）政策支持

参加大学生志愿服务西部计划的志愿者除享受国家规定的高校毕业生就业优惠政策外，给予以下政策支持：

（1）服务期间，享受一定的生活补贴（含交通补贴和人身意外伤害、住院医疗保险）。

（2）服务期间，工龄、党团关系转至服务单位。本人要求户口和档案保留在学校的，按规定保留两年，在此期间，档案管理机构对其档案免收服务费用；本人要求将户口转回入学前户籍所在地的，公安机关按照规定为其办理落户手续，人事、教育部门所属人才交流机构负责办理相关手续，人事部门所属人才交流服务机构免费提供人事代理服务。服务期满落实工作单位后，公安机关按有关规定办理迁移手续。

（3）服务期间，可兼职或专职担任所在乡镇团委副书记、学校及其他服务单位的管理职务。

（4）服务期满，对志愿者作出鉴定，存入本人档案；考核合格的，颁发证书，作为志愿者服务经历和就业、创业的证明。

（5）服务期为1年、服务期满考核合格的，授予中国青年志愿服务银奖奖章，表现优秀的授予中国青年志愿服务金奖奖章，表现特别优秀的推荐参加中国青年五四奖章、中国十大杰出青年、中国十大杰出青年志愿者、国际青少年消除贫困奖等奖项评选。

三、鼓励大学生“三支一扶”的政策

2006年，中央组织部、人事部、教育部、财政部、农业部、卫生部、国务院扶贫办、共青团中央联合组织开展高校毕业生到农村基层从事支教、支农、支医和扶贫工作，简称“三支一扶”计划。并联合发出《关于组织开展高校毕业生到农村基层从事支教、支农、支医和扶贫工作的通知》（以下简称“通知”），对实施高校毕业生“三支一扶”计划做出部署。

（一）《通知》的指导思想

实施高校毕业生“三支一扶”计划，要以邓小平理论和“三个代表”重要思想为指导，全面落实科学发展观和中央关于做好大学生志愿服务西部、服务基层工作的重要指示精神，引导和鼓励高校毕业生到基层去、到艰苦行业和艰苦岗位去，经受锻炼，健康成长，为促进农村基层教育、农业、卫生、扶贫等社会事业的发展、建设社会主义新农村和构建社会主义和谐社会作出贡献。

1. 组织领导

人事部联合教育部、财政部、农业部、卫生部、国务院扶贫办、共青团中央成立全国“三支一扶”工作领导小组和工作协调管理办公室，负责这项工作的总体规划协调和指导工作。各省(自治区、直辖市)也要相应成立由人事、教育、财政、农业、卫生、扶贫、团委等部门组成的工作领导小组和工作协调管理办公室，研究制定具体的实施办法，落实本地区基层服务岗位，负责组织报名、招募、审核、体检、培训、派遣及相关材料上报等工作。

2. 招募对象和条件

招募对象主要为全国普通高校应届毕业生，并应具备以下条件：

（1）政治素质好，热爱社会主义祖国，拥护党的基本路线和方针政策；

（2）学习成绩合格，具有相应的专业知识；

（3）具有敬业奉献精神，遵纪守法，作风正派；

（4）身体健康。

3. 招募原则和程序

招募工作应坚持“公开、平等、竞争、择优”的原则，并应有一定比例的名额招募家庭经济困难的学生。具体招募工作可按以下程序进行：

（1）汇总计划。每年4月底前，省级工作协调管理办公室要收集、汇总乡镇一级教育、农业卫生、扶贫等基层岗位需求信息，并上报全国“三支一扶”工作协调管理办公室，同时面向大众公开发布。

（2）组织招募。每年5月底前，各地根据下达的招募计划和实际情况，采取考核或考试的方式进行招募。

（3）确定人选。经审核、体检确定人选后，省级工作协调管理办公室要组织“三支一扶”大学生签署《高校毕业生“三支一扶”计划申请书》，并于每年6月底前将“三支一扶”大学生名单上报全国“三支一扶”工作协调管理办公室备案。

（4）培训上岗。各地要组织“三支一扶”大学生进行上岗前的集中培训，培训内容主要是党和国家有关基层工作特别是农业、教育、卫生、扶贫方面的方针政策、本地区基层工作的现状、拟服务单位和岗位的基本情况、乡镇共青团有关工作业务等。每年7月底前派遣“三支一扶”大学生到服务单位报到。

（二）“三支一扶”大学生的管理服务工作

有关服务期间的管理问题，各地及有关部门要高度重视，积极制定和完善有关政策规定，切实做好“三支一扶”大学生的管理服务工作。

1. 户档管理

服务期间，“三支一扶”大学生户口应统一由省级工作协调管理办公室指定的有关机构管理，也可根据本人意愿将户口转回前户籍所在地，公安机关应按规定为其办理落户手续。人事档案原则上统一转至服务单位所在地的县级政府人事部门，党团组织关系转至服务单位。对服务期间积极要求入党的，由乡镇一级党组织按规定程序办理。

2. 日常管理

服务单位要负责为“三支一扶”大学生安排工作岗位，提供必要的生活条件，承担其日常管理工作，并根据工作需要积极为其提供业务培训机会。

3. 考核管理

县级政府人事部门负责“三支一扶”大学生年度考核和服务期满考核工作，凡兼任乡镇团委副书记的大学生，由团县委会同乡镇党委负责考核其担任团干部期间的工作情况，并将考核材料汇总报送县级政府人事部门，考核情况存入本人档案，并报省级工作协调管理办公室备案。服务期满考核合格的，经省级工作协调管理办公室审核，颁发由人事部统一印制的《高校毕业生到农村基层服务证书》，作为服务期满后享受相关就业优惠政策的依据。“三支一扶”大学生应按照规定期限完成服务工作，由于身体状况等特殊原因不能继续服务的，须经省级工作协调管理办公室批准，并履行有关手续。

4. 经费保障

“三支一扶”计划服务期限一般为 2 年至 3 年，工作期间给予一定的生活、交通补贴，统一办理人身意外伤害保险和住院医疗保险。

四、鼓励大学生创业的相关政策

积极鼓励大学生自主创业，为创业者提供相应政策优惠，也是近年来国家关于大学毕业生就业政策中的一个重要内容。

《国务院办公厅关于做好 2014 年全国普通高等学校毕业生就业创业工作的通知》(国办发〔2014〕22 号)规定：对高校毕业生创办的小型微型企业，按规定落实好减半征收企业所得税、月销售额不超过 2 万元的暂免征收增值税和营业税等税收优惠政策。对从事个体经营的高校毕业生和毕业年度内的高校毕业生，按规定享受相关税收优惠政策。留学回国的高校毕业生自主创业，符合条件的，可享受现行高校毕业生创业扶持政策。

《国务院关于进一步做好新形势下就业创业工作的意见》(国发〔2015〕23号)明确：高校毕业生、登记失业人员等重点群体创办个体工商户、个人独资企业的，可依法享受税收减免政策。鼓励利用财政性资金设立的科研机构、普通高校、职业院校，通过合作实施、转让、许可和投资等方式，向高校毕业生创设的小微企业优先转移科技成果。

《国务院关于大力推进大众创业万众创新若干政策措施的意见》(国发〔2015〕32号)指出深入实施大学生创业引领计划，整合发展高校毕业生就业创业基金。引导和鼓励高校统筹资源，抓紧落实大学生创业指导服务机构、人员、场地、经费等。引导和鼓励成功创业者、知名企业家、天使和创业投资人、专家学者等担任兼职创业导师，提供包括创业方案、创业渠道等创业辅导。建立健全弹性学制管理办法，支持大学生保留学籍休学创业。

2016年，中共中央办公厅、国务院办公厅印发了《关于进一步引导和鼓励高校毕业生到基层工作的意见》(中办发〔2016〕79号)。该《意见》明确提出支持高校毕业生到基层创新创业。落实国家关于清障减负各项政策，为高校毕业生创新创业营造良好环境。加快发展众创空间，依托大学生创业园、国家农业科技园区、创业孵化基地等，为高校毕业生搭建低成本、全方位、专业化的创新创业平台。发挥财政、信贷、创投以及社会公益等各类资金的作用，为高校毕业生创业创新提供多渠道资金支持。鼓励高校毕业生根据自身专长和区域经济特色，在基层创办企业、从事个体经营或网络创业，并按规定给予就业创业政策支持。支持高校毕业生以资金入股、技术参股等方式，加入农民专业合作社等经济组织，鼓励其兴办家庭农场，对其中符合扶贫扶持政策、农业补贴政策条件的，按规定给予政策支持。

2017年，《国务院关于做好当前和今后一段时期就业创业工作的意见》(国发〔2017〕28号)指出继续实施支持和促进重点群体创业就业的税收政策。对首次创办小微企业或从事个体经营并正常经营1年以上的高校毕业生、就业困难人员，鼓励地方开展一次性创业补贴试点工作。有条件的地区可通过财政出资引导社会资本投入，设立高校毕业生就业创业基金，为高校毕业生创业提供股权投资、融资担保等服务。

《教育部关于做好2019届全国普通高等学校毕业生就业创业工作的通知》(教学〔2018〕8号)要求，各地各高校要加强大学科技园、创业孵化基地等创新创业平台建设，为大学生创新创业提供场地支持。各高校要积极推动各类研究基地、实验室、仪器设备等教学资源向创新创业学生开放。有条件的地区要积极推进设立高校毕业生就业创业基金，高校要通过政府支持、学校自设、校外合作、风险投资等方式多渠道筹措资金，支持大学生自主创业。

2020年，《教育部关于应对新冠肺炎疫情做好2020届全国普通高等学校毕业生就业创业工作的通知》(教学〔2020〕2号)中强调要促进毕业生多渠道就业。会同有关部门落实大学生创业优惠政策，加强创业平台建设，举办中国“互联网+”大学生创新创业大赛，鼓励和支持更多毕业生自主创业。

除国家层面外，各省市也出台了鼓励大学生创业的政策，围绕税收优惠、贷款贴、行政事业费收费减免培训补贴、保险优惠等方面进行了说明。

五、与就业相关的法律、法规

与大学生就业有关的法律法规有《中华人民共和国劳动合同法》(简称《劳动合同法》)、《中华人民共和国劳动法》(简称《劳动法)》)、《中华人民共和国就业促进法》(简称《就业促进法》)、《普通高等学校毕业生就业工作暂行规定》以及《国家公务员法》《教师法》《劳动力市场管理规定》《国家公务员暂行条例》等。

1.《劳动合同法》

《劳动合同法》在2008年1月1日起生效，于2012年12月28日修订，重新公布，于2013年7月1日起施行。该法从劳动合同的订立、履行、变更、解除到终止，《劳动合同法》明确了劳动合同双方当事人的权利和义务。这部法律的实施，将更加有力地保护劳动者的合法权益。目前许多单位在招聘大学生的时候，都要先试用再签订劳动合同。很多应届毕业生因为没有工作经验，在正式入职前都要实习或见习，一些单位不会跟应届毕业生订立任何书面合同或协议，有时只有一个口头约定。一些应届生在试用期后被企业无理由地辞退，应届毕业生拿不到任何报酬不说，还失去了寻找其他工作的机会，陷入两难的局面。这些情况在《劳动合同法》实施后得到改善。因为《劳动合同法》明确规定：建立劳动关系，应当订立书面劳动合同。已建立劳动关系，未同时订立书面劳动合同的，应当自用工之日起一个月内订立书面劳动合同。用人单位自用工之日起超过一个月不满一年未与劳动者订立书面劳动合同的，应当向劳动者每月支付二倍的工资。

《劳动合同法》规定劳动合同期限三个月以上不满一年的，试用期不得超过一个月；劳动合同期限一年以上不满三年的，试用期不得超过二个月；三年以上固定期限和无固定期限的劳动合同，试用期不得超过六个月。同一用人单位与同一劳动者只能约定一次试用期。试用期包含在劳动合同期限内。劳动合同仅约定试用期的，试用期不成立，该期限为劳动合同期限。

2.《劳动法》

《劳动法》在 2008 年 1 月 1 日起生效，最近一次修订是在 2018 年 12 月 29 日。这是一部保护劳动者的合法权益，调整劳动关系，建立和维护适应社会主义市场经济的劳动制度，促进经济发展和社会进步的法律。

《劳动法》规定劳动者每日工作时间不超过 8 小时、平均每周工作时间不超过 44 小时的工作制度。实行计件工作的劳动者，用人单位应当根据《劳动法》规定的工时制度合理确定其劳动定额和计件报酬标准。用人单位应当保证劳动者每周至少休息 1 日。用人单位在下列节日期间应当依法安排劳动者休假：元旦、春节、国际劳动节、国庆节，法律、法规规定的其他休假节日。用人单位由于生产经营需要，经与工会和劳动者协商后可以延长工作时间，一般每日不得超过一小时；因特殊原因需要延长工作时间的，在保障劳动者身体健康的条件下延长工作时间每日不得超过 3 小时，但是每月不得超过 36 小时。

关于工资，《劳动法》规定，用人单位根据本单位的生产经营特点和经济效益，自主确定本单位的工资分配方式和水平。用人单位支付劳动者的工资不得低于当地最低工资标准。工资应当以货币的形式按月支付给劳动者本人，不得克扣或者无故拖欠。劳动者在法定休假日和婚丧假期间以及依法参加社会活动期间，用人单位应当依法支付工资。安排劳动者延长工作时间的，支付不低于工资的 150%的工资报酬；休息日安排劳动者工作又不能安排补休的，支付不低于工资的 200%的工资报酬；法定休假日安排劳动者工作的，支付不低于工资的 300%的工资报酬。劳动者连续 1 年以上的，享受带薪休年假。具体办法由国务院规定。

《劳动法》对劳动争议的处理明确表示，用人单位与劳动者发生争议可以协商解决。劳动争议发生后，当事人可以向本单位劳动争议调解委员会申请调解；调解不成，当事人一方要求仲裁的，可以向劳动争议仲裁委员会申请仲裁。对仲裁不服的，可以向人民法院提起诉讼。

3.《社会保险费征缴暂行条例》

《劳动法》规定国家发展社会保险事业建立社会保险制度，设立社会保险基金，使劳动者在年老、患病、工伤、失业、生育等情况下获得帮助和补偿。社会保险基金按照保险类型确定资金来源，逐步实行社会统筹。用人单位和劳动者必须依法参加社会保险，缴纳社会保险金。《社会保险费征缴暂行条例》于 1999 年 1 月 14 日国务院第 13 次常务会议通过，1999 年 1 月 22 日国务院令第 259 号发布，后根据 2019 年 3 月 24 日《国务院关于修改部分行政法规的决定》进行修订，它是为加强和规范社会保险费征缴工作，保障社会保险金的发放制定的。主要对基本养老保险费、基本医疗保险费、失业保险费（统称社会保险费）的征收、缴纳相关方面进行了规定。

4.《就业促进法》

《就业促进法》于 2007 年 8 月 30 日第十届全国人民代表大会常务委员会第二十九次会议通过，2015 年 4 月 24 日第十二届全国人民代表大会常务委员会第十四次会议进行了修正。它是为了促进就业，促进经济发展与扩大就业相协调，促进社会和谐稳定而制定的。《就业促进法》第 22 条规定，各级人民政府应当统筹做好城镇新增劳动者就业、农村富余劳动者转移就业、失业人员再就业等工作。各级人民政府应当根据妇女、残疾人、高等学校和中等职业学校毕业生、退役军人等不同就业群体的特点，采取相应措施，鼓励社会各方面通过开展有针对性的创业培训、就业服务等活动，提高其就业能力和创业能力，并依法给予扶持和帮助。《就业促进法》第 7 条关于国家倡导劳动者树立正确的择业观念，提高就业能力和创业能力，鼓励劳动者自主创业、自谋职业的规定，对青年特别是知识青年来说更具有优势。但据统计，国外大学毕业生创业人数占毕业生总数比例最高可达 30%，而在我国这个比例还不足 1%。《就业促进法》第 19 条规定国家实行有利于促进就业的金融政策，对自主创业人员在一定期限内给予小额信贷等扶持，把对创业的金融支持以法律的形式确定下来，显示了国家在促进大学生创业和提升国民经济质量方面的决心。

5.《住房公积金管理条例》

为了加强对住房公积金的管理，维护住房公积金所有者的合法权益，促进城镇住房建设，提高城镇居民的居住水平，制定《住房公积金管理条例》。

住房公积金，是指国家机关、国有企业、城镇集体企业、外商投资企业、城镇私营企业及其他城镇企业、事业单位民办非企业单位社会团体（统称单位）及其在职职工缴存的长期住房储金。职工个人缴存的住房公积金和职工所在单位为职工缴存的住房公积金，属于职工个人所有。

职工住房公积金的月缴存额为职工本人上一年度月平均工资乘以职工住房公积金缴存比例。新参加工作的职工从参加工作的第二月开始缴存住房公积金，月缴存额为职工本人当月工资乘以职工住房公积金缴存比例。职工和单位住房公积金的缴存比例均不得低于职工上一年度月平均工资的百分之五：有条件的市，可以适当提高缴存比例。职工个人缴存的住房公积金，由所在单位每月在其工资中代扣代缴。单位应当于每月发放职工工资之日或5日内将单位缴存的和为职工代缴的住房公积金汇缴到住房公积金专用账户内，由受委托银行计入职工住房公积金账户。单位应当按时、足额缴存住房公积金，不得逾期缴存或者少缴。

六、增强就业权益保护意识

大学生要自主学习国家就业政策、法律法规，增强法律维权意识，提高运用法律解决实际问题的能力，在就业中切实保护自己的合法权益。

（一）明确几个概念

1. 就业协议书与劳动合同

（1）就业协议书

按照《关于修订〈普通高等学校毕业生就业协议书〉若干意见的通知》（教学司〔2009〕28号）文件规定：就业协议书是普通高等学校毕业生和用人单位在正式确立劳动人事关系之前，经双向选择，在规定期限内确立就业关系、明确双方权利和义务而达成的书面协议；是用人单位确认毕业生相关信息真实可靠以及接收毕业生的重要凭据；是高校进行毕业生就业管理、编制就业方案以及毕业生办理就业落户手续等有关事项的重要依据。就业协议（俗称三方协议）是合同的一种形式，但不等同于劳动合同。就业协议书属于普通民事协议，适用《民法通则》《合同法》等法律。就业协议书具有以下几个特点：①唯一性，毕业生不得持有多份有效的就业协议书；②法律效力时限性，从签订之日起至毕业生到用人单位报到、用人单位正式接受后终止；③经毕业生和用人单位协商后可约定违约金；④在就业协议涉及的三方中，真正享有协议里规定的权利和承担义务的是毕业生和用人单位双方，在用人单位和毕业生双方签字盖章后即对双方发生法律效力；⑤学校一般不参与前述双方协议内容的制定和商议，仅作为鉴证方，按照协议书约定内容为毕业生和用人单位提供相关就业服务。

（2）劳动合同

《中华人民共和国劳动合同法》第2条规定："中华人民共和国境内的企业、个体经济组织、民办非企业单位等组织（以下简称用人单位）与劳动者建立劳动关系，订立、履行、变更、解除或者终止劳动合同，适用于本法。”劳动合同一经签订即在法律上确定了劳动者与用人单位之间的劳动关系，双方的权利、义务通过书面合同的形式固定下来。

（3）就业协议书与劳动合同的区别

①涉及主体不同：就业协议书涉及毕业生、用人单位和学校；劳动合同仅涉及劳动者和用人单位。②签约内容不同：就业协议书主要涉及毕业生就业和单位接收毕业生的意向，涉及派遣、人事档案、户口等政策性事宜；劳动合同主要涉及劳动者和用人单位的岗位、待遇等权利和义务。两者之间也有交叉。一些谈好的福利待遇也要在就业协议书中写明，作为以后跟用人单位签订劳动合同具体条款的依据。③签约时间不同：就业协议书一般是毕业生在校期间与用人单位签订的协议；劳动合同一般是劳动者去企业时签订的。④法律适用、争议处理方式不同：就业协议书属于普通民事协议（合同），受《民法通则》《合同法》等调整；劳动合同受《劳动法》《劳动合同法》等调整。⑤法律效力时段不同：就业协议书的效力从签订之日起至毕业生到用人单位报到、用人单位正式接收后终止；劳动合同为合同约定期限内有效。当然，签订劳动合同时，原就业协议中约定的岗位、工资待遇等，应作为签订劳动合同的依据。若相同事项，劳动合同与就业协议不一致的，以后签订的劳动合同为准。⑥违约金范围不同：就业协议书在不违反民法的情况下可自由约定是否有违约金，劳动合同的违约金仅适用于违反服务期约定和违反竞业限制两种情况。

就业协议书是维护毕业生和用人单位双方利益，保障就业工作顺利进行的重要协议。为保障就业安全，避免就业矛盾，毕业生和用人单位签约就业协议书，应做到以下几点：

第一，确定招聘单位的正规性，多方求证该公司的真实性及社会声誉，避免上当受骗。第二，签就业协议前，毕业生自己应先学习《劳动法》《劳动合同法》《合同法》《民法通则》等法律法规。虽然就业协议书属于民事协议，不属于劳动法调整的范围，但是《劳动法》和《劳动合同法》对此有很大的参考价值。第三，具体内容要约定明确。就业协议书如要约定违约金，请务必写清楚数额，而非模糊的“经济损失”或“待定”，如果单位明确表示没有违约金，也请注明或者划掉违约金的空格，其他空格同理。第四，尽量做到毕业生本人携带就业协议书当面签约，而且签约前请与用人单位明确相关内容，认真考虑后再签字。保留好相应证据，避免所写内容与协商时不符，产生纠纷。第五，签约前，请慎重；签约后，请守信。

2. 实习期、见习期与试用期

（1）实习期

实习期是指实习生与用人单位双方约定的期限。实习期所签订的实习协议一般属于普通民事协议，法律关系受民法调整，一般在实际运用中认为属于劳务关系。

原劳动部《关于贯彻执行〈中华人民共和国劳动法〉若干问题的意见》第十二条规定："在校生利用业余时间勤工助学，不视为就业，未建立劳动关系，可以不签订劳动合同。"请大学生们注意，无论是应聘实习还是正式工作岗位，务必签订纸质版的合同/协议，明确双方的权利和义务，以维护应聘者和单位双方的合法权益。

（2）试用期

试用期是指用人单位和劳动者在建立劳动关系后，为相互了解、选择而约定的考察期。《劳动合同法》第十九条规定："劳动合同期限三个月以上不满一年的，试用期不得超过一个月；劳动合同期限一年以上不满三年的，试用期不得超过二个月；三年以上固定期限和无固定期限的劳动合同，试用期不得超过六个月。同一用人单位与同一劳动者只能约定一次试用期。以完成一定工作任务为期限的劳动合同或者劳动合同期限不满三个月的，不得约定试用期。试用期包含在劳动合同期限内。劳动合同仅约定试用期的，试用期不成立，该期限为劳动合同期限。"第 20 条规定：劳动者在试用期的工资不得低于本单位相同岗位最低档工资或者劳动合同约定工资的百分之八十，并不得低于用人单位所在地的最低工资标准。

（3）见习期

见习期是指全日制普通高校毕业生到用人单位工作后，实行的见习期制度。见习期满后，就需由上级人事主管部门为毕业生办理转正及相应的工资及职称评定手续。属国家人事制度(与干部身份有关)，不属于劳动法范畴，仅适用于体制内的相关单位。

（二）寻求支持系统，实现自我保护

1. 寻求维权部门支持

毕业生应了解目前国家关于毕业生就业的有关方针、政策和法规，熟悉自己的权利和义务，这是毕业生权益自我保护的前提。而且要清楚，无论是在试用期间还是试用期满之后，都是受法律保护的。主要有两个途径：一是向劳动监察部门举

报，每个区县劳动局都有监察大队，遇到的所有侵权行为都可以向他们举报；二是申请劳动仲裁，每个区县也设相应的劳动仲裁委员会来为劳动者维权。劳动仲裁委员会在法律上称为准司法机构，它也不是正规的司法机构，它裁决完，双方如果不服就进入法院诉讼程序。

2. 寻求法律帮助

在应届毕业生的就业中，最重要的材料就是就业协议。它是学校、学生、用人单位三者之间具有法律效力的就业契约。它同时明确和保护三方的利益，毕业生必须充分重视和深刻理解就业协议的重要性，关注就业协议的内容，要有通过就业协议来保护自己合法权益的意识，谨慎签约。同时需要注意的是，就业协议一旦签订即具有法律效力，必须具有严格遵守、履行就业协议内容的意识，积极履约，任何一方不得无故毁约、违约等，否则将受到经济和法律的制裁。

有些毕业生法律意识淡薄，在与用人单位达成口头录用意向后，没有及时签订就业协议，到最后毕业派遣时，单位却以岗位已录满、用人指标没有批下来为由拒绝录用，而此时就业工作接近尾声，早已失去再找工作的机会，毕业生也只能自吞苦果。

有时毕业生还会遇到用人单位要求交纳押金的情况。签订劳动合同时，单位要求劳动者提供押金的做法是法律明令禁止的。但是签订就业协议时是否可以收取押金在法律上没有明文规定。一般认为，参照劳动合同，签订就业协议收取押金不合理。但若用人单位坚持收取押金，一定要在协议书中注明或让单位出具标明“押金”字样的收据。

拓展阅读

2018 年热门行业和专业

一、IT 互联网

随着中国经济的迅速发展，各行各业都需要大量的技能型人才，更以高科技 IT 技能人才为主。企业需要的是有实用技术、实践经验以及有很好的职业素质的人才，这样才能更快适应环境，尽快为企业创造利润。

互联网公司日益壮大，IT 行业人才缺口也日益明显。大学毕业生投身于 IT 行业，凭借自身能力踏入职场，早日实现自己的价值，的确是一条不错的出路。

二、工商管理

管理学专业的人才在社会的发展中起着不可或缺的作用，而且工商管理是很多企业和工作单位不可或缺的工作岗位。因此对专业人才的需求较迫切。

三、金融学

随着社会经济的不断发展，投资、理财渗透社会生活各个角落，金融学专业人才缺口很大。在当前人才市场，对于大学生就业方面，像银行、证券、基金等都需要理财规划师。因此报考金融学的研究生和在职研究生的人越来越多，以期望能学习更多的金融知识和相关专业技能，为今后从事金融工作做好充分准备。

四、人力资源

企事业单位的发展都离不开人才这个根本资源，企业对员工的管理是一项必不可少的工作，也是一项最为艰难的任务。管理人是最难的，任何企业都需要人力资源管理人才。管理人也是一门艺术，所以不少在职人士选择攻读人力资源管理在职研究生。

五、法学

随着我国法制建设的不断完善，急需大批法务工作者来服务这个行业。高素质法学人才供不应求。所以，法学专业的毕业生和研究生的就业前景都比较好，法律工作也是就业前景比较好的行业之一。

六、财务管理

该专业发展时间比较长，但仍然经久不衰，并且随着企业的发展，经济的变化，会计学专业人才的路只会越走越宽。从就业形式来看，拥有较高的学历和丰富经验的人才是企业所喜欢的。

七、心理学

随着我国经济的高速发展，人们的物质生活条件得到了极大的改善，但是心理方面却出现了很大的问题。越来越多的人患上了心理疾病，很多高校也都开设了大学生心理健康课，所以目前心理学就业前景也十分广阔。

课后思考题

1. 通过学习以及自己掌握的情况，分析你所学专业的就业形势。
2. 就业协议与劳动合同之间的关系是怎样的？

课后阅读

1. 麦可思研究院. 就业蓝皮书：2018 年中国本科生就业报告[M]. 王伯庆，马妍，审. 北京：社会科学文献出版社，2018.
2. 王少浪，李婷芳，孙洁. 大学生就业指导与职业素养[M]. 北京：现代教育出版社，2017.

7

第七章 就业观念与就业信息搜集

梦想是一切东西成为现实的起点。只要我们能够想象并且坚信的事情，我们就一定能实现它。

——拿破仑·希尔

本章要点

- 了解就业观念，树立正确的就业观；
- 掌握多种获取就业信息的方法和渠道。

理论认知

第一节 就业观念

大学生就业难，确实客观存在。但就业难，并非仅仅是扩招惹的祸。在高等教育大众化进程中，解决当前大学生就业难的关键是转变观念。通过转变观念，使大学生就业难问题逐步实现由思想碰撞到思想统一的转变。

一、亟须转变的观念

（一）社会评价标准从适应精英教育观念向适应大众化教育观念转变

精英教育条件下，评价毕业生就业的标准是看有没有用人单位接收，派遣证的报到单位是否与毕业生的学历匹配，注重签约率，注重完全就业，大众化教育条件下，评价毕业生就业的标准是看毕业生是否为社会做了贡献，能否通过自己的劳动，获得生活和发展的条件。过去那种只有到大城市、大机关、高薪企业才算就业的观念，逐渐向自主创业，向民营企业、个体企业甚至家庭作坊拓展；从注重签约率、完全就业向注重就业率、充分就业转变；从关注就业指导、就业教育向就业与创业并重、就业指导和创业教育并举转变。同时，就业单位必须与毕业生的学历匹配的观念，随着社会的发展，全民素质的提高，也要不断转变。这是因为：一是随着社会的进步、科技的发展，各行各业的工作环境、工作方式、工作手段等都有了质的变化，高科技手段渗透到社会、经济生活的各个角落。相当一部分的工作将逐步由更高素质和能力，掌握先进科学技术和工作方法的人去做，高学历人才将代替较低层次的人才遍布于社会生活的各个领域；二是在现实生活中，村民委员会主任、书记，乡镇以上的国家各级公务人员都应由受过高等教育的人来担任，农村种植业、养殖业、家庭农场的主办人，乡镇企业、区街工业、个体企业的管理和技术人员也应该由受过高等教育的人来担任；三是随着民众素质的普遍提高和大学生人数的增加，可能过去由高中或中专生从事的职业逐渐由大学生来担任，就业层次下移，这种“高才低就”的现象从个人角度讲可能暂时感到委屈、浪费，但这是社会不断进步的表现。

（二）高校教育观念从学科教育向就业教育转变

高等教育是以社会需要为导向的就业教育，即培养出来的学生应该是市场上需要的、抢手的、有一技之长的高素质劳动者或技术应用型专门人才，而不是仅基础知识扎实，毕业后仍需要进行较长时间的培训和再教育之后才能胜任工作的人才。在精英教育阶段，我国的高等教育基本上属于学科学术型教育，要求学生具有较广博的知识面，培养方案、课程设置、教学方式千篇一律，力图使每一个学生成为同一个模式的“合格人才”；就业教育观念转变，就是高等教育要适应就业要求，重点培养大学生的实践能力、创新能力和创业精神，要求学生必须掌握够用的基础知识，具备较强的技术应用能力和良好的职业道德；学校要根据社会的需求和毕业生反馈的信息，及时调整专业方向、培养模式，形成有特色的培养方案，将过去见习期完成的任务，在大学期间完成，满足社会接收毕业生必须具有实践经验的要求，使大学生提前“职业化”，实现毕业生“零距离”上岗。

（三）大学生要从“天之骄子”向普通公民身份转变

随着我国高等教育从精英教育向大众化教育的推进，精英教育阶段高等教育作为稀缺资源成为社会特权的状况，必然被接受高等教育成为相对多数人的权利和局面所改变。由于接受高等教育成了多数人的权利，高等教育培养高级技术和管理人才的目的将被培养高素质的人才所代替，大学生也不再被称为“天之骄子”，普通大众均可进入大学，大学生就是普通老百姓。这一状况的改变，淡化了大学生的特殊性，突出了普遍性，有利于社会对大学生“天之骄子”的期望从天上回到现实，有利于大学生对自己的定位和认知。

转变观念是解决大学生就业难的关键，但转变观念并不能解决大学生就业难的所有问题。加强政府部门的宏观指导，营造宽松的大学生就业政策环境，加强高校教学改革和毕业生就业工作的指导和服务，改革用人单位用人制度，优化用人环境等，对解决大学生就业难问题十分必要。解决大学生就业难是个系统工程，需要高校、社会和大学生的共同关注。转变观念、树立正确的择业观要与社会发展和教育改革同步。

二、影响大学生就业观形成的因素

（一）用人单位对学生就业观形成的影响

从用人单位对人才的需求来看，有组织管理能力的复合型人才越来越受欢迎。

需求单位的类型、性质，对人才类型、人才基本素质、人才专业素养等的要求，都制约着大学生的就业。随着大学生数量的急剧增长，用人单位对人才素质的要求也越来越高。

从用人单位对大学毕业生的基本要求与评价上看，对文凭的高度关注，超越了以往任何时代。用人单位对人才的选择，如果只关注学历，认为学历越高越好，势必造成应聘人员实际能力与岗位不相适应，同时造成人才的浪费。比如，有的用人单位招聘计算机软件研究生，仅用于本单位简单的办公文件处理事宜；实际工作中，有些人的能力与其文凭并不相符，有的本科和大专毕业生的业务能力并不比研究生差。

从工作实际需要看，不少招聘单位非常重视工作经验。工作经验不足是大学应届毕业生求职的最大劣势。很多用人单位有经营困难，迫切需要招聘一些具有某方面才干的能人，并希望借此迅速给企业带来质的转变，但一般应届大学毕业生却无法满足这种要求。用人单位不应该忽视大学生的潜力和可塑性，工作经验是在实践中慢慢培养起来的，通常大学生有较高的理论水平，只要经过短期实践即能很快胜任工作。

存在性别歧视，女大学生求职过程中明显处于劣势。不少招聘单位考虑女大学生生理因素、婚姻因素、成就动机，以及生育保险费、女工劳动保护费等。认为同等情况下女大学生将来工作成本比男大学生高很多，这些都是女大学生就业难的原因。虽然男生在就业上比女生更占优势，但只要专业知识扎实，基本功过硬，摆正心态，女生的就业状况也不会比男生差。

存在生源地域歧视。不少招聘单位基于考虑到本单位的业务情况与当地联系紧密程度，希望招聘的人才熟悉当地方言及风俗习惯，甚至具有一定的人脉关系等，选用人才时优先考虑本地人才。甚至某些地方政府招考公务员时同样存在生源地域歧视，实行地方保护主义，不利于就业的公平竞争。

这些影响大学生就业观形成的因素是客观存在的，但有些是可以通过自身的努力去克服改变的。

（二）家庭对大学生就业观形成的影响

从父母对子女的影响来看，父母的期望值，对子女所学专业及工作的关注，父母对各种职业的看法，父母教育子女的方法，家中其他成员的影响，父母从事的职业，父母的社会地位与社会交往能力等，都成为对大学生就业观形成的影响因素。从家庭背景和经济情况来看，其对大学生就业方向、就业途径和就业方式等方面产生了具体影响。学生"来源地"在很大程度上反映了学生的家庭背景和经济状况，也反映了学生成长的社会环境。

据某项调查显示：就择业标准而言，来自大中型城市的学生对于地域的重视程度明显高于来自中小城市和农村的学生。来自大城市的学生对于薪酬的要求也普遍高于中小城市和农村的学生。就择业的方式和途径而言，来自大城市的学生倾向于从社会关系网络中寻找出路，甚至认为家庭和社会关系是求职卓有成效的途径，而来自中小城市和农村的学生则重点依托于学校的推荐。

（三）高校本身是影响大学生就业观形成的重要因素

从专业设置以及人才培养方案来看，有些大学的专业及课程设置有较大盲目性，专业趋同现象十分严重，造成供给严重大于需求。有的学校仍然沿袭传统的应试教育的教学方式，培养出来的学生高分低能。不少学校专业划分过细，难以跟上市场经济变化的步伐。有的高职、高专教育专业理论功底不系统，应有的动手能力也不强。而用人单位对应聘者的实际操作能力、适应工作环境变化的能力提出了越来越高的要求。同时从学校的知名度来看，某些用人单位对学校的知名度也有很高要求，只在当地具备一定知名度的地方高等院校，因具有很强的地域性，而使毕业生在就业上也受到了一定的限制。另外，从学校的就业指导工作来看，有些高校的就业指导服务陈旧，制度落后，很大程度上制约了大学生的就业，而有些高校在就业指导工作上做得很成功，这也是大学生的就业观形成的影响因素之一。

三、树立正确的就业观

对大学毕业生而言，就业是迈入社会的第一道门槛。由于毕业生数量逐年增加，大学生就业问题成为近年来社会、国家乃至全世界关注的热点问题。在就业过程中，毕业生面临的是复杂的择业问题，而毕业生正由学生向社会进行角色转换，心理发展不平衡、不稳定，不能摆正自己的位置，难以客观地进入求职状态认识社会，了解社会，尤其是就业心理咨询工作开展得不够深入，导致大学生的就业观出现了误区。因此，如何树立正确的就业观是毕业生就业成功的关键。

（一）摒弃旧观念，接受新观念

我国大学生就业难，并不意味着大学生过剩。据统计，我国大学毕业生占从业人员的比例仅有发达国家的1/8。从总体上看，我国经济快速发展，对高素质人才的需求日益增加。但是，一些大学生找工作时一门心思盯上大城市、大单位，甚至数千人竞争一个岗位，边远地区、基层单位虽急需人才却应者寥寥。

因此，大学生就业难，固然有高校迅猛扩招与就业岗位增长缓慢之间矛盾等原因，但更主要的是一些大学生就业观念存在问题。树立正确的就业观，培养良好的心态，是解决大学生就业难的一剂良药。

1. 要树立普通劳动者的观念

转变“精英”意识，树立普通劳动者的观念。目前我国高等教育已经从精英教育向大众化教育转变，但不少大学生依然抱有“天之骄子”的优越感，认为读了大学就理所应当有个好工作，留在大城市、大单位才能体现自己的人生价值。一些家长更是希望孩子毕业后能抱上“金饭碗”，因此，找工作时一味追求物质待遇，重地位、重名利，缺少吃苦精神、奉献精神。实际上不同工作岗位只是社会分工不同，并无高低贵贱之别，大学生也是社会阶层的普通成员，要以普通劳动者的心态和定位选择工作。

2. 要脚踏实地从自身出发降低期望值

降低期望值，拓宽就业领域。每一位毕业生都希望找到一份称心如意的工作，这是无可厚非的。但是，每个人能得到什么样的工作要受到自身条件客观因素的制约。有的大学生好高骛远，对自身期望值过高，盲目追求超出本身能力的热门岗位、高薪待遇，最终落入高不成低不就的尴尬境地。大学生择业时，首先要实事求是地认识自己，不仅要考虑“我想从事什么”，更要考虑“我适合干什么，我能做什么”。确定符合实际的期望值。放宽视野，把目光从竞争激烈的热门岗位移开，更多从自身实际、发展空间考虑，会发现务实往往“海阔天空”。

3. 要认清个人能力，学会在做中学

有文凭不代表就一定有水平，有学历不一定有能力。大学毕业，只能说明具备了一定的学习能力和专业理论知识，并不能说明一定就是人才，一定能够被社会接受。社会是大课堂，对大学毕业生来说，要能够适应把课本上所学的东西运用到实践中，还有许多事情要做，还有一个再学习的过程。即使找到了一份比较理想的工作，如果工作中好高骛远、自以为是，不注重知识的更新吃老本，用不了多长时间，同样会被社会淘汰。即使所从事的不是本专业的工作，只要埋下头、沉下心，坚持向书本学、向实践学，同样可以干出一番事业，得到社会认可。因此，对大学毕业生来说，从事什么工作并不重要，要树立终身学习的理念，充分利用 8 小时外的时间，坚持边工作、边学习、边提高。这才是择业、立业的关键。

4. 要勇敢迈出关键的一步

计划经济体制下“一次就业定终身”，造成毕业生择业时顾虑重重，生怕入错行误终生。如今竞争上岗、人才流动和再就业已成为普遍现象。职业是可以变化的，就业是一个动态过程，大学生要以平常心对待第一次就业，树立“先就业，后择业，先生存后发展”的心态。即使初次就业不理想，以后也可以重新择业。

我国目前的国情是人才供需整体失衡。社会就业竞争加剧。在整体就业环境不容乐观的情况下，先就业后择业应该是智者的选择。大学生在求职时，都想找一份称心如意的职业，选择一个满意的单位，但要想一步到位，实现自己的职业理想，成功的概率比较小。尤其是对于应届毕业生来说，他们对社会了解甚少，受专业限制以及社会工作经验等因素的影响，很难一次性找到真正适合自己的工作。比较实际的办法还是先找份工作做，然后再寻找新的机会，分步到位，否则，就容易失去许多起步的机会。毕竟先要有工作岗位才能锻炼能力，能力强的人才能更好地发展事业。一个人参加工作，只是职业生涯的开始，并不表示他只能在这个岗位上工作。随着人才市场的日趋完善，人才流动渠道逐步畅通无阻，就业以后如果再择业优点更多。所以，先就业后择业，是比较明智而务实的选择。

（二）要响应国家、政府制定的政策，“下基层”“面向西部”“自主创业”

1. 面向基层就业

广大农村、边远地区、基层是吸纳毕业生就业的最大空间，可供大学生施展才华的空间也很广阔。一些大学生不愿下基层，一是怕吃苦，二是认为没有“前途”。近年来，国家对鼓励大学生到基层就业，到西部就业制定了一系列优惠政策，大学生在基层能得到多方面的锻炼，积累实践经验，更有发展的潜力，对个人成长是极为有益的。如北京招聘的“大学生村官”就已在基层取得了很大成绩。

2. 变被动就业为自主创业

近几年自主创业成为就业新方向。国家对大学生自主创业提供了税收、贷款等多方面优惠政策，鼓励自主创业。知识经济时代，大学生拥有较高的知识和技术，富有开拓精神，蕴涵着巨大创业潜能。自主创业，不仅能缓解巨大的就业压力，更是大学生发挥自己的主观能动性、聪明才智的广阔舞台，是符合时代要求的就业趋势。

（三）要打破就业地域羁绊，树立四海为家的观念

比如说吉林省是教师教育高校较多的省份，这就要求教师教育专业的毕业生必须走出本省才能有更多的就业机会。在就业地域方面的南与北问题上，无论是千里

冰封瑞雪飘飘的故园北国，还是日出江花红胜火、春来江水绿如蓝的江南水乡都应是我们建功立业的好去处。我们一定要树立四海为家的观念，哪有事业哪就是家。

1. 就业地点远与近的问题

我们必须摒弃一些如“父母在不远游”的陈旧观念。伴随着5G、高铁的到来，天涯已咫尺，天堑变通途。特别是来自城市的同学，更应该兑现“知识改变命运”的承诺，世界那么大，应该去看看。

2. 工作体制的公与私的问题

长三角、珠三角都是因为体制的改变而迅速崛起的。把握现在，才有未来。如吉林师范大学历史文化学院毕业生刘微(化名)是个孤儿，成绩良好，积极投入求职准备，在职业能力训练方面很努力，进步也很快。当时有两个单位看中她。一个是广东省陆丰市的东海中学(公立学校)，另一个是广东佛山执信学校(私立九年一贯制贵族学校)。她选择了后者，理由是：第一，工作环境佛山好于陆丰。第二，工作待遇高于公立学校，对于自己这样的贫困生来讲，缓解生活压力很重要。第三，本人能够应对工作的挑战，私立学校管理严格，工作量及竞争力较大；第四，发展的机会多一些。所以不要绝对地看待公与私，要结合自己的实际情况综合考虑。

（四）要自立自强，不再“等、靠、要”

在国外，年轻人满18周岁就要在经济上独立。我们国家的一些大学生，经济上完全依赖父母，“慢就业”“不就业”甚至毕业了还“啃老”。与国外的同龄人比较起来他们应该感到惭愧。在就业形势日益严峻的今天，找份工作先干起来，一方面减轻了父母的经济负担，另一方面增加了社会阅历，增强了实际工作能力；工作中，对自己的个性、能力、优缺点以及能胜任什么工作，会逐渐有比较理智与成熟的看法，工作经历让人发现了自己的多个侧面。即使几年后从事其他职业，现在的工作经历也不是没有用处，隔行不隔理。

人类社会发展证明，先生存才能发展。大学生作为社会的一员，首先考虑的应该是生存。因此，要先考虑就业，然后再在条件成熟时选择自己喜欢的职业。家在陕西的陆步轩(化名)是北京大学毕业生，他选择了街头卖肉的职业；四川大学生罗福欢(化名)选择了擦皮鞋的工作，从这两位大学生的就业观可以看出，解决生存问题是人类最基本的、也是最大的需求。积累经验、积累资金，寻找合适的职业，是大学生最好的出路。

虽然当前就业竞争激烈，形势严峻，但应该看到，从中央到地方各级政府一直高度重视人才工作。我国经济的持续增长又创造了大量就业机会，这些都为大学生就业择业提供了宽广的舞台。这个时候正视就业竞争是必要的，切合实际先择业也是必要的。因此，大学生在毕业以后，应该找准自己的定位，发挥优势，树立勇于竞争的信心，积极争取适合的岗位。海阔凭鱼跃，天高任鸟飞。社会为大学毕业生提供了施展才能的广阔空间。转变观念，开阔视野，以理性、务实的心态迎接就业挑战，会发现工作没那么难找，生活中机会其实无处不在。

第二节　就业信息的搜集

就业信息是指求职者利用各种渠道获得的用以作为择业参考的知识、消息与情报。它主要包括就业法规、就业政策、就业形势、行业信息、用人信息等。就业信息作为求职的重要依据，是求职者就业择业的基础和起点，关系到求职择业能否最终实现。常言“知己知彼，百战不殆”，在求职过程中，谁搜集的信息越及时、越全面、质量越高，谁的视野就越开阔，求职的主动性、把握性就越强。因此，毕业生在开始求职之旅时，首要环节就是关注就业信息，并且逐步培养就业信息的搜集、整理加工、储存以及运用的能力，为成功求职做好充分的准备。

一、什么是就业信息

（一）就业信息的内容及分类

大学毕业生求职择业，不仅取决于整个社会的政治、经济状况以及自身的能力素质，还取决于是否占有准确而有效的就业信息。应该说，就业信息是毕业生求职择业的基础和必要条件，谁能及时获取信息，谁就掌握了求职的主动权。

1. 求职信息的内容

一般来讲，求职信息包括以下 12 个方面的内容：

（1）用人单位的准确名称；

（2）用人单位的所有制性质：国有、集体、股份制、民营、私营、乡镇、外资、合资等；

（3）用人单位的隶属关系：要清楚其上级主管部门（指人事管理权限），中央部委单位要清楚主管部委的情况（人事档案管理关系）；

（4）用人单位的详细地址、地理位置及交通状况；

(5) 用人单位的联系方法：人事部门联系人、姓名、职务、电话、传真、通信地址、邮编、电子信箱、网址等；

(6) 用人单位需求人才的职位、人数、工作岗位、职责范围；

(7) 用人单位对需求人才的素质条件及具体要求：学历、外语水平、计算机操作能力及身体健康状况等；

(8) 用人单位的发展历史、成长过程及发展前景，包括规模效益、注册资产、员工人数、占地面积、主要品牌、用户、市场占有率、行业排行榜等；

(9) 用人单位的薪酬福利体系：工资、奖金、职务津贴、福利保险、医疗、住房等福利；

(10) 用人单位的领导管理体系：人才战略、用人理念、组织机构、升迁发展机会；

(11) 用人单位的工作环境，文化生活氛围；

(12) 用人单位所在地区对接收外地生源毕业生的条件、要求及程序。

2. 就业信息的类型

从我国的实际情况看，就业信息一般可以分为以下几类：

(1) 政策信息：有关就业的方针、政策、规划等方面的信息。政策信息既包括国家关于就业方面的方针、法律法规，也包括各个省、市、自治区及地方的有关就业方面的具体政策规定。

(2) 职业发展信息：指有关职业发展战略、动向和趋势的信息。随着社会的飞速发展，社会分工越来越细，于是就会有越来越多的新兴行业、新兴职业出现，也会出现冷门职业、热门职业的交替更迭变化。

(3) 咨询信息：职业指导专家或机构就当时职业选择方面的普遍性问题发表的评价、咨询及提出的相应建议等信息。

(4) 职业参考信息：指具有普遍意义的职业选择指导理论、方法和技巧等方面的信息。

(5) 需求信息：即用人单位年度招聘录用毕业生的计划及需求等。

(二) 就业信息的特征

就业信息作为整个社会信息系统中的一部分，有自己鲜明的特征。

1. 鲜明的实用性

实用性是就业信息最重要的特征。人们搜集、处理、储存就业信息的最基本的目的就是为了能够指导就业，提高就业的效率。

2. 快速的传递性

由于传播渠道的多样化，就业信息一旦发布，就会很快传播。而由于其实用性，信息在被求职者很快掌握后，进而会在更大范围内扩散。

3. 广泛的共享性

就业信息能够同时为众多的求职者所掌握，不会因为使用者的增多而使每个使用者获得的信息减少。因此，一个就业机会会有许多求职者参与竞争。

4. 一定的时效性

就业信息的效用有较强的时效性，超过了一定期限，其效用就会大大降低以至消失。如某单位发布过信息招聘一名网络工程师，只要需求得到满足，这则信息立即就会失去效用；再如上海市实行多年的异地生源进沪需要的信息，随着上海就业制度的调整已经失去其效用。

（三）就业信息的作用

就业不仅仅取决于一个人的知识、能力、体力、社会和经济等因素，而且往往取决于就业信息，取决于对就业信息的搜集和处理。就业信息在大学生求职择业过程中有极为重要的作用，概括起来主要表现在以下三个方面：

1. 就业信息是大学生择业的前提条件

就业信息是指通过各种媒介传递的有关就业方面的消息和情况，如就业政策就业机构供需双方的情况及信息等。目前，我国实行“双向选择”的就业制度，用人单位与毕业生的主权日益强化，对于广大毕业生来说，只有了解和掌握可靠的需求信息，才能获得择业的主动权，才有可能找到自己理想的职业。

2. 就业信息是择业决策的重要依据

毕业生要想使自己的择业决定更有科学性，少走弯路，就应当占有大量的就业信息，从而事半功倍。这些信息包括：国家的就业方针政策、各地方及行业的就业政策、自己所在院校的就业细则、有关就业机构具体职责、用人单位的需求信息等。

3. 就业信息是顺利就业的可靠保证

在你对所有的就业信息进行筛选比较后，把自己的目标锁定在一个或几个单位上，这时就会面临求职面试的关键一环。如果在单位面试过程中，只是抽象而单调地表明一个迫切求职的意愿，而对这家企业的企业文化、经营方式、产品结构、市场行情、创业历程及发展远景等情况一无所知，那将仅仅是你个人的一厢情愿，你面试的结果就根本用不着主考官告诉你便可想而知了。但是，当你对用人单位的情况有了更多的了解后，你在面试时就会游刃有余，你成功的概率也会倍增。

二、就业信息的收集途径和方法

（一）就业信息的主要收集途径

1. 学校主管部门

从目前就业机制看，学校是连接毕业生与社会的桥梁。学校的毕业生就业指导部门与各级主管毕业生就业工作的部门以及社会各界保持着广泛而密切的联系，每年都会及时向有关劳动人事部门及用人单位发函征集用人信息。同时，经过多年的工作实践，该部门与有关单位建立了长期的协作关系，每年都会为毕业生提供大量就业信息，因此也成为用人单位选拔毕业生的一个主要窗口。这一特殊性使学校掌握的就业信息量十分丰富，而且掌握的信息也更加准确，其信息的权威性是无可比拟的。全国各地各行业就业政策，在这里都有较完整的收集。校内主管部门发布的需求信息，多是用人单位针对学校的专业设置而来，有很强的可信度，是主要的信息来源。

2. 各地人才交流中心

全国各省、市、区大多建立了人才交流中心、各类劳务市场就业咨询机构，这是横向搜集信息的主渠道。人才交流中心的主要任务是发布人才供求信息，办理人才交流登记，为用人单位招聘人才和个人求职做好中介服务和管理工作。这类中心由地方政府职能部门负责管理，服务比较规范，通过它获得的信息会比较准确，就业的成功率较高。

3. 各种传播媒介

在传媒业高速发展的今天，通过报刊、广播、互联网等媒介获取需求信息，已经成为一种较有效的途径。越来越多的报刊、电视栏目关注，关注大学生就业。有些媒体还专门开辟出了“人才市场分析”“择业指导”“政策咨询”等栏目，为大学生的求职择业提供指导帮助。而互联网上的海量就业信息就更值得去主动挖掘，不过由于网络环境的特殊性，其信息往往真伪难辨，这需要毕业生高度重视。

4. 就业市场

目前就业市场主要包括：大中专毕业生就业市场、各地方主管部门兴办的各类人才市场、劳动力市场。就业市场会不断收集用人单位的需求信息，定期举办人才交流会。进入就业市场，不仅可以收集到有关的就业信息、了解许多不同的机构和职位，而且还为毕业生提供了极好的面试锻炼机会，通过与感兴趣的用人单位的交流，也会获得许多意想不到的信息。

5. 社会实践和教学实习单位

高等学校的社会实践和教学实习等活动，与学生所学的专业知识紧密相连。社会实践、教学实践有利于毕业生开阔视野，还使他们有机会了解这些单位的需求信息和对毕业生的具体要求，使其在实践过程中弥补自身的不足和改正缺点。这样获得的信息准确、可靠，毕业生与单位有一定的沟通基础，所以成功概率较高。一些毕业生就是在实习中获得准确有效的信息而顺利实现就业的。作为一名毕业生应当重视毕业实习，这也许会是你打开成功就业大门的钥匙。

6. 各种社会关系

在大多数情况下，有许多单位更愿意录用经人介绍或推荐的求职者，他们认为这样录用的人更可靠、更放心。所以在求职时，千万不要忽视有效地利用周围的亲朋好友等社会关系的机会。家人、亲戚、朋友、老师、同学、校友甚至老乡等如果能够为你提供其所在单位就业信息，将是求职择业的一条捷径。

7. 计算机网络

随着信息时代的到来，计算机网络的应用已经越发普遍。通过网络资源获得就业信息是毕业生在信息时代搜集信息的一种高效便利的途径。毕业生既可从各大网络查阅到职业需求信息，又可以将个人求职资料输入网络系统，供用人单位在招聘时参考选择。目前，许多高校也建立了自己的毕业生就业网络，毕业生应当充分利用这一资源。

8. 直接获取信息

毕业生通过信函、电话或者直接到用人单位了解需求信息。这需要毕业生有“毛遂自荐”的意识，并且对自己的意向单位有大致了解和预测。这种求职方式主动性强，获取的信息最准确及时。弊端在于费时费神，需要投入较多的精力。

（二）就业信息的主要收集方法

1. 调查访问法

要想真正了解就业信息，最有效的办法就是亲自去调查，去访问。而调查访问是有一定技巧性的。注重技巧则会事半功倍，否则便会事倍功半。假如你想当一名教师，你就必须首先了解这个职业的情况，你可以先走访一名优秀的教师。在拜访前应当做好充分的准备工作，想好要了解的问题，你可以涉及以下问题：

（1）如果一切从头开始，您是否愿意再做教师？

（2）在您仔细观察我之后您是否认为我具备做教师的条件？怎样才能成为一名好教师？

（3）您认为一名优秀的教师要具有哪些素质？

（4）当教师有哪些得与失？

（5）如果我的能力一般，在工作的头五年里，我可以达到什么样的水平？

（6）如果我是您的儿子（或女儿），您是否支持我从事教师职业？

（7）就您所知，我到什么样的学校去应聘成功的可能性较大？

（8）您当教师以来最大的收获是什么？

在询问过程中要诚恳，注意深入了解，对一些重要的信息，如数字等，应迅速地记录下来，但整个过程要以耳听心记为主，重在领会对方的意思；拜访结束后要立即进行总结、整理、消化，以便于指导自己的就业。

2. 耳听眼观法

就是要求眼观六路，耳听八方，开阔视野，博采众言。在择业过程中要广泛地翻阅各种报刊，收听广播、收看电视，经常光顾职业介绍机构的信息台，浏览各个企业发布信息的网页，主动向其他亲朋好友打听了解相关的就业信息。

3. 信函索取法

主动写信或发电传给用人单位，了解用人单位的综合情况，尤其是人才需求情况；或者写信到用人单位、劳动服务部门索取招聘信息或直接邮购有关就业信息的报刊等。

4. 偶然捕捉法

求职时大家常常为收集一个好的就业信息而“消得人憔悴”。可是有时只要做个有心人，会在偶然间捕捉到有用的就业信息。正所谓“踏破铁鞋无觅处，得来全不费工夫”。如学财会专业的大专生李锋（化名）就很高兴地拿到了某市“世纪风大酒店”的录用通知书，这是他在找工作的奔波中，偶然经过这家刚刚拔地而起的新酒店大楼时，灵机一动地多方打听，了解到这家酒店正需要招聘一名出纳，于是主动出击，毛遂自荐，终于得到了这个令他十分满意的职位。

5. 分类汇集法

把平时从各种报刊广播电视等得到的就业信息进行剪切、摘抄、记录，分门别类地进行整理，形成比较系统的就业信息库。

除了上述五种方法外，还有咨询法、自荐法、综合分析法等。为了在短时间内获取更多准确有效的就业信息，必须注意综合运用多种方法。

（三）就业信息收集中应当克服的心理误区

在求职的过程中，不仅社会对求职者的要求会发生许多变化，而且自我内心世界也会出现种种恐惧和不安，陷入一定的心理误区，影响信息的收集，对此须进行正确的调适，避免对正确的择业产生影响甚至造成危害。

1. 避免依赖、盲从，要自主自立

现在的一部分大学毕业生，在求职中抱着依赖心理，仿佛自己的就业是家长、学校的事情。希望父母、学校提供一切信息，自己则坐享其成。还有些求职者总是盲目随大流，别人收集什么信息，他也跟着收集什么信息，不知道自己收集信息的明确目标是什么。结果收集到的都是一些不适合自己的信息，也不敢亲自尝试去寻找一个满意的就业信息。其实，每个求职者都有一定的依赖心理，关键是在实际求职过程中注意预防克服，主动出击，及时准确地收集适合自己的就业信息。

2. 克服定式思维，灵活收集信息

生活中往往由于习惯而形成定式，比如为到达某地你走了一条路，下次去时你很可能还会再走这条路。在搜集信息的过程中也有一些定式，主要表现有如下几种：

（1）只选择自己熟悉的信息收集途径和方法。如有的毕业生只选择学校主管部门这一途径，其他的途径和方法不再过问。

（2）只收集招聘信息，不收集就业政策信息、咨询信息等其他信息。

（3）只收集与本专业有关的信息。

（4）只一味“求稳”，选择那些工作较稳定的就业信息，如国有企事业单位的招聘信息。实际上，由于现代社会的竞争激烈，每个人都有可能遇到职业转换的问题。

（5）只关心离家较近的单位的招聘信息．不愿意离家较远，更不愿意到外地工作。其实“外面的世界很精彩”。

以上的这些思维定式极大地限制了求职者收集信息的效率，不利于成功选择。每一位毕业生在择业过程中都要注意自我的心理调适，克服其不利的影响，以积极良好的心态去应对人生的每一次挑战。

三、就业信息的筛选和使用

由于信息的来源和获取的方式不同，内容也必然虚实兼有，互有矛盾。因此，对收集到的信息进行去粗取精、去伪存真的整理、筛选，是使用就业信息的前提。

（一）就业信息筛选的原则

（1）发挥优势和学以致用的原则。在筛选就业信息时，要尽量做到发挥所长，学以致用。这样可以发挥优势，避免人力资源的浪费。

（2）面对现实，理论联系实际原则。在使用就业信息时，无论个人的愿望如何美好，在实际操作时则要面对现实。不能图虚荣爱面子，好高骛远，而要量力而行。量“能”择业，量“才”定位。即把所有的就业信息都对照衡量一下，看看是否适合自己。要选择适合自己性格、气质和有利于发挥特长的单位和岗位。

（3）在政策范围内择业的原则。使用就业信息时，要把个人意愿和国家需要结合起来，并根据社会需要与自己的能力、愿望作出职业选择。

（4）辩证分析原则。用辩证唯物主义方法论来分析信息，用历史的、发展的、变化的眼光研究、处理信息的实际利用价值。

（5）综合比较原则。把所有的应聘岗位放在一起从各方面比较利弊和优劣。

（6）善于开拓原则。将那些价值潜在的信息，深入思考，加以引证，充分利用。

（7）早做抉择原则。信息有很强的时效性，及时用之是财富，过期再用等于无。因此，较好的职业总会吸引许多求职者，而录用指标是有限的。如果不早做抉择，不及时反馈信息，往往会错失良机。

（二）就业信息筛选的步骤

就业信息的筛选过程实际上是一个求职决策过程，这是择业的关键所在。求职者在广泛搜集就业信息的基础上，要结合自己的实际情况，依据国家地区的政策和法规，对获取的原始信息进行有目的、有针对性地归纳、整理、分析和选择。

1. 筛选就业信息的步骤

（1）鉴别获取的信息

由于所获取的信息不一定全面准确，因此，要对信息进行严格的鉴别和判断，并加以澄清和剔除，使之更好地为自己的求职择业服务。首先要确定信息的可靠程度，对于不可靠和心里不踏实的信息要通过各种信息渠道和知情人去打听。其次，要鉴别信息的内容是否齐全，特别是发现自己想要知道的细节没有或者不清楚时，要抓紧时间进行一番实地考察，或通过其他渠道了解，还可以在应聘时向主聘人提问。总之，要等信息基本准确之后再作决定。

（2）按照自我标准，将信息排序

在信息加工之前，先给自己草拟一个职业选择提纲，确定择业标准；再按照标准进行初选，即去粗取精，去伪存真；然后进行细选，把较符合自己的信息选出来；最后进行精选，决定两个以上的信息作为应用信息。对应用信息，也要排序，有主次之分。

（3）反馈信息

将已排序的信息，按从高到低的顺序反馈给用人单位，表示自己愿意去该单位的诚意。反馈信息可以定一个，也可以是两个以上(在时间紧迫时这样做,但同时接到两个以上单位接收意见时,对不去的单位必须及时反馈意见,并表示道歉)，一旦反馈后，应多与用人单位联系，随时听候答复。

2. 就业信息的使用

只有充分利用了那些可用信息并帮助自己顺利地完成了择业的过程，才算达到了收集信息和分析筛选信息的目的。在求职过程中，应学会充分利用手中的就业信息，及时出击，全面提高，互通有无，在有限的时间内找到一份令自己满意的工作。

（1）运用信息的途径

首先，及时运用有价值的信息去选择适合自己的工作。收集和筛选信息的最终目的就是为了选用，能择其有用者而用之，就达到了收集和筛选信息的最终目的。要根据职业的要求与自己已经具备的条件，两相对照，选择适合于自己的最佳职位，达到人职的最佳匹配。当发现有适合自己的工作时，一定要及时主动出击、全力以赴，以免错失良机，追悔莫及。

其次，根据筛选出来的就业信息的要求，对照自身具备的条件，发现不足，调整自己的知识、智能结构，提高自己的工作能力。如发现自己哪方面的课程知识不足，就主动去学习；或发现自己有哪些方面的技能欠缺，就赶快去参加训练，去主动学习和掌握相关的知识和技能，以弥补自己的不足。那些无动于衷依然故我的做法是绝对错误的，因为你现在缺少的是你今后必须补上的，亡羊补牢为时不晚。

最后，及时输出对他人有用的信息。当有些信息对自己不一定有用，但对他人也许十分有用时，应主动把这些信息提供给他人来帮助别人。他人的顺利就业自然减少了自己的竞争对手，同时加强了自己与他人的信息交流，自己也许会从这种交流中获取非常有用的信息。

（2）使用信息时的注意事项

① 要捷足先登。在注意到用人信息的发出时间、有效期限后，应尽早利用，

力争捷足先登。如果晚了一步，用人单位已经与别人签约，即便你比别人更优秀，用人单位也爱莫能助。

② 要人职匹配。要针对招聘单位的性质、竞聘岗位的特点、应聘人员的情况结合自身的职业兴趣所在，发挥个人优势，充分表现自己的特长，去争取竞聘成功，为今后个人职业生涯规划的发展奠定良好的基础。

③ 要锲而不舍。不为一时一事的失利而苦恼，要相信自己的实力，锲而不舍，及时调整方向和目标，尽早转向新的选择。我国著名数学家华罗庚曾说过：如果说科学上的发现有什么偶然机遇的话，那么偶然的机遇只能给那些学有素养的人，给那些善于思考的人，给那些具有锲而不舍精神的人，而不是给懒汉。大学生求职择业也同样需要这种精神。

④ 忌拖泥带水。经过筛选的信息，通过与用人单位的不断沟通，彼此双方互相了解进而要做出录用与否的决定。就个人而言，如果确实需要与其他单位比较一下的话，也不应拖得过长，以免给用人单位留下不好的印象，即使将来录用也会影响今后在单位的发展。

课后思考题

1. 面对当前的就业形势，你认为大学生应该做好哪些方面的信息准备？你还有哪些信息准备不足？

2. 网上求职风险和机遇并存，你如何鉴别用人单位招聘信息的可信度？

课后阅读

1. 刘淑玲. 师范生职业发展与就业指导[M]. 北京：高等教育出版社. 2010.
2. 李忠军. 高校辅导员工作案例研究方法和实证[M]. 北京：人民出版社. 2010.

8

第八章 自荐材料的制作

罗马不是一日建成的。

——英语谚语

本章要点

- 了解自荐材料的作用和内容；
- 掌握自荐材料的制作技巧；
- 认识到求职非一时之功，需要大学四年的积累和提升。

理论认知

第一节　简　　历

“机会总是偏爱有准备的人”。只有在毕业前准备得充分，才能在求职中充分展示出自己的优势。就业准备不只是了解当前大学生就业形势与对策、懂得求职应该树立的观念和信息准备，树立明确的目标并有条不紊地实施，还包括制作自荐材料。在求职择业过程中，简历是大学生求职择业的“敲门砖”，是毕业生与用人单位信息交流的载体，也是用人单位了解毕业生的“透视镜”。

一、什么是个人简历

（一）简历的含义

同学们在写简历的时候，需要思考一个问题——简历是写给谁看的？有的同学会脱口而出，简历当然是给面试官看的。可是，在以往就业指导过程中，我们会发现有许多同学写着写着，最后呈现出来的简历就走样了。有的把简历写成了给父母看的汇报提纲，有的写成了给老师看的总结报告，而有的俨然是一份自己大学四年生活的回忆录。同学们应该明确简历是求职者的求职宣言，是给面试官看的，简历是一个人资历、能力、形象的书面表达。

（二）简历的作用

在求职过程中，简历承担着如下几个作用：一是简历是推销自己的产品广告。求职者需要让用人单位了解自己，就需要一个推介自己的载体，这个载体和媒介就是简历。二是简历是满足岗位要求的说明书。求职的顺利达成，需要招聘方确信求职者符合岗位要求，能够给用人单位创造价值。求职者是否具备岗位要求的素质和能力，能否得到用人单位的青睐，都需要在简历中一一说明。三是简历是获得面试机会的承诺书。四是简历是打开求职之门的“金钥匙”。一言以蔽之，我们希望通过简历的介绍，让未来的雇主了解你、认可你、喜欢你、想见你。

（三）简历的形式

表格式和开放式是简历的两种基本形式。表格式简历，顾名思义，就是用表格的形式呈现求职者的自然情况、实践经历等信息，优点在于制作简单，一目了然。开放式简历是没有表格的约束，按照自然表述顺序进行书写的简历。优点在于整洁美观，易于表现深层的个性。

（四）简历的基本结构

个人简历的写法没必要千篇一律，但不管如何布局安排，要素都要有，要求都一样，都要层次分明、简洁明了、突出重点。通常情况下，求职者的简历多分为开始部分、中间部分、结尾部分。

1. 开始部分

介绍自然情况、求职意向。

一是基本情况介绍，比如姓名、性别、年龄、学历、民族、联系方式、政治面貌等。基本情况的介绍并非要面面俱到，和岗位要求相关的写上即可。一定要保证电话和其他联系方式的畅通，免得错过机会。

二是求职意向。如果说简历中的“基本情况介绍”部分是解决“我是谁的”问题，那么“求职意向”则是回答求职者来干什么事的问题。求职意向要结合自己的专业所长、兴趣、能力、学历、年龄、性格、性别、爱好等方面。简历中的求职意向跟所应聘的职位应该是一致的，而且一般是一份简历只投一个单位的一个岗位。岗位不同，简历不同，不能“一份简历打天下”。

2. 中间部分

陈述个人求职资格和具备的能力素质。

一是教育背景。包括自己所学的专业和课程，自己所受教育阶段具体的证明材料、证书等。对于没有工作经验的应届毕业生来说，写完基本情况和求职意向就可以写教育背景了。撰写时要突出与应聘岗位密切相关的论文、证书等。

二是培训经历。写出自己业余所学的知识及具体的课程，最好是与应聘岗位相关的，如果没有可以不写。

三是社会工作及实践经历。这部分主要是为了表明工作经历尤其是与求职意向相关的工作及实践经历。对于没有任何工作经验的大学生来说，写出在校期间参加的各种社会工作和实践活动经历，比如担任过的职务、参加过的志愿者工作、做过的兼职等，这些经历能很好地说明你具备的符合相关岗位所要求的能力和素质，这是极其重要的。此部分在介绍时，一定要挑选最主要、最有力的相关经历，语气要坚定、积极，当然，在陈述个人资格、能力和经历之后，不要太多提及个人的需求和理想等。

3. 结尾部分

提供证明自己具备相关能力的证明材料。

一是所获荣誉。列举在校期间获得的荣誉(包括获得奖学金的情况)。如果没有，这一部分可以省略。

二是所获证书。除学历、学位之外的证书，如大学英语等级证书、计算机等级证书、从业资格证书等。

三是爱好特长。可以介绍关于运动、艺术、技能等方面的内容，但是要具体，不能泛泛而谈。比如“擅长运动”可以具体写为“擅长短跑、足球”等。

二、简历制作技巧

（一）简历制作准备

孙子兵法有云“知己知彼，百战不殆”。为了向面试官全面展示自己，求职者需要提前建立求职信息库，围绕个人信息、教育背景、工作经验、获奖经历、兴趣爱好等提前搜集相关素材，是为“知己”。所谓“知彼”，就是了解目标岗位的需求。岗位需求是我们撰写简历的根本靶向，了解了岗位需求才能有的放矢。我们可以通过解读招聘启事(重点看能力要求)、了解招聘部门及流程、了解企业文化、了解历年招聘情况，也可以通过网络、朋友、报刊等多方面了解。

（二）制作简历的基本原则

要写出一份优质简历，需要遵循如下几个原则：

1. 符合岗位要求

招聘者希望看到你对自己的事业持认真负责的态度。雇主在苦苦寻找的，是适合某一特定职位的人，这个人将是数百名应聘者中最合适的一个。因此，如果简历中没有求职意向，或是你在描述具备的能力素质时没有围绕岗位需求，而是把自己描述为一个适合所有职位的求职者，你很可能无法在任何求职中胜出。方向错了，所有的努力也就付诸东流了，符合岗位需求才是优质简历的不二法门。

2. 过目不忘的广告

这个原则就是把简历看成一份广告，推销你自己。最成功的广告通常要求简短富有感召力，并且能够多次重复重要信息。简历应该限制在一页以内，个人情况介绍不要以段落的形式出现，尽量运用动词性短语使语言鲜活有力。在简历页面上端可以写一段概括个人优势的话，然后再将这些优势分别在经历、成绩中加以说明。

3. 关键信息突出

这个原则要求陈述有利信息，争取成功机会。也就是尽量避免在简历阶段就遭到用人单位拒绝。面试阶段的筛选过程就是一个删除不合格人选的过程。换位思考，如果我们是招聘者，招聘时每次面试都需要较长时间，对招聘者来说进入面试阶段的应聘者人数越少越好。招聘者对理想的应聘者也有要求：相应的教育背景、技术水平和能力是应聘者在求职过程中取得成功的关键。应聘者应该符合这些关键条件，这样才能打动招聘者并赢得面试机会。同时，简历中不要有其他无关信息，以免影响招聘者的判断。

（三）简历制作步骤

1. 根据招聘启事，分析 HR 的“显性需求”和“隐性需求”

“显性需求”指在招聘启事上明确列出的需求，比如需要应聘者英语通过四、六级考试，计算机通过国家二级考试等。“隐性需求”是指 HR 不愿意公开表达的需求。比如，招聘秘书的时候，希望秘书的身高达到一定要求、形象端庄等，其直白版就是“形象气质佳者优先考虑”。另外“有服务心态”的直白版就是“我们需要打杂的”。越是知名大公司越是“婉约派”，很少在招聘启事中提及性别、身高、外表等这些先天因素，主要是为了在公众面前树立任人唯贤的良好企业形象。有的公司招聘时声明“专业不限”，但在真正筛选简历时却对某些专业有极强的倾向性。所以，在分析岗位需求时，不要流于字面，而要翻译得直白一点，“赤裸”一点，这样才能真正挖掘出 HR 的期望。

2. 挖掘自己的相关事实，匹配 HR 的“显性需求”和“隐性需求”

写简历等同于写议论文，我们需要在简历中提供论据向 HR 证明你就是 HR 正在苦苦寻找的人。什么是最有力的证据？那就是自己的过往经历，因为事实胜于雄辩。所以，匹配 HR“显性需求”和“隐性需求”的过程，一定要注意深入挖掘自身优势，以有根据的事实来匹配，而不是用“空头支票”匹配。比如应聘秘书时，我们可以用“曾参加仪仗队，参与校级大型会议的志愿服务工作”的事实来匹配需求，而不是在那里说“我气质佳，形象端庄大方”之类的空话。

所有的匹配要建立在事实基础上，不能不讲诚信，不能捏造事实。比如为了迎合用人单位的需求，谎称自己做过班长，可是一经询问终将露馅；或成功“行骗”，可能因为不适合岗位而在日常工作中感到异常痛苦。“天生我材必有用”，不必为了暂时找到一份工作而随便撒谎。

3. 动笔制作

分析岗位需求和匹配相关事实后，接下来就进入了动笔制作简历的过程。简历有个标准顺序：

（1）个人信息：必要的信息不能缺失，比如姓名、学校及专业、联系方式等；符合岗位要求的信息不能少，比如年龄、性别、民族(少数民族)、政治面貌(党员)、婚姻状况(已婚)、身高、体重等；不写和岗位要求无关的信息，比如家庭地址、身份证号、薪酬标准等。

（2）求职目标：要做到“一岗一简历”。岗位名称用词准确，不用描述性的词，不用行业类词汇、不用含糊的词汇(挑战性的岗位)，要与招聘启事上的岗位一致。

（3）教育背景：要介绍与岗位相关的主要课程及成绩。

（4）培训经历：写出自己业余所学的知识及具体的课程，最好是与应聘岗位相关的。

（5）社会工作及实践经历：写出自己与求职意向相关的工作及实践经历。

（6）获奖经历：写出自己与教育背景有关的、与工作经历有关的、与兴趣爱好有关的奖励。

（7）所获证书：除学历、学位之外的证书，如大学英语等级证书、计算机等级证书、从业资格证书等。

（8）爱好特长。可以介绍关于运动、艺术、技能等方面的内容，但是要具体，不能泛泛而谈。比如“擅长运动”可以具体写为“擅长短跑、足球”等。另外，要挑选那些有助于求职的(比如:阅读、写作)，与岗位要求的品格有关的(比如:球类——团队精神、钓鱼——耐心)，以及那些达到一定水平的、特殊的兴趣爱好(比如:收藏、集邮等)。

（四）简历制作要点

1. 黄金位置利用好

一张 A4 纸的上三分之一部分是简历的黄金位置，是 HR 最为关注的位置，这个位置我们要利用好。要把一些重要信息放在这个位置。比如，你教育背景特别符合岗位需求，就在此写教育背景；如果你的工作经验正是求职岗位所需，你就写工作经验。总之，要让 HR 第一眼就能捕捉到他想看到的信息，增加你胜出的可能性。

2. 提供有用信息

个人信息部分，只能出现必要信息，可有可无的尽量省去。不要罗列没有用的“废话”，尽量要做到字字珠玑，不可有半点无用信息让 HR 抓狂。“出生年月”不是简历的必要信息。现已不是飞燕传书、三百里加急的时代，电话更加方便快捷，所以“通信地址”是可以省略的。有的同学提供 QQ 邮箱，殊不知，提供邮箱意味着提供了一个 QQ 号码，而我们的个性签名都有什么内容？要么个性太强、要么卡通，折射出的是求职者的不成熟甚至粗俗，很难和岗位挂钩。所以，提醒同学们，在求职时赶紧注册一个规规矩矩的邮箱地址，保证好用，然后用上一辈子。电话号要稳定不变，而且建议大家把手机号码写成 3-4-4 格式，这个细节恰恰是职业素养的体现。

3. 注重简历的诚实度和表达

简历中对个人能力经验的表述要以事实为依据，不能言过其实，闹笑话。比如某同学简历中对英语水平的描述为“英语四级，具备熟练的听说读写译能力。”通过英语四级，能够达到什么样的水平我们心知肚明。不切实际的虚夸会留下不诚实、不踏实的印象，落得“聪明反被聪明误”的结局。但简历切忌走到另一个极端，写得过于谦虚，行文小心翼翼，措辞扭扭捏捏，胆小怕事，缺乏自信。招聘者看了，还以为你真的“没料”，对你胜任工作的能力产生怀疑，最终与成功失之交臂。所以，简历还是应当实事求是，朴实无华为好。

4. 采用歌词式版面

HR 是一目十行地阅读简历，是一种从上至下的过程。所以，我们可以把其过程形象地说成是“点头读”。所以，我们要对简历的编排形式做出符合 HR 阅读习惯的调整，简明短句，多行表述。歌词式版面以每一行为单位，而不是以段落为单位。这样能够一目了然，迅速找到关键点。

5. 信息点要进行逻辑分类

通过简历，足以让 HR 判断出你的逻辑思维能力。有的同学在简历书写时，一会儿写获得了什么奖学金，一会儿又去描述参加了什么活动得了什么奖项，杂乱无章，毫无逻辑性可言，不能帮助 HR 快速高效地阅读。另外，简历版面布局要按照用人单位的逻辑而不是毕业生的逻辑来安排顺序，也就是招聘岗位需要的能力素质要放在简历的突出位置。

6. 要“冷冷的”数字与细节，不要“火热的”描述与抒情

如果把简历看成一篇文章，那么简历一定是一篇议论文，而不是散文。议论文充满了数字与事实，散文则倾向于感性的描述和抒情。所以，简历中应该多用理性

的数字和细节作为支撑。曾做过一个简单的统计，如果把同学们简历中的“自我评价”做成合集，会发现大家的“自我评价”可以构成“世界各族人民优点大全”——中国人的谦虚、日本人的敬业、德国人的严谨、美国人的开放思维等都会一一呈现，这种“假大空”的描述是不能给简历增色的。

简历中要多运用数字表达法。比如在介绍兼职教师这一工作经历时，可做如下介绍：“①主讲英语口语课程 48 学时；②自编教材及教学大纲；③建立英语口语课外学习小组 36 人活动 30 小时。”这样描述后使这段经历更加具体化，也容易给人留下深刻的印象。

7. 要牢记“好简历=过程+结果”

好多大学生求职者往往在简历上罗列很多自己参加过的社团活动，但是这种简单的罗列远远不够。告诉 HR 你的这些经历不重要，重要的是要让 HR 知道你具体做了什么，以及获得的结果、你在整个过程中起的作用。比如描述家教经历：辅导附小学生参加“希望杯”英语竞赛，制订授课计划，每日辅导 3 个小时，10 天内成功教会 500 个单词。在叙述事件时要应用 STAR 表达法、动词短语表达法，让叙述的思路更加清晰，呈现更为立体。

8. 好照片

尽管对于是否贴照片有很多争议，但是还是强烈建议大家选择一张得体而专业的照片。什么样的照片算是好照片？着装方面要根据求职岗位设计，要证件照而非随意的生活照。照片传达的是亲切、温暖、专业化的印象，尺寸最好是 2 寸而非 1 寸。任何一个人都没有第二次机会创造第一印象，所以，这张创造第一印象的求职照显得尤为重要。

9. 本专科简历，一般不超过 1 页

在撰写简历时，很多人总觉得这条要写上，那条要放上，始终无法忍痛割爱，生怕漏掉一个细节，最终导致简历写成了鸿篇巨制。殊不知那些冗长、空洞的简历，HR 看不完开头就被扔到了一边。所以，简历还是要简洁精练、突出重点为好，一般不超过 1 页。

10. 精益求精

细节决定成败，要做就做最好。简历要精雕细琢，且一定杜绝低级错误，比如错字、别字、标点误用等，否则简历即使再精美都会大打折扣。

以上介绍了简历制作的要点，但是“法无定法”，为了让你的简历脱颖而出，可以不拘一格，设计创意简历，这样往往能收到事半功倍的效果。比如将简历做成贺卡这种颠覆常规的形式，模仿百度页面或是某公司官网主页的仿界面创意简历，微博长图简历。酷炫动画简历、视频简历也成为这几年的新宠。但万变不离其宗，任何一种形式上的创新都离不开最根本的原则即符合岗位需求。

三、简历投递途径

编筐窝篓，重在收口。精心制作的简历，有效的投递也很关键。简历投递的途径主要有网投、邮寄、现场投递、熟人递交、上门投递。随着网络的普及和无纸化办公的发展，通过网络收集电子简历已成为校园招聘的主要形式。通过网络投递电子简历有三种形式，这三种有很大差别，需要认真研究。

1. 直接在公司的网站上填写简历

优秀的大型国内外企业都开发了自己的网络招聘系统，要求学生在规定的时间内按照规定的格式填写简历。在公司的网络上填写简历，容易遇到以下问题：

（1）找不到填写简历入口

著名的跨国企业都有中文网站，普通浏览者能够看到所有基本的内容。但想在它们的网站上申请工作的时候，才发现中文网站里怎么也找不到关于工作的任何信息，或者点击“工作机会”的时候，立刻转为全英文的网站。快速进入简历系统的方法是：Homepage→Career→Student→Graduates/Internships→Apply Online

（2）不会使用公司的简历系统

第一次使用公司提供的简历系统，总会有些陌生的感觉，好在一般的公司都会提供 1 个月左右在线申请的时间接收简历。相信在一个月的时间已经足够用来熟悉系统了。快速熟悉的最好办法是跟身边的同学交流，大家都在申请同一家公司的时候，2 个人的学习速度肯定比一个人快，并且不止 2 倍。

（3）一些关键内容错误导致简历不规范

关键内容通常是电脑系统筛选简历的 Key Words，对此绝对不能马虎大意。班级里所有同学都在申请同一家公司，平时看上去并不怎么突出的学生很快通过了简历筛选而能力很强的同学却迟迟没有收到回音，那可能就是在关键内容上犯了错误。常见的关键内容是：

① 姓与名(Surname& First Name)：弄清楚两者的分别，Surname 是姓，一般只填一个字；First Name 是名，如果姓名是两个字，则是最后一个字，如果姓名是三个字，则是后两个字(如果是复姓,另当别论)。稍有英文基础的都知道这个简单的常识，可这样的问题总是存在。在宝洁公司的招聘网站上，不断地提示应聘者注意这个问题。

② 毕业时间(Date Available for Employment)：毕业时间是公司判断应聘者是否符合要求的基本指标之一。在毕业生招聘时，公司肯定不愿意在一个大二学生的申请表上浪费时间，如果是招聘实习生，大四学生的申请表肯定是第一批被系统筛选出来的。

③ 学分成绩(GPA)：大多数外企都要求学生提供 GPA，它是大学生前三年成绩的总体反映，国内已经有许多大学开始采用这一指标。GPA 过低的简历也会被系统过滤掉。

④ 班级排名：虽然成绩不代表能力，企业也不把成绩作为十分重要的指标。但是，学生的学习能力和学习成绩还是被企业很看重的，因此很多企业很重视应聘者的班级排名。

⑤ 英语四、六级(CET)：对于大多数学生来说，四、六级证书是英语水平的唯一官方证明，外企通常要求申请者必须获得六级证书。如果有较好的托福、GRE 或雅思成绩，将是简历上的亮点。

⑥ 实习经历(Work Experiences)：在线填写简历和自己制作简历一样，实习经历永远是最为重要的内容之一。有的公司的简历系统只接受两条实习经历，应聘者需要在所有的经历中做出筛选，即使没有这样的限制，实习经历也不是越多越好。

⑦ 兴趣爱好(Interests)：如果公司列出了这个项目，还是填上跟公司文化和职位相关的兴趣爱好，否则会被认为“此人毫无生趣”。在外企紧张的氛围和工作压力下，一个具有广泛兴趣爱好的人总是会受到欢迎的。

⑧ 身份证号码(ID Number)：为排除一个学生填写几份简历，很多公司要求提供身份证号码，一定不要忘记填写。宝洁公司要求通过简历筛选的同学必须持身份证才能参加公司的宣讲会。

⑨ 语言(Language)：千万不要忘记，外企的简历需要用英文。

(4) 忘记自己的用户名和密码

最好的解决办法是使用统一的用户名和密码。这种办法的困境是，万一用户名已经被别人注册了，就只好乖乖换名了。公司为避免重复，要求应聘者使用 E-mail 注册用户名。公司的网站上大多提供密码服务，即使忘记密码，只要输入邮件地址，系统就会自动把密码发到注册的邮箱。注册时，最好用经常使用的 E-mail 地址，公司随时可能通过 E-mail 通知简历筛选的结果。

(5) 简单复制简历原有内容

公司使用在线系统收集简历既是为了方便处理，也是为了得到符合公司要求的简历。如果只是简单地把原来制作好的简历拷贝进去，某些内容可能不符合公司文化，这些问题看起来再简单不过了，可是问题往往就出现在意想不到的环节上。

2. 在公共招聘网站上填写简历

中华英才网(www. Chinahr. com)是影响最大的公共招聘网站之一。由于许多学生在 Chinahr 上简历筛选通过率低，求职频频失利，以至于后来患上了“Chinahr 恐惧症”，只要公司在 Chinahr 上招聘，都不敢尝试去填简历。其实，面对激烈的竞争，我们应该调整自己的策略，研究败北的原因。

（1）态度不认真

Chinahr 略微落后的系统是导致求职者态度不认真的原因之一。Chinahr 的简历主要项目有个人信息、家庭成员、学历、学校、所获奖励、活动、技能爱好、项目经验、社会实践 9 项，通常外企会增加开放问题，有时有的企业需要提供证明人。假如让你把这些相同的内容填 10 次以上并且每次都需要一两个小时。结果会怎样？兴趣索然是肯定的，有过这样经历的同学无不怨声载道。但还是要静下心来，以第一次的心态面对每一次，这毕竟是一次宝贵的机会，不认真只能自食恶果。

（2）没有了解目标企业

在校园招聘的高峰期，每天平均有 5 家以上公司通过 Chinahr 收集简历，它们都使用同一个格式的简历系统，看上去和学生提供的内容一样。实际上，它们对简历的筛选标准却是不同的。正因为这样，在我们填写简历之前，首先要对目标企业做一个详细的了解，从而有针对性地填写简历。了解公司最好的方法是与在公司工作的师兄师姐联系，如果没有师兄师姐那就要参加公司的招聘宣讲会，错过了就到公司的主页或是微信公众号去查看相关信息。

（3）简历不做任何更改

不做任何更改地在 Chinahr 上投递简历是大多数同学的通病，也是在 Chinahr 上失败的最主要的原因。“事情太多了，没有时间。”“明天还有个特别重要的事情要准备，得抓紧时间”“我的全部家当都在这里，没有别的东西了。”“我就不改了，没准直接就通过了。”……这是比较常见的原因，更多的原因数不胜数。是不是认为这些原因都很不理性？是不是觉得自己肯定不能犯同样的错误？惰性是人的天性，请认真对待每一次机会吧！

如何才能有效地投递简历呢？经研究发现，每种投递途径的成功率分别为：网投 5%、邮寄 10%、现场 10%~20%、熟人 40%~50%、上门 50%~70%，这些数据给我们大家的启示是很明显的。

例 1

个 人 简 历

* * *，女，1974 年出生，本科学历，中级职称，注册会计师

教育背景

1988 年 9 月~1991 年 7 月就读于河南省洛阳市第一中学

1991 年 9 月~1995 年 7 月就读于河南省××学院经济管理工程系审计专业，副修计算机应用专业。在校期间，荣获“三好学生”称号及部级优秀学生奖，通过国家大学英语六级考试。1995 年获得世纪经贸大学会计专业硕士研究生入学资格，因家中经济原因而放弃

专业技术资格及能力

1996 年获全国助理会计师技术资格

1998 年获全国会计师技术资格

2001 年取得全国注册会计师全科合格证

有计算机理论基础，能熟悉运用财务软件、Windows 98 及其他 Office 软件；熟练运用 VFP6x、Access6.0 数据库管理系统；有全面的会计工作经验，能独立处理全盘账务；英语六级，有听、说、读、写能力，熟悉西方财务会计，能用英文进行账务处理

工作经历

1999 年 10 月至今世纪证券公司财务部，高级会计，报表分析与内部稽核，全面编制商业部与总部的汇总报表与内部审计工作

1997 年 3 月~1999 年 10 月　深圳成功工贸有限公司财务部，主管会计

1. 信用证结算会计，全面跟踪信用证开证、承兑、押汇及付汇核销情况

2. 存货会计，负责存货计价、成本核算、存货盘点及差异处理

3. 总账会计，负责复核记账凭证、登记总账、编制财务报表、进行财务状况变动分析

4. 销售会计，负责销售及应收账款明细账的核算与管理、相关报表的编制与分析。配合业务部门制定信用政策，并进行应收款的核对与催收工作

5. 税务会计，向税务机关申报纳税，熟悉国家税收政策

6. 制定销售费用核算，并根据销售情况控制销售费用的开支，监督预算执行情况

1995 年 8 月~1997 年 2 月　世纪相机(深圳)有限公司会计部

1. 会计部经理秘书，负责原始凭证复核，会计文件、会计档案管理工作，并协助经理助理日常业务

2. 会计，主要负责在建工程、制造费用、管理费用的核算和分析，每日编制现金流量表，每周编制现金预测表

联系方式

本人联系电话：130 * * * * * * * * 或(0431) * * * * * * * (晚间) 北京联系电话：* * * * * * * *

例 2

个人简历

姓名	* *	毕业院校	* * * *	专业	计算机科学与技术
学习排名	12(186)	综合排名	11(186)	学位	硕士
联系方式	TEL：* * * - * * * * - * * * *				
兴趣爱好	计算机、英语、文学、音乐、乒乓球等				
计算机水平	1. 熟练掌握 C、C++、PASCAL、VB 等语言 2. 熟悉 MS、SQL、Server 数据库，掌握 50L 语言计算水平 3. 熟悉 Windows95/98 及 Windows NT4.0 操作系统，了解 UNIX 操作系统 4. 熟悉 TCP/IP 等协议，熟悉 HTML、JAVA 语言 5. 对计算机安全与保密技术、计算机控制技术有一定认识				
选修课程	UNIX 操作系统、证券投资、投资项目评估、计算机原理、英语、文学欣赏				
实践经验	用 VB 设计开发通用关系数据库管理系统 开发简单的计算机图形交互系统 校办工厂金工实习 北京世纪集团销售部社会实践 参加国庆 50 周年庆祝活动				
外语水平	通过国家英语六级(2000/12) 通过学校四级水平测试和口语测试 自学过日语，具有一定的听、说能力 选修了计算机英语				
所获奖励	获得 * * * * 大学二等学习优秀奖学金 获得 * * * * 大学三等社会优秀奖学 获得 * * * * 大学三好学生称号				

续表

担任职务	院科协公关部理事、班级生活委员
自我鉴定	性格：有修养，有亲和力，表达能力较强，善于与人融洽相处，自信而不失谦逊，开朗而不失稳重，乐观而不乏危机感，善于听取他人意见，日省吾身，从而提高和完善自己 学习：成绩优异，理论基础扎实，且注重实际动手能力，具有实际开发项目的经验 工作：较强的适应能力和学习能力，较强的团队协作精神，认真踏实，勤于思考，讲究方法，有条理，效率高，乐于接受挑战，乐于学习各方面新知识，满怀热情，责任感，进取心，主动性，自觉性强，悟性较好
求职意向	计算机软件、硬件及网络相关工作

拓展阅读

常用奖励、荣誉、职务等中英文对照

一、国家及校级奖项、称号

国家奖学金——National Scholarship

国家励志奖学金——National Encouragement Scholarship

三好学生——Merit Student

先进个人——Advanced Individual/Outstanding Student

优秀学生干部——Excellent Student Cadre

优秀共青团员——Excellent League Member

优秀毕业生——Outstanding Graduates

优秀志愿者——Outstanding Volunteer

先进班集体——Advanced Class

优秀团(联盟)干部——Outstanding League Cadres

二、比赛与奖项

话剧比赛——Drama Competition

诗歌朗诵比赛——Poetry Recitation Contest

摄影大赛——Photography Competition

金话筒比赛——“Golden Microphone” Competition

足球比赛——Football Match

演讲比赛——Speech Competition

征文比赛——Essay Competition

辩论赛——Debate Competition

“金话筒”主持人大赛——Golden Microphone Host Competition

吉林师范大学十大歌手——Top Ten Singers of Jilin Normal University

军训先进个人——Advanced Individual in Military Training

十佳社团——Top Ten Outstanding Associations

最佳辩手——Best Debater

优秀辩手——Excellent Debater

三、证书

大学英语四级——CET4(College English Test Band 4 Certificate)

大学英语六级——CET6(College English Test Band 6 Certificate)

英语专业四级——TEM4(Test for English Major Grade 4 Certificate)

英语专业八级——TEM8(Test for English Major Grade 8 Certificate)

普通话等级考试——National Mandarin Test(Level 1,2,3;Grade A,B,C)

日语能力考试——Japanese Language Proficiency Test (Level 1,2,3,4)

商务日语能力考试——Business Japanese Proficiency Test

商务英语证书——Business English Certificate

四、校运动会

第一名——The First Prize

第二名——The Second Prize

第三名——The Third Prize

健美操比赛——Competition of Body-building Exercises

男子 100 米——Men's 100-metre Race

女子 100 米——Women's 100-metre Race

男子 200 米——Men's 200-metre Race

女子 200 米——Women's 200-metre Race

男女跳高比赛——Men/Women's High Jump Matches

男女三级跳比赛——Men/Women's Triple Jump Matches

男子 110 米栏——Men's 110-metre Hurdle Race

男女铅球——Men/Women's Shot Put

五、其他

学生会——Student Union

团委——Youth League Committee

学生社团——Students' Association

宣传部——Propaganda Department

生活部——Life Department

秘书部——Secretary Department

组织部——Organization Department

学生会主席——President of the Student Union

团委会书记——Secretary of the Youth League Committee

团支书——League Branch Secretary

班长——Monitor/Class President

三下乡——Volunteer Activities for the Country People

预备党员——Probationary Party Member

入党积极分子——Party Activist

社会实践——Social Practice

籍贯——Native Place

婚姻状况——Marital Status

家庭状况——Family Status

教育程度——Educational Background

职业目标——Career Objective

成绩优异——Outstanding Academic Results

学业技能——Academic Skills

思想品行——Ideological Morality

文体表现——Arts and Sports Performance

实习——Internship

第二节 求职信

求职信是一种介绍性、自我推荐的信件，它通过表述求职意向和对自身能力的概述，从而达到引起对方的重视和兴趣的目的。一封好的求职信可以向阅读者展示自己的才干。所以，求职信必须给招聘者留下好的印象。

一、求职信的格式

求职信是寄给求职单位的，求职信属于应用文范畴，同时又是一种特殊的信函，所以，求职信的基本格式要符合书信的一般要求。求职信一般包括称呼、正文、结尾、署名、日期、附件等六个方面的内容。

（一）称呼

求职信的称呼往往比一般书信的称呼正规一些，在实际书写时要区别对待。如果写给国家机关、事业单位的人事处领导，用“尊敬的＊＊处长(科长等)称呼”；如果是求职三资企业，则是“尊敬的＊＊董事长(总经理)先生”；如果是写给大学校长或人事处的求职信，则称之为“尊敬的＊＊教授(或校长、老师等)”。称呼要礼貌、得体，不要使用“＊＊老前辈”“＊＊师傅”等不正规的称呼。能准确了解到收信的人并准确称呼固然好，如果无法得知，称呼中可以不写名字，比如“尊敬的董事长(总经理)先生”“尊敬的招聘负责人”“Dear Sir or Madam”。

（二）正文

正文是求职信的核心部分，其形式多种多样，一般要求写明招聘启事的来源、应聘的岗位、应聘理由及优势。

（三）结尾

求职信的结尾一般应写明期待得到对方的答复，并盼望能有机会参加面试及简短的表示敬意、祝愿之类的祝词。如“祝贵公司兴旺发达”“顺候安康”“在宣讲会上，您所在团队的亲和、热情的氛围让我心向往之，所以，非常盼望着能有面试机会，与您进一步交流。”当然，也可以用“此致敬礼”之类的通用词。

（四）署名

求职信的署名应该与信首的称呼一致，一般都是在署名前加上一些“您诚恳的＊＊”“您信赖的＊＊”“您忠实的＊＊”之类的词语，也可以写成“您的学生＊＊”，还可以什么都不写，直接签上自己的姓名。

（五）日期

求职信的日期一般写在署名的右下方，最好用阿拉伯数字写，格式为“＊＊年＊＊月＊＊日”

（六）附件

求职信一般都要求同时邮寄一些有效证件，比如学历学位证书、外语等级证书、计算机等级证书、获奖证书等的复印件以及简历等。最好制作一个附件目录，这样做不仅方便用人单位审核，同时给用人单位留下一个“有条不紊、很负责任、办事周到、很靠谱”的好印象。

二、求职信的内容

求职信不同于简历，简历要写得具体、全面，而求职信则要强调最重要的信息。求职信不是必须写的，如果真的有话可说就写。否则，不写也行。一般而言，求职信要包括以下几个方面的内容：

（1）你是谁？你怎么知道招聘信息的？

（2）你要申请什么职位？

（3）你为什么适合这个职位？

（4）表明希望得到面试机会。

求职信正文开始之前，首行要用“您好”之类的问候语。如果能够知道信件将最终送到谁的手里，信的开头可以直接尊称，视对方的身份而定，如“尊敬的＊＊先生(女士)”。在第一段里，可以简单叙述一下自己写求职信的理由，扼要说明一下自己是如何知道招聘信息的，你所申请的职位或工作的具体名称。如果你说是通过公司内部推荐获得的职位信息，可以巧妙地将此事写进求职信中，但千万不要故弄玄虚，给人留下自我炫耀的印象。例如：

＊＊公司人力资源部＊＊先生：

您好！

从学校发布的招聘信息中获悉，贵公司需要招聘一名销售人员，为此，我特向你们申请这个职位。

第二自然段，应该重点阐明自己为何对这个组织及这个职位感兴趣，以及自己有价值的背景情况和满足招聘要求的能力和素质。这一段落是核心部分，通常用一段或两段来写。这些内容要有说服力，要足以说明自己哪里适合这个职位，更重要的是表明“如果能被录用，自己能为公司做出什么贡献”。这一部分要突出强调你所取得的成就或比较特别的过人之处，要处理好求职信与简历的关系，它是与简历相辅相成的，不要重复你简历中的内容，而是作为对简历的升华，选择一到两个特别突出而又在简历中无法展开的方面写进去。要强调你的技能、业绩，同时不能自顾自话，要着重说明你的技能、业绩与所申请职位之间的契合，着重阐述能够给用人单位创造的价值。

例如，应聘出纳的财务管理专业学生在求职信中这样写道：

“大学期间，除了系统地学习了财务管理相关知识(班级总排名前三)外，还系统地学习了计算机应用、税务法律法规等相关知识，能熟练使用用友财务软件。大学二年至三年期间，曾先后两次到吉林省粮油进出口公司担任兼职出纳工作，专门负责该公司来自全国各地的销售报表的统计与汇总。先后统计上报各种报表近千份，统计数据数十万个，均无差错，受到领导及同事的好评。培养了认真做事的态度和独立工作的能力。此外，还积极参加了‘亚冬会’志愿者服务工作和长春市朝阳区政府举办的‘扶老助残献爱心’活动，是朝阳区政府授予的十名‘阳光使者’之一，这些活动培养了我的社会责任感及奉献精神。我愿意把我已有的实践经验和责任心与热情贡献于贵公司。”

第三自然段，要激发收信者阅读你的简历的兴趣，写出自己对招聘单位的希望，委婉地提出面试的愿望，因此，要再次向用人单位说明“何时”“何地”“怎样”与自己联系，当然，联系的方法越简单越好，包括手机号码、E-mail、微信等。例如：

关于我的个人简历一并附上，如您能在百忙之中抽出时间回复我，给我机会，我将不胜荣幸，若需联系，请打电话：＊＊＊-＊＊＊＊-＊＊＊＊，感谢您阅读我的求职信。

结尾时，通常是标准的问候，可以写得灵活一点，如“致以友好的问候”，也可以采用“此致敬礼”的通用方式。最后的署名要亲自签名，即使是打印的求职信也概莫能外。日期要在签名的右下方写好。“附件”也不能遗漏，一般在求职信的左下角写上“附件”，同时标注好提供的附件清单(目录)。

求职信的格式、内容要求如下：

称呼(尊敬的＊＊＊:)

问候语(您好!)

正文

第一段：写明写信的理由、获得招聘信息的途径、应聘职位等。

第二三段：阐述应聘动机，自己适合应聘职位的理由(一到三个)。如果有与应聘职位相关的技能经历，应该加以说明。这里不一一详述，挑一到两个突出点介绍即可。相关技能要与岗位要求匹配。

结尾段落：感谢招聘者阅读求职信，表示希望获得面试机会及对方的回复。

结尾按格式要求写：此致

敬礼!

署名(签名)

日期(时间)

附件(目录)

三、求职信的写作技巧

写求职信约等同于写情书，什么样的求职信能打动 HR 的芳心呢？接下来我们来了解一下求职信撰写的五个“金科玉律”。

（一）言简意赅

一般而言，求职信长度不能超过 1 页 A4 纸，占 A4 纸的三分之二为好。如果确实有内容，可以作为附件或者面谈时再说。求职信当然也不能太短，太短则显得没有诚意，说不清问题，自然难以引起阅读者的重视。太长不但会浪费招聘者的时间，也会引起反感。求职信的每个段落长度要符合阅读习惯，不宜超过四句，否则使人抓不到重点，给人感觉繁冗拖沓。所以在写求职信时应该打草稿，反复推敲，字斟句酌，看看用词是否得当，意思是否表达清楚，内容是否简练完美等。

（二）有的放矢

撰写求职信需要突出自己胜任岗位的优势，那么如何才能让对方看到你与职位的匹配度？如何才能在众多优势中寻找到你的核心优势？这就需要我们在撰写求职信时要有针对性，要有的放矢，不是以自己的经历为中心，对用人单位大谈特谈你的“辉煌”经历，而是要以“岗位要求”为中心，以岗位所需要的技能为轴，整合、抽取你的相关优势，以相关事实、成绩来恰如其分、有理有据地证明你的优势所在。你有什么样的经历和技能与申请的职位相关，都要清楚地说明。求职信与应聘单位也要能够一一对应。目前，有许多学生“一稿多投”，本想“普遍撒网，重点打捞”，结果石沉大海，杳无音信。因此需要根据不同的单位和职位选择内容，如三资企业，最好中英文求职信都有，既可自荐又可充分显示你的英语水平；如果应聘科研人员，你却大谈自己生性活泼、爱动爱跳，介绍这些与应聘岗位不相干的特长不但不能起到很好的作用，反而适得其反；如果要从事营销或管理工作，你最好突出在校实践活动，突出你所具备的组织、沟通、协调、决策能力和自信心、同理心，这样才能投其所好，察其所需，供其所求，赢得胜机。

（三）事实胜于雄辩

美国前总统肯尼迪曾经说过：各位美国人，你们国家并不向你们索取什么，但请你们扪心自问，你们能为自己的国家做些什么？同学们在写求职信时，也需要时刻提醒自己，应该着眼于我能为公司创造什么价值，而不是写自己需要什么，获得该职位能够对自己有什么回馈。介绍自己的优势和特长，需要有据可循，这就需要我们摆事实作为支撑。什么样的事实？这就是你在过往学习、工作、生活中的成就事件，用你过去曾经做过的事和曾经取得的成就来证明你所具备的能力，进而展示你能够为公司创造的价值。例如：

我是一个非常踏实、热情的人，在大学四年期间，我一直担任寝室长。希望您能给我一次面试的机会，我相信我的 IT 知识、工商双学位、沟通能力、责任感、耐心，一定会使我成为一个合格的话务员。

例子中虽然关注了应聘岗位之所需，但是却没有列出证明自己具备这方面能力的具体事例，这种口号式声嘶力竭的呼喊，只能是画饼充饥，不能得到用人单位的认可。

（四）富于个性

求职信的撰写不能千篇一律，要在求职信中展现你的与众不同。要指出既能将你与众人区别开来又与这份工作相关的品质，你才可能因此脱颖而出。书写一封求职信，正如精心策划一则广告一样，要不拘泥于通俗写法，立意新颖，以独特的语言及多元化的思考方式，给对方留下强烈的印象，引人注意，并挑起兴趣。一封求职信，无论内容多么完备，如果吸引不了对方的注意，则一切枉然；对方如果对你的陈述不感兴趣，则前功尽弃。

（五）以情动人

语言有情，会更有助于交流思想，传递信息，感动对方，写求职信要注意这一点。那么，怎样才能做到以“情”动人呢？关键在于摸透对方的心理，然后根据你与对方的关系采取相应的对策。比如你应聘的单位在你的家乡，你可以充分表达你为建设家乡而贡献自己聪明才智的志向；如果应聘单位在贫困地区，你就要充分表达为改变贫困地区面貌而奋斗的决心；如果应聘单位是教学单位，你就要充分表达献身教育事业的理想……总之，你要设法引起对方的共鸣，或者得到对方的赞许。这样，你就可能事半功倍，收到意想不到的效果。在注重以情动人的同时，还要以诚感人，以诚取信，即要态度诚恳、诚实、言出肺腑；内容实事求是、言而可信，优点突出，缺点不掩饰；恭敬而不拍马，自信而不自大，拒绝官话套话废话。只有“诚”才能取信于人，把握好“度”才能展示出温暖友好，不倒 HR 胃口，得到用人单位的信赖。

例子：官话套话废话连篇的反面教材

由于我非常欣赏并赞同贵公司的企业理念，所以我很早就关注了贵公司。昨天，通过校园宣讲会，我有幸和贵公司的人力资源部的王经理结识。经过王经理的介绍，让我更新了以前对贵公司企业文化和发展理念的肤浅认识，我欣喜若狂地发现，这正是我苦苦寻找的感觉，这正是我愿意为之拼搏奋斗的岗位。所以，恳求您给我一个加入的机会，我一定会成为您的得力干将！

此外，写求职信应该用与简历相同的纸张、字体和页边距。发送邮件时，要发送原创的信件，而不是大众化的复本信件。

完整成功求职信举例：

尊敬的吉林省环宇医药进出口总公司人力资源部

罗部长：您好！

我就读于吉林师范大学管理学院财务管理专业。得知贵公司招聘出纳一职，特来应聘。

大学期间，除了系统地学习了财务管理相关知识（班级总排名前三）外，还系统地学习了计算机应用、税务法律法规等相关知识，能熟练使用用友财务软件。大学二年级至三年级期间，曾先后两次到吉林省粮油进出口公司担任兼职出纳工作，专门负责该公司来自全国各地销售报表的统计与汇总。先后统计上报各种报表近千份，统计数据数十万个，均无差错，受到领导及同事的好评。培养了认真做事的态度和独立工作能力。此外，还积极地参加了 2007 年在吉林省举办的

“亚冬会”志愿者服务工作和长春市朝阳区政府举办的“扶老助残献爱心”活动，是朝阳区政府授予的十名“阳光使者”之一。培养了我的社会责任感及奉献精神。

贵公司是我省最大的医药进出口公司，具有先进的文化理念和管理风格，能成为贵公司的一员，是我很久以来的向往与追求。我会尽我最大的努力为公司的发展创造价值。期待与您面谈！

祝贵公司兴旺发达！

此致

敬礼！

***

****年**月**日

拓展阅读

求职信撰写“九戒”

1. 戒长篇大论。求职信应尽量在一页纸内完成，两页为上限；

2. 戒啰唆重复。每段写一个重点，不要反复讲述同一论点；

3. 戒华而不实。外观格式要整洁，给人一目了然的感觉；

4. 戒流水作业。千篇一律的求职信不足以吸引雇主，求职信的范例只能参考，而非抄袭；

5. 戒对象模糊。留意招聘广告，或打电话到该公司，找出收信人是谁；

6. 戒自以为是。不宜用太多艰深的生字，这不是表现你语文能力的时候；

7. 戒粗心大意。要重复翻看，避免错字和语法错误；

8. 戒不留备份。每封寄出的求职信都应保留一份副本，以备日后获面试机会时参考；

9. 戒条理不明。招聘广告上附有参考编号，最好在信首和信封面上都列明。

课后思考题

1. 求职简历应该突出哪些内容？

2. 根据自己的求职意向，如何撰写有针对性的求职信？

课后阅读

1. 戴安-萨克尼克，等．职业指导[M]. 李洋，等译. 北京：中国劳动社会保障出版社，2005.
2. 罗伯特-洛克. 求职指导[M]. 时勘，等译. 第 5 版. 北京：中国轻工出版社，2008.
3. 曲振国. 大学生就业指导与职业生涯规划[M]. 北京：清华大学出版社，2015.
4. 赵淑芳. 15 秒，让你的简历脱颖而出[M]. 北京：人民邮电出版社，2009.

9

第九章 笔试

不积跬步，无以至千里；不积小流，无以成江海。

——荀子

本章要点

- 了解笔试的类型；
- 掌握笔试的技巧。

理论认知

第一节 笔试概述

笔试是许多用人单位招聘员工时采用的常用考核方法，它可以在一定程度上了解答卷人员的真才实学。但并非所有用人单位都一定进行笔试，原因在于对一些技术性要求不高的职位来说，对于应聘者的写作能力和分析问题能力的考察可以通过其他的途径来实现。比如，有的公司的申请表上有很多主观性的问题，这实际上就是在考察我们分析问题和解决问题的能力，同时也考察了表达能力。笔试主要适合一些专业技术要求很强和对录用人员素质要求很高的国家机关、教育单位、新闻传媒机构等。

大学毕业生对笔试并不陌生，但应该注意择业过程中的笔试和学校课程考试的不同之处。鉴于笔试这种形式在招聘中的重要性，我们要早做准备，多做积累，提前了解并掌握笔试的内容、方法、技巧、注意事项。

一、笔试的含义和特点

（一）笔试的含义

笔试(Written Test)是一种与面试对应的测试，是考核应聘者学识水平的重要工具。这种方法可以有效地测量应聘人的基本知识、专业知识、管理知识、综合分析能力和文字表达能力等素质及能力的差异。

这种考核方式主要适用于两种情况：一是应聘者人数较多，需要考核的知识面较广；二是一些特殊岗位的考核，如文秘、广告、公关等。

笔试在员工招聘中有相当大的作用，尤其是在大规模的员工招聘中，它可以一下子把员工的基本情况了解清楚，然后可以划分出一个基本符合需要的界限。适用面广，费用较少，可以大规模地运用。但是分析结果需要较多的人力，有时，被试者会投其所好，尤其是在个性测试中显得更加明显。

（二）笔试的特点

笔试一般是让应试者笔答事先拟好的试题，然后根据解答的正确程度予以评定应试者成绩。笔试有三个显著的特点：

1. 客观性

试题根据一定的内容和客观标准拟制，评卷依据客观标准，人为干扰因素少。笔试给求职者提供了公平竞争的平台，它可以防止任人唯亲等不正之风，也可以作为求职者能力的留档记录。笔试的结果是根据一定答案标准评定出来的，它弥补了面试的结果往往是根据个人喜好、感情用事评分的缺陷，同时，让用人单位很容易根据考卷成绩确定择优录取的名单。

2. 广泛性

试题可以多种多样，测试范围广泛，结果的可信度较高。不同的用人单位，根据对招聘人员的特定要求，希望着重考察求职者的某些素质，有着不同的笔试目的，因而笔试的内容也会有较大的差别。有的是为了检验求职者的专业技术和解决工程问题的能力，有的是为了测验求职者分析、综合、比较、归纳、推理等思维能力，有的是通过做文章来了解求职者在某些论题方面的知识、思维、见解和表达能力，有的则是为了测验求职者的态度、动机、兴趣、个性和智能等。

3. 经济性

所谓笔试的经济性是指可在同一时间的不同地点，同时考核大批应聘者，提高招聘的效率。

二、笔试的种类

（一）专业能力考试

专业能力考试是对专业知识面的考核，包括基础知识和专业知识考核。这种考试主要是检验应聘者担任某一职务时能否达到要求的专业知识水平并拥有相关实际能力。对于本科生和研究生，有些用人单位不考专业知识，只看本科生、研究生的学习能力和学习内容。对于一些专业性要求比较高的单位才会通过笔试进行专业考试，如外资企业招聘员工要考外语；科研机构要考研究能力和动手能力；行政管理、秘书方面的工作岗位要对应聘者的文字能力进行测试；公检法机关录用干部要考法律知识。

（二）智商测试

智商测试主要被一些著名跨国公司所采用。他们认为，专业能力可以通过培训获得，但毕业生是否具有不断接受新知识的能力是至关重要的。其实智商测试并不神秘。其主要分为以下两种：一种是图形识别，比如一组有四种图形，让应试者指出其中的相似点和不同点。另一种是测试应试者对数字的敏感度以及基本的计算能力的算术题，比如给定一组数据，根据不同的要求求出相应数值。

（三）心理测试

心理测试是要求被试者完成事先编制好的标准化量表或问卷，根据完成的数量和质量来判定其心理水平或个性差异的方法。一些用人单位常常以此来测试求职者的态度、兴趣、动机、智力，个性等心理素质，以寻求最佳人职匹配。心理测试力求从更客观更科学的角度来揭示人的心理特征。虽然它还需要不断完善，但作为科学的工具，应当让它在人力资源管理中发挥作用，并在实践中不断地完善。

（四）综合能力测试

综合能力测试兼有智商测试的要求，但程度更高，比如，应聘者要在规定的时间内对一组数据或一组资料进行分析，找出其合理的地方和存在的问题，并设计出解决问题的方案。这是对学生阅读理解能力，发现、分析和解决问题的能力等素质的全方位测试，甚至有时候问答都是用英语进行，相对来说难度更大一些。

第二节　笔试的准备和技巧

参加笔试前，求职者要充分了解笔试的范围，做好笔试的准备，掌握应对笔试的方法和技巧，充分发挥自己的水平，争取应聘成功。

一、笔试前的准备

同学们在笔试前，应做好心理、生理和知识等方面的准备，尤其是心理方面。

（一）笔试前的身心准备

（1）要适当减轻思想负担，不可给自己施加过大的压力，否则适得其反；
（2）笔试的前一天要注意休息，避免考试时精神不振，影响正常思维；
（3）适当参加文体活动，从而使大脑得以放松，以充沛的精力去参加考试。

（二）笔试前的知识准备

1. 学以致用，理论联系实际

从考试准备角度讲，知识分为两大类：一类是主要靠记忆掌握的知识；另一类是通过不断运用掌握的知识。实际上，目前求职中的笔试主要是考察应聘者对知识的运用能力。因此，考生平时应认真学习，扩大知识面；在复习过程中必须始终突出一个“用”字，通过各种实践，把学得的知识运用到工作实际中去解决各种具体问题。

2. 举一反三，灵活复习

一般来说，用人单位的笔试都有大体的范围，应聘者可围绕这个范围翻阅一些有关图书资料，有计划有步骤地复习巩固所学过的课程内容，温故知新，做到心中有数。但也有一些用人单位的笔试相对较灵活，范围也比较大，没有明确相关的参考书，应聘者可围绕用人单位划定的大致范围翻阅一些有关的图书资料，凡是与求职有关的一些知识都应系统地复习。

3. 多读多练，提高阅读能力

复习时经常做些阅读训练，有助于阅读能力的提高，要做到“眼到”和“心到”，特别是心到，即对每个问题都仔细揣摩，认真思考，分析比较，多问几个为什么，这样才不至于白练。一定要肯动脑子、有悟有得，才能长本事。

4. 正确理解，提高语言转换能力

应聘笔试中一个极其重要的考试，是将你阅读理解了的东西用自己的话表达出来，这在阅读考题中叫“语言的转化”。这种转化有三种形式：一是把题中比较抽象、概括的话做出具体的解释；二是把考题中的具体阐述恰当地加以概括；三是把考题中比较含蓄的语言加以明了和正确地阐述。很显然，要将作品中的真意换成自己的语言，并非一件易事，它含有更多的思维加工成分，而这正是检测阅读水平高低的一个重要指标。

5. 敏锐思考，提高快速答题能力

为了适应招聘考试中的题量，还应该尽快培养自己快速阅读、快速思维和快速答题的能力。因为现代阅读观念不但着眼于信息的获取，而且还特别重视速度。所以在准备笔试的时候一定要提高答题速度。

6. 劳逸结合，保持良好的身心状态

笔试怯场大多是由于缺乏自信心所致，所以应聘者要客观冷静地对自己进行正确的评估，克服自卑心理，增强信心。临考前，不仅要减轻思想负担，保证充足的睡眠，还要适当地参加一些文体活动，从而使高度紧张的大脑得到放松休息，以良好的精神状态去参加笔试。

二、笔试的技巧

（一）沉着冷静，保持良好心态

这里讲的沉着冷静，指的是在答题的时候认真仔细，尤其在面对毫无准备的问题时沉着、冷静地分析问题，并试图找出准确答案的一种稳定心理状态。遇事冷静，有利于集中精力去分析和解决问题，从而增强自信心。考试时，保持头脑冷静，能提高答题的水平，增强获胜的信心。遇事冷静，临危不惧，临难不慌，这种心态是在实践中培养出来的。这就要求在平时多训练自己。要知道，人有自我调节系统，能够进行自我调控，能够将自己的心理状态调整到最佳水平。

（二）做好针对性准备，了解笔试内容，做到心中有数

可以从用人单位角度思考可能出现的考核的内容，考试前可以训练下自己的答题速度。提前熟悉考场环境，一般建议应聘者提前 15 分钟左右到场，这样做避免出现慌乱，有利于消除应试时的紧张心理。同时还应了解考场注意事项，按要求做。除携带必备的证件外，一些考试必备的文具（钢笔、橡皮等）也要准备齐全。

（三）了解笔试重点，掌握科学的答卷方法

考生在拿到试卷后首先应通览一遍，了解题目的多少和难易程度，以便掌握答题的深度和速度，合理安排答题时间；然后按照先易后难的原则安排答题顺序，审题要认真；不要把重点放在难点、怪题上，要把基础知识掌握好，在实际运用上下功夫。如果在笔试过程中碰到了题目“卡壳”，也一定不要在这题上过多耽误时间，应该放松心情赶快将精力投入到其他题目的思考中。总之，要迅速答较容易的题目，余下的时间再认真推敲其他题目。同时在答题时要掌握好主次之分，要抓住重点题目下功夫，认真答写，充分展示自己的知识水平。

（四）保证卷面整洁并使用书面语

部分笔试的考题是要考生用书面语写作，遇到此类笔试题目时就应该学会用书面语言、学科术语表述自己的观点，避免使用俗语、过于口语化的语言，同时保持

卷面整洁。虽然保持卷面整洁看似“老生常谈”，但是漂亮的字迹的确能为主观题、作文增色不少。字可以不漂亮，但是尽量不要潦草，或涂改过多。答题时字迹时大时小，或排列得密密麻麻等问题都可能对成绩造成负面影响。同时要注意格式、标点正确，不写错别字。

（五）笔试前调整生物钟与笔试时间同步

有些国家机关的笔试，比如公务员的笔试是要考一天的。此时在考前一段时间将生物钟调至与笔试时间同步还是很有必要的，这是一种有效训练速度的方法。比如公务员上午考行政能力测验，考生就上午 9 点开始练习这一科；下午考申论，就下午练习写作文。这样考试时大脑能处于最佳状态，有利于提高笔试成绩。公务员笔试题型基本都是选择题。其选择题里有难有易，笔试时每道选择题的完成时间不应超过 1 分半钟。一时做不出的题目，跳过去先做后面的题目，而不是“卡”在这里，这样有利于保持平静心态。待完成后面的题后，再回来重新思考，也许换个角度问题就迎刃而解了。那么应该如何提高自己答题的准确性呢？这里介绍三种方法。

1. 淘汰法

此方法最适合单选题。当确定一个选项不符合题意时，便将自己的注意力迅速转移到下一个选项，依次加以否定。假如第一个选项就是正确答案，那么后面的几个选项就可以忽略不看，这样可以节省时间。

2. 印象法

印象法是指根据印象的深刻度来选择答案。应试者在读完一道试题的题干和各项选择项后，各选择项对于考生大脑的刺激强度是不同的。有的较强，有的较弱，那些似曾熟悉的内容必然会在头脑中最先形成正确选项的印象，因此，据此作出判断，命中率还是比较高的。

3. 大胆猜测

如果运用其他方法都无法确定正确答案，可以通过猜测来答题，这可以避免考生在这种试题上过分深究，影响自己的注意力和情绪，同时也有一定的命中率。

笔试最重要的目的是找到知识结构和素质修养都比较适合的人，所需要的是最合适的人，而不是成绩最好的人，所以不能照搬学校考试的套路。英语考试不会考什么语法，而是要了解你的语言运用能力，比如阅读速度、词汇量的多少、写作水平等，这些都是多年磨炼出来的基本功，准备得越早越充分，考场上就越自如。专业知识的考试会让很多人头痛，如果大学期间能把核心专业课（即应用性较强的课程)学好，考试就不会紧张了。招聘者并不是要招某个领域的专家，而是要考察应聘者是否具备某个行业的基础知识和运用知识解决工作中常见问题的能力，这些基础知识在学校的课程中，一般都有涉及，找工作之前最好能利用一段时间复习一下学过的核心课程。基本素质的考试可以说从你一出生就开始准备了，但还是要熟悉这类考试的套路，所以考前练兵很重要，可以在互联网上寻找专业网站，做做历年考题。

此外，笔试准备一定不能闭门造车，而应该重视各种途径的信息交流。随着网络技术的发展，很多公司的笔试题目通过各高校的BBS等途径发布已经成为众所周知的秘密了，如果能正确地利用这一平台，及时获取有价值的信息，并且通过与他人的交流得到宝贵的经验和教训，那么在准备笔试时就能有的放矢。

课后思考题

1. 在笔试中如何提高自己的答题准确性?
2. 笔试前应做好哪些心理、知识准备?

课后阅读

1. 王艳，刘洁. 大学生职业生涯规划与就业指导[M]. 天津：天津大学出版社，2014.
2. 马海龙. 大学学习生涯指导：教你成为卓越大学生[M]. 北京：中国人民大学出版社，2011.
3. 张文瑛. 职业生涯规划[M]. 北京：中国铁道出版社，2017.
4. 吕玉鹏，王岚. 大学生职业生涯规划与就业指导[M]. 北京：中国铁道出版社，2014.

10

第十章 面试

我的生活即是我想要传递的信息。

——甘地

本章要点

- 了解面试的种类、特点，掌握面试前需要做的准备工作；
- 掌握面试中常见问题的回答技巧；
- 掌握面试的服饰礼仪和行为礼仪。

理论认知

第一节 面试概述

面试是一种经过精心设计，以交谈与观察为主要手段，以了解求职者素质为目的的一种测评方式。由于其自身具有较大的灵活性和综合性，面试成为用人单位招聘人才的一种重要考核形式。能否闯过面试这一关，往往成为求职者能否被用人单位录用的关键。求职者要使自己在众多的竞争对手中脱颖而出，就必须要了解面试的基本内容，为面试做好充分的准备，注重面试的礼仪，掌握并灵活运用面试的技巧，掌握面试中可能遇到问题的应试策略，同时还要做好面试后的追踪访问。只有这样，才能使自己在面试中立于不败之地，增加面试成功的机会。

一、面试的种类和内容

（一）面试的种类

1. 一对一面试

这是最常见的面试形式，也就是一个面试官面试一位求职者。这经常是几轮面试中的初试，第二轮、第三轮面试通常会有若干面试官。因为只有一位面试官，相对来说，求职者的心理压力不是太大，是一种较为轻松的面试形式。

2. 团体面试

团体面试分为普通团体面试和竞争性团体面试。普通团体面试的目的在于向求职者提供大量关于公司和职位的信息。这种形式的面试节省时间，也可以保证每个人了解基本的事实。这个过程的下一步通常是个人面试。竞争性团体面试也叫做无领导小组讨论，是采用情景模拟的方式对考生进行的集体面试。面试官通过这种方式的面试，通常想了解你与团体互动的情况、每个求职者在团队中的角色如何、谁会在团队中以领导身份出现等。考虑周到、表现机智很重要，但不要独占会谈场面，要学会给其他求职者表现的机会。所以你应该在面试中学会调整自己的表现，不可太沉默，也不能太张扬。如果一旦发现自己说得太多，就要懂得适时闭嘴，把发言的机会留给别人，这个时候可以加上一句："某某同学，对于这个问题你是怎么看的？能谈谈你的想法吗？"这是一个表现你团队意识的好机会。

3. 随意式面试

随意式面试即面试官和求职者海阔天空、漫无边际地进行交谈，气氛轻松活跃，无拘无束，面试官与求职者自由发表言论，各抒己见。此方式的目的是于闲聊中观察求职者的谈吐、举止、知识、能力、气质和风度，对其做全方位的综合素质考察。

4. 压力式面试

压力式面试就是在面试过程中面试官有意识地对求职者施加压力，看你在突如其来的压力下能否做出恰当的反应，用以考察求职者的机敏程度、应变能力等综合素质。在压力面试中，通过你的恐惧和慌乱来解除你事先做的准备，打乱你的节奏，从而看到一个更真实的你。压力式面试并不是一种独立存在的面试类型，往往穿插在其他面试方式中。

5. 结构化面试

结构化面试就是根据特定职位的胜任特征要求，遵循固定的程序，采用专门的题库、评价标准和评价方法，通过面试官与求职者面对面的言语交流等方式，评价求职者是否符合招聘岗位要求的人才测评方法。面试内容、形式、程序按照统一制定的标准和要求来进行。这也是公务员面试中常采用的面试方式。

6. 半结构化面试

半结构化面试是介于非结构化面试和结构化面试之间的面试。包括两种方式：一种是面试官提前准备重要问题，但不要求按照固定次序提问，且可讨论在面试过程中出现需进一步调查的问题；另一种是面试官依据事先准备的一系列问题来对求职者提问，根据不同的工作类型设计不同的问题表格。

在半结构化面试中，有很好的机会传达个人的重要的信息，这是因为只有很少的预先决定好需要问的问题。当然，你需要充分的准备，而且要知道你想要表达的重点是什么。总的说来，这种面试的方法有很多优势，具有双向沟通性，面试官可以获得比材料法中更为丰富、完整和深入的信息，并且面试可以做到内容的结构性和灵活性的结合。所以，半结构化面试越来越得到广泛使用。

7. 电话面试

有时面试官会通过电话了解求职者的大体情况，此时，你需要把简历和问题清单放在你面前，把笔和纸放在你随手能拿到的地方，便于记下面试过程中想问的任何问题以及对方在电话里传达的你认为重要的信息。注意语气语调很重要，通过声音，让面试官对你产生浓厚的兴趣。

8. 视频面试

视频面试是指用人单位与求职者足不出户，利用互联网，通过视频摄像头和耳麦进行以语音、视频、文字的方式进行即时沟通交流的招聘和面试行为。传统的招聘方式很难做到求职者与用人单位进行面对面的沟通，而视频面试可以直接与远方的求职者进行面对面沟通，不会有因为遥远而放弃面试的情况而且节省了大量的差旅费用，视频还可以同步视像及声音传送加深双方的了解。

9. 综合式面试

面试官通过多种方式综合考察求职者多方面的才能，比如让求职者写一段文字以考察其书法，讲一段文章以观察其演讲能力，使用计算机以考核其微机操作水平。

（二）面试的内容

面试内容可以分为若干测评要素，主要包括综合分析能力、语言表达能力、应变能力、计划组织协调能力、人际交往的意识与技巧、自我情绪控制、求职动机、与拟任职位的匹配性、举止仪表和专业能力。必要时，根据职位要求，面试内容可以增加其他测评要素，主要包括四大方面的内容。

1. 仪表风度

这是指求职者的体型、外貌、气色、衣着举止、精神状态等。虽然不同的岗位对仪表风度的要求不尽相同，但是仪表端正、衣着整洁、举止文明的人，一般做事有规律，办事按程序，处理有先后，自我约束力强，责任心强。

2. 专业知识和工作经验

目的是了解求职者掌握专业知识的深度和广度，了解其专业知识与录用职位是否相符，作为对专业知识笔试的补充。面试对专业知识的考察更具灵活性和深度，所提问题也更接近空缺岗位对专业知识的需求，根据求职者提供的个人简历和求职登记表的情况，进行相关提问。

3. 对五种能力的具体考查

一是口头表达能力，考查的具体内容包括：表达的逻辑性、准确性、感染力、音质、音色、音量、音调、音速等因素。二是反应能力与应变能力，主要看求职者对面试官所提的问题理解是否准确到位，回答是否迅速、简洁等。对于突发提问的问题反应是否机智敏捷、回答是否有分寸，对于意外事情的处理是否得当。三是自我控制能力，面对繁重的工作压力，处理个人利益与集体利益的矛盾，能够容忍、克制、理性地对待，不因情绪波动而影响工作；同时，工作的耐心和韧劲也是非常重要的。四是人际交往能力，在面试中通过询问求职者经常参与哪些社团活动、喜欢与哪种性格的人打交道、社交倾向有哪些，为人处世的技巧等，有助于加深对求职者的了解。五是综合分析能力，面试中，求职者能否对面试官提出的问题经过分析抓住本质，并且说理透彻、分析全面、条理清晰，这是综合能力的集中体现。

4. 了解求职动机、兴趣爱好和工作态度、责任心

通过对求职动机的了解，解读求职者到本单位应聘的主要原因，对应聘单位的看法和希望，对哪种类型的工作感兴趣，工作中追求什么，判断用人单位所能提供的职位或工作环境等能否满足其工作要求和期望。了解求职者的兴趣爱好以及从事哪些运动或活动，喜欢阅读哪种类型的书籍，关注的热点属于哪个领域，有什么样的嗜好等。了解一个人的兴趣与爱好，对录用后的工作安排、人员搭配和团队活动都有好处。摸清求职者的工作态度，包括了解求职者过去的学习、工作态度，也包括对报考职位的态度，可以通过了解过去来掌握过去工作态度是否认真，可以推断对待现实的态度倾向。对责任心的考察也是极为重要的，在事业上有奋斗目标，并为之努力，表现为对现有的工作踏实肯干，工作中有创新。而不是安于现状，当一天和尚撞一天钟，无所事事，对工作敷衍了事，对什么事都不热心。此外，面试官还会向求职者介绍本单位及拟聘职位的情况与要求，讨论有关工薪、福利等求职者关心的问题，回答求职者可能要问到的其他一些问题等。

二、面试前的准备

面试成功与否，面试前期充分且有针对性的准备，也是关键。与其在面试之时费尽心思，争取加分，还不如在准备阶段拿到高的评分起点，赢在起跑线上。那么，哪些是招聘单位关注的？如何博得面试官的好感？面试前需要做哪些准备呢？

（一）提前了解面试单位和面试岗位的相关信息

面试之前最重要的一个工作就是去网上了解下要应聘的这家单位是哪一类的，假如去应聘一所中学的教师职位，那么它属于哪一类，师生规模怎么样，有多少个班级，高考升学率如何。假如应聘一家公司的话，那么看看这家公司在行业发展得怎么样，以及这家公司的企业文化和产品信息都是什么等。在当今这个信息时代，你不妨到所应聘的学校或企业的官方网站去看看，说不定会有意外的发现。

当你对这些信息有了一定的了解之后，面对面试官的问题，你的回答才能更加贴近面试的岗位，也会加深在面试官心中的印象。

（二）准备好面试所需要的简历和材料

不管面试什么岗位，都需要准备一些材料，比如自己的简历和获奖证书等，在面试之前放到包里，为第二天的面试做好充分准备，以免遗忘。否则，面试官不但会怀疑你面试的诚意，而且会认为你是一个做事不严谨的人。多带几份简历，面试官可能不止一个，预先料到这一点并准备好会显得你做事细致。

（三）精心准备面试着装

第一印象往往形成于彼此见面后的半分钟内，而这短短的时间内的印象很大程度是通过观察对方的衣着打扮形成的。为了给面试官一个良好的第一印象，必须注重着装礼仪。一身得体的职业装既能增强你的自信，同时，也能为你在面试时加分。

（四）面试前睡个好觉，保证睡眠

一定要按正常作息，保证充足的睡眠。有些人，可能会兴奋过度或娱乐过头，导致自己第二天面试时疲惫不堪，无精打采，这都是不应该的。明智的求职者应该挖掘自己潜在的能力，用积极的心态、良好的精神面貌来消除负面心理的影响，满怀信心地在即将到来的面试中一展自己的风采。

（五）遵守时间，千万不要迟到

面试一定要遵守时间，迟到会让面试官认为求职者没有时间观念、态度散漫、无责任心。因此，出发前，要充分考虑到可能出现的塞车、打不到出租车等状况，计算好时间。此外，最好提前十五分钟到面试场地，利用这个时间，稳定一下情绪，熟悉一下面试地点的环境。否则，因担心迟到而产生的焦虑心理，会给原本紧张的情绪火上浇油。到达考场的时间充裕，可以让自己安静地等待面试的到来，在心理上占优势。

此外，面试前先自己预演一下，尝试着猜测下你会被问及的各种问题，即使你不能猜出所有你可能被问的问题，但思考问题的过程会有效缓解你的紧张情绪。

三、面试中常见问题

面试时，面试官经常采用的一个基本策略就是尽量让求职者多讲话，目的在于多了解一些求职者在书面材料中没有反映的情况。如果能够事先了解这些问题并且懂得如何回答这些问题，那么就可以在面试中应对自如。那么，面试时常见的问题有哪些呢？

（一）请简单介绍一下你自己

不要以为面试官已经看了你的简历，这个问题是多余的，其实这是一个推销自己特别好的机会。因此，语言要高度概括，极为精炼，把自己最与众不同的亮点展示出来。特别要注意语音、语调以及自信地表达。从某种意义上说，表达有时比内容更为重要。

面试官利用自我介绍的用意在于：一是让求职者从最熟悉的话题谈起，可相对放松：二是全面了解求职者的情况尤其是个人素质：三是考察求职者的语言表达能力和逻辑思维能力，看能否在几分钟内简明扼要地介绍自己的主要情况。那么面对自我介绍这个问题，你该采取什么应对策略呢？

（1）事先准备两分钟的回答，前一分钟谈有关的事项，后一分钟谈有哪些能力能证明你胜任这份工作。

（2）要注意避免流水账般地谈生平经历，一定要谈对用人单位有用的东西，要让对方知道，你能给公司创造什么样的价值。在这里你应充分展示自己的才能和过去已取得的成就，而这种展示应与应聘岗位有一定的关联性。

（3）自我介绍能否抓住对方的注意力，还在于信息的编排顺序。最先介绍的应是自己最得意、最想让对方记住的事情，然后再按重要、次重要、一般重要的顺序排列下去。这种阶梯式的排列方式不但能条理清晰、先声夺人，紧紧抓住对方的注意力，还能使你不至于因为时间所限而遗漏了精彩的内容。

（二）你未来五年的职业规划是什么

面试官希望借此了解你对自己的职业生涯是否有切实可行的规划以及这一规划与你现在应聘的职位是否相关，并由此看出你申请这一职位的动机。对个人职业发展计划，很多人只有目标，没有思路。其实，任何一个具体的职业发展目标都离不开你对个人目前技能的评估以及你为胜任职业目标所拟订的粗线条的技能发展计划。

（三）你为什么应聘我们单位

面试官希望了解的是你申请职位的动机。他们希望你的决定是经过深思熟虑的，是建立在对这个职位和对自身兴趣、能力的充分了解的基础上的，而不是一时冲动或者盲目所为。

（四）你怎样缓解压力

面试官想通过这样的提问来判断你的抗挫能力以及心理素质如何。这样的问题比较发散，回答的时候，如何用简洁的语言加以概括很关键。本着言多必失的原则，这类问题往往说清楚了就可以了，最好不要说得太多。

（五）你为什么适合这份工作

你必须表现出对目标职位以及自身长处的了解，强调自身所具备的正是招聘单位所看重的品质(在专业和人际交往方面)。强调你所能做出的贡献而不是你能从这份工作所到的利益。因此不要只说“我希望从这份工作中学到……技能”。

（六）你为什么选择现在的大学和专业

现在的大学生在选择学校和专业的时候，父母越俎代庖的情况绝不鲜见，大学生能够从自己的兴趣和爱好自主选择学校和所学专业的并不是很多。面试官通过提这样的问题，来了解你的自主性、独立性、你对现在所学的专业是被动接受还是主动选择以及你的学校及专业是否和所应聘的岗位相符合。

（七）从你的社会实践中，你学到了什么

重点突出你和同伴在社会实践中遇到的问题和如何解决问题，以及从中得到的体会，回答的方向尽量靠近团队协作和解决问题的思维方式上。表述一定要思维清晰，逻辑清楚，言简意赅。

（八）你的优点和缺点是什么

不要只谈论你的优点及能力，最好还要把它们与应聘的职位和用人单位的需要联系起来。

被问及你的缺点，这也算是一个棘手的“常规问题”。“金无足赤，人无完人”，每个人都有自己的缺点，不要说自己没有缺点，那样显得你不诚实也不真实。对付这种问题，可事先针对你所申请的这个职位特点精心设计好一个答案——即一个“非常切合工作实际，可以被容忍，可以被改正”的缺点。比如，“我和陌生人交往的时候，有时会紧张”“我容易相信别人”“作为文科生，我的逻辑思维能力相对比较差”等。这些缺点跟工作有关，但又不会妨碍你履行工作职责。记住，这个缺点一定是建立在你好的“基础”之上的。

（九）你还有什么问题要问吗

这个问题的提出给了你一个很好的进一步了解所应聘的企业和职位的机会。但这不是重点，重要的是，你要抓住机会做最后一次个人综合素质的展示。要记住，你提出的问题不要太俗，一定要有含金量。

（十）为什么到现在你还没找到工作

对于那些的确花费了很多时间还没有找到工作的同学来说，这个问题很有挑战性，也许它会一下子勾起你沮丧的情绪，立刻对自己没有了信心。如果你有这种负面感受，说明你可能真的认为这么长时间没有找到工作是因为自己不够优秀。带着这样的想法，很难找到一份令人满意的工作。所以，不妨换个角度考虑问题，你毕竟为自己的未来付出了很多努力，比起那些比较顺利就找到工作的同学而言，你更能够承受挫折。虽然暂时失败了很多次，但从未放弃过，这也是你可贵的地方。对这个问题，每个人都会给出不同的答案，但重要的是从积极的角度去回答。

需要强调的是，对这十个典型的问题，你要知道，同样的问题，有时会以另外的形式提出来，要学会举一反三。比如：“大学期间，你印象最深的一次社会实践经历是什么？为什么?”这和“从你的社会实践中，你学到了什么?”是同一个问题不同的提法而已。除了这十个最常见的问题外，实际应聘中，面试官还可能就你的个人简历中提及的内容、你的专业知识、你个人的经历进行提问，这里不再赘述。

第二节　面试礼仪

作为一名即将步入职场的大学毕业生来说，想要找到一份满意的工作，要从建立良好的第一印象开始。良好的第一印象包括适宜而专业的仪表，良好的心态及态度，真诚有礼的肢体语言。具备良好的礼仪，必将让你事半功倍，顺利抵达求职的彼岸。

一、服 饰 礼 仪

（一）面试服饰的总体要求

服装不仅是布料、花色和缝线的组合，也是“形象工程”，更是一种社交工具。它向别人传达信息：“我是个什么个性的人？我是不是有能力？我是不是重视工作？我是否合群?”西方服装大师认为：“服装不能造出完人，但第一印象中的80%来自于着装。”因此，面试时的着装对于面试结果显得非常重要。

总的来说，着装打扮要遵循“TPO”原则。“TPO”是三个英语单词的缩写：“T”是英文单词“time”的缩写，表示“时间”，“P”是英文单词“place”的缩写，表示“地点”，“O”是英文单词“occasion”的缩写，表示“场合”，这个原则是说着装应该与时间、地点和场合相协调。

（二）男生着装礼仪

在职场中，男士需要给客户、同事、上司留下成熟稳重、值得信赖、干净利索、有责任感、高效等感觉，所以，职场男士的着装大体就是体现这些正面信息。

西装颜色：永远不会错的是黑色、藏青、海军蓝色和灰色。白色西装一般是礼服或者休闲西装，适合休闲派对和宴会，不适合商务场合。枣红色适合经常穿西装的人士，但如果不是从事和市场、时尚相关的职业最好回避。银色适合30岁以后想显示年轻气质的男士，不适合大学毕业生。

西装扣子：关于纽扣有一些不成文的原则。首先就是最上面的那个扣一般情况下它都是系着的；如果是三扣西装，最下面的那个扣一定不扣；如果是两扣西装，一般下面的扣也是不扣的。坐下的时候，男士一般把扣子解开，行走的时候，热天可以不扣，也可以在冷天或者大风天气扣上一个或两个扣子；在站立的时候，一般是把纽扣扣上，至于扣几个扣子就是上面的标准。最后要注意的是，要考虑场合和天气因素，身边的大部分人怎么做，你就怎么做。

西裤：西裤和皮鞋的颜色要一致或西裤浅于皮鞋的颜色。西裤的长度要适中，裤子前面接触鞋面位置要稍微凹进去一点，可以显示出有均衡感的魅力。但是如果不是翻边样式的裤子，稍长一些会更加合适。如果裤子过短，走路的时候裤子会有一些飘，太长又会显得有些臃肿笨拙，所以一定要注意合适的长度。

衬衫：西装内搭配的衣服一般是衬衫。黑色西装多搭配白色、蓝色和灰色衬衫。白衬衫是绝对不会出错的，虽然没有个性。

皮鞋：黑色系带。鞋底不要有铁皮，走起路来很难听。平时要经常擦鞋，面试时，不要让面试官觉得你是走了三里泥地来的。

袜子：理论上讲，袜子的颜色要比裤子的颜色深，最保险的就是黑色。袜子的LOGO要小，不要让别人很远就看到你的裤子下边袜子上的商标。

拓展阅读

外企面试要注重哪些礼仪

1. 不能迟到：最好提前10~15分钟到，熟悉环境；

2. 彬彬有礼：对面试人员与秘书都应礼貌对待；

3. 大方得体：平时多注意外企文化，多交流；

4. 面试结束语：结尾时说："Thanks for your time." "Thank you very much"但不要说得太多；

5. 形体语言：注意眼神的交流，做一个聆听者，手势不要太多。坐时要身体稍向前倾。

6. 几点注意

（1）面试时应杜绝吃东西，如嚼口香糖或抽烟等；

（2）喝水最忌讳的有两点：一是喝水出声，二是水摆放在容易碰洒的位置；

（3）打喷嚏之前或之后一定要说"Excuse me"。

（三）女生着装

"云想衣裳花想容"，相对偏于稳重单调的男生着装，女装则亮丽丰富得多。得体的穿着，不仅可以显得更加美丽，还可以体现出一个人的良好修养和独特品格。

套装：女生不必像男生那样局限于西服，一般面试场合，套装也很合适。套装不一定要高档华贵，但必须保持清洁平整，穿起来大方得体。整洁并不完全为了自己，更是尊重他人的需要，这是良好仪态的第一要务。另外，不挽袖，不卷裤，不漏扣，不掉扣。

裙子：裙子的长度因季节的变化而不同。一般来说，面试时裙子的长度要比社交场合或日常业务往来时穿的裙子略长，最好过膝，这会使双方感到自在。

衬衣：长袖衬衫最适合，在外套袖口露出1/4或半英寸能显示职业特点和权威。短袖衬衫不太好，无袖衬衫要避免。衬衫的领围以插入一指大小为宜。女士衬衫的颜色不局限于白色或浅蓝色，珠灰色和各种深蓝色也不错。衬衫的款式应简洁。

鞋子：鞋子应该在海军蓝、黑色或棕色几种颜色中挑选，能与你服装总体相配的颜色。鞋跟高度要适度，不要穿长而尖的高跟鞋，中跟鞋是最佳选择，既结实又能体现职业女性的尊严。

袜子：不论你的腿有多漂亮，都不要在面试时光着腿。袜子应以不引人注目为好，最好穿中性或肉色的袜子。如果穿裙子，一定要穿没有花纹和图案设计的透明丝袜。另外，准备一双连裤袜或长筒袜放包里备用，因为墨菲法则认为，凡有可能出差错的事情终将出错，。

化妆：化妆要体现女性干练、成熟、自信的一面，同时还要不乏现代女性的时尚气息，但化妆不易过浓。

拓展阅读

依据体形搭配服装

俗话说，人无完人。人类真正的标准体形是不存在的。它仅仅是人们心目中的一种理想状态，是大多数人体数据的平均值。环视我们周围的人群，体形一般有一两处缺点和不足的人却是随处可见。由此看来，我们大可不必为自己体形上某些不足而遗憾，而应正视这种人类的普遍现象，不断研究服装与体形的互补关系，通过服装来改善和调节人体外在形象，这才是解决问题的根本所在。

现在列举比较有代表性的体形：正三角形、倒三角形、椭圆形和长方形，简单谈一谈女性着装选择应注意的问题。

正三角形体形：特点为肩部较窄或溜肩，而臀部和腿部却较胖，投影显示正三角形。此种体形在着装上要着重强调肩部，加强肩部的宽度，应该采用带垫肩较为宽松的款式。

倒三角形体形：特点为上躯干较厚，臂粗，颈、背处肉较多，投影显示为倒三角形。此种体形在着装时应注意多选择插肩式样的服装，下身选用宽松大摆的裙子或裙裤，使整个体形在视觉上得以平衡。

椭圆形体形：特点为臂部、腹部较粗胖，四肢相对细小。此种体形在着装上要避免涉及繁琐的款式及过多装饰品，要特别注意腰部的设计，避免使用过宽的时装腰带。

长方形体形：特点为平胸、瘪臀，纤细、瘦小。此体形在着装上可以利用小巧玲珑的特点，充分发挥服饰的作用，如泡肩袖、蝴蝶领等，并采用色彩鲜艳或大花图案的服装，款式上应尽量突出女性特征。

人们的体形千差万别，服装的款式也多种多样，选择服装的关键应遵循一个原则：扬长避短。充分利用服装的款式、色彩及饰品，改善自己体形的不足或缺陷，以达到一个最佳状态。

（四）仪表

发型：面试时的发型应遵循整齐、干净、有光泽，能够显露出你整个面庞的原则即可。男生的头发不要太长。如果使用发胶，临出发前，一定要用梳子把固结成绺的头发梳开。女生发型大方自然最好，披肩发应稍加约束，不要让它随意飘舞。另外，女生头发应杜绝太多的头饰。

脸：面试前最好将面颊修饰打扮一下，让自己看上去健康、精神焕发。但一定要淡而自然，避免浓妆，不要让面试官透过厚厚的化妆才能捕捉到你的表情。

嘴唇：不要干皱着嘴去面试，应该涂上一层唇膏，让它有一定的润泽感。女生使用口红时要注意恬淡，唇线不要画得太深，这会让嘴唇显得虚假。

鼻子：面试时鼻子不要出油发亮。平时鼻毛长的人，面试前要注意修剪。另外，鼻端或眼角不要留有污秽积物。

指甲：指甲应保持干净，女生不要留长指甲，这容易使人联想起你是什么都不干的大小姐。另外，不要涂艳丽的指甲油。

拓展阅读

面试着装的八个绝招

1. 尽量穿剪裁合适、简单大方的套装；
2. 套装、西装颜色以中性为主，避免夸张、刺眼的颜色；
3. 避免无袖、露背、迷你裙等性感装束；
4. 不要穿露出脚趾的凉鞋，达到精神饱满；
5. 其他配饰宜求简洁高雅；
6. 保守淡雅的彩妆，忌浓妆艳抹，也不宜脂粉不施；
7. 尽量把化妆品、笔、零碎的小东西有条有理地收拾好置于一个包内；
8. 注重细节，如鞋子是否干净闪亮、扣子是否不缺失、袜子没有洞等都是良好品位微妙的体现。

二、行为礼仪

（一）需要注意的行为礼仪

候场：参加面试应该提前 15 分钟左右到达面试地点，安静地等待面试时刻的到来，切不可匆匆而来匆匆面试，给人留下慌慌张张的印象。到达面试地点在等待期间，要再整装一次，可以观察下周围的环境，了解企业的文化，但不要随意地溜达。等候期间不要看无关的资料或是不停地打电话。面带微笑向接待人员说明身份和目的，从容地等待接待人员的安排。总之，不可忽视与面试接待人员的沟通，他很可能也是你面试评分的一部分。如果是雨天，不要将雨具带入办公室。

站：站立的总原则是要挺胸抬头，收腹，目视前方。头要正，下颌微收，塑造端庄、挺拔、优美、典雅的气质美。女士双臂可以自然下垂，五指并拢，自然微屈，中指压裤缝，或者双手交叠放在小腹部，左手在下，右手在上。身体正直站立，双腿自然并拢，双膝靠紧，两脚跟并拢，两脚呈“V”形，或者双脚呈“丁”字形。男士两手手臂也可自然下垂放于腿的两侧，或交叠放于身前。男士双脚左右开立时，双脚之间的距离不要过大，站立时切不可一站三道弯，挺腹翘臀。

坐：入座时要轻、缓、稳，走到座位前，转身后轻稳地坐下，如果椅子的位置不合适，应该把椅子挪动到合适的位置后再入座。坐时要保证上半身挺直的姿势，也就是颈、胸、腰要保持平直，神态从容自如，面容平和自然坐势谦恭，在正式场合或是与上级谈话的时候，一般不要坐满整张椅子，更不能舒舒服服地靠在椅背上。正确的做法是坐满椅子的 2/3，背部挺直，身体稍稍前倾。入座时不能弄出声响。

男士膝盖可以稍稍分开一拳左右的距离，但不能超过肩宽。女士的膝盖则一定要并起来，不可以分开，脚可以放在中间，也可以放在侧边，双手叠放在腿上。如果穿的是短裙，一定要小心盖住。女士入座前，要从上至下拢裙，收腿。无论是男士女士，两腿交叠而坐，跷起腿的时候，都要注意收紧上面的腿，脚尖下压，决不能以脚尖指向别人，或者上下抖动，这是很失礼的一种表现。

行：走路的姿势往往能够真实体现一个人的自信。男士要稳定、矫健，女士要轻盈、优雅。走路时，身体应当保持正直，不要过分摇摆，也不要左顾右盼，眼睛平视前方，两脚有节奏地交替向前、步履轻捷不拖拉、两臂在身体两侧自然摆动。

递简历：面试时如果将自己的简历递给面试官，要注意将文字向着对方，双手递交过去，身体略微前倾，面带微笑。

开关门：敲门时要注意用手指的中间关节轻敲三下。有门铃的时候轻按一下门铃，如果没有回应，稍等 3~5 秒后再重复按一次，但不要长时间按门铃，更不能用手掌拍门、用拳头捶门。得到屋内人允许后再开门进入。开门时应注意力度。

礼貌告辞：面试结束后，无论成功与否，都应该有礼貌地告辞，说完告辞就应该起身离开座位，不要久说久坐不走。告辞时要感谢对方的接待，握手告辞。如果办公室的门原来是关闭的，出门后应该轻轻把门关上。面试人员如果要相送，应该礼貌地请对方留步。

目光接触：与面试人员交谈时，两眼视线落在对方的眉心，偶尔也可以注视对方的双眼。恳请对方时，注视对方的双眼。切忌目光游移不定，让人感到非礼和心不在焉。视线向上表示权威和优越感，视线向下表现服从或任人摆布，只有视线水平才能表现客观和理智。如果面试官有两位以上，回答谁的问题目光就移向谁。

微笑：整个交谈过程要面带微笑，不露牙，不出声，显得自然、真诚、亲切。切忌做作和皮笑肉不笑，更不能在不该笑的时候笑。

积极倾听：聆听时要站在对方的立场，仔细地倾听，不要预设立场，确认自己所理解的是否对方所讲的所关注的，重点式地复述对方所讲的“您刚才所讲的是不是……”“我不知道我理解得对不对，您的意思是……”谈话时，要表现诚恳、专注的态度倾听对方的话语。

（二）肢体语言

1. 正确的肢体语言

在谈话中，身体要微倾，表明你很有热情和对话题的关注。不要吝啬微笑，在听面试官发问中适当地微笑，表明你在认真地听，而且对他的发言表示认同。点头可以和微笑同时进行，但是需要注意的是，点头的姿势不是简单的一个动作，对不同意见的认可程度用不同的点头力度来表示。运用适当的手势来强调你发言的要点，加深对方对此事的印象。求职者如果正确利用肢体语言，就会提高自己的整体能力，增添求职成功的保险系数。

2. 不正确的肢体语言

主要包括：衣服的口袋里装满东西，其中还叮当乱响，谈话之间，手指不停地敲打桌面，胳膊或者手掌在椅子的扶手上不断地滑动；摆弄自己的头发、衣角、手表或其他首饰，摸耳朵、胡子或者揪鬓角、睫毛，面部神经抽动，嘴部不自然地抽动；绞扭双手，抓弄手指；摇头晃脑，目光不断地扫视四周，心神不定地摆弄衣领；跷二郎腿，或者不停地抖腿，身子在椅子上不停地摇晃等。

孔子曰："君子不重则不威""望之俨然，即之也温"。无论面试还是在职场中，优雅的举止都会使人充满魅力，即使是一名普通的员工，如果他的举止优雅也会赢得同事的尊敬和上司的赏识。很多时候，言谈举止直接关系到一件事情的成败。所以在面试中，我们要注意这种无声的个人宣言。

拓展阅读

名片交换礼仪

名片已成为公众交往的一种重要工具。名片的制作、交换、索要、递送、接收、保管等都应注意礼仪。在递送名片时，应面带微笑，注视对方，将名片上的字正对对方，用双手的拇指与食指分别捏住名片上端的两角送呈对方。站立递送时，上身呈15°的鞠躬状，递送时可致礼貌语，如"我叫某某，请多关照，这是我的名片"。如果互递名片，姿势同上，只是用右手送自己的名片，左手接对方的名片。接收他人名片时，同样用双手接回，并道声"谢谢"。接过名片后，应认真地、轻轻地念一遍，以示尊重。接过名片后要认真看，牢记对方姓名，注意名片上最恰当的称呼，如职务、职称。名片夹一般放在左胸内侧西装口袋内。

三、面试结束礼仪

求职过程犹如音乐会，需要讲究结束之术，善始善终。充分利用好结尾的机会，才能让面试官欣赏并记住你。

（一）面试结束时的礼仪

1. 掌握收尾时间的火候

面试临近尾声之前，面试官在谈过主要问题之后，可能会提两个比较尖锐的问题以便深入、彻底地了解求职者的情况。在此之后，话题的选择可能会非常随意，有一点聊天的味道，谈话十分轻松，这就标志着面试已经进入了收尾阶段。

在收尾阶段，面试官的神情会更为自由放松，目光中"审视"的意味会明显减少，谈话语气会显得更加柔和，往往要说："我的问题没有了，我想听听你有没有什么问题，如果有，尽管提，我们来一起讨论。"这时你可以针对单位和工作本身提一些问题。但提问一定要谨慎，注意礼节和分寸，不要提问太多，不要让面试官因回答你的提问而费力劳神。

2. 有礼貌地离开面试室

面试结束后，应该把刚才坐的椅子扶正，一面徐徐起立，站在椅子的旁边，一面以眼神正视对方，与面试官以握手的方式道别，趁机作最后的表白，以显示自己的满腔热忱，边点头边说："谢谢，请多关照。""谢谢您给我一个面试的机会，如果能有幸进入贵单位工作，我必定全力以赴。"然后拿好随身携带的物品，走到进门时的位置，先打开门，在出去之前要转向屋内，并礼貌地鞠躬行礼，再次说"谢谢您，再见！"之类的话。特别要注意的是，告别话语要说得真诚，发自内心，才能让面试官"留有余地"产生"回味"。然后你转过身，退出面试室，再轻轻将门关上。

离开面试室，在走廊里和单位范围以内，不要和别人讲述过程，不能马上打电话，甚至兴高采烈大声高叫，也不能无精打采地走出办公大楼。经过前台或在接待处归还来宾证时，要主动与工作人员点头致谢，边点头边说："多谢关照。"有些求职者对面试官彬彬有礼，走出门却对普通员工或其他工作人员傲慢无礼。不要忘记，进入单位的瞬间，你就要接受所有人的面试，单位里的每个人都是你的面试官。

（二）面试结束后的礼仪

许多求职者只留意应聘面试时的礼仪，而忽略了面试后的善后工作，而这些步骤亦能加深别人对你的印象。面试结束并不意味着求职过程就完了，也不意味着求职者就可以袖手以待录用通知的到来，有些事你还得继续跟进。

1. 感谢

为了加深招聘人员对你的印象，增加求职成功的可能性，面试后两天内，你最好给招聘人员打个电话或写封信表示谢意。感谢电话要简短，最好不要超过 5 分钟。感谢信要简洁，最好不超过一页。感谢信的开头应提及你的姓名及简单情况。然后提及面试并对招聘人员表示感谢。感谢信的中间部分要重申你对该单位、该职位的兴趣，增加一些对求职成功有用的事实内容，尽量修正你可能留给招聘人员的不良印象。感谢信的结尾可以表示你对自己的素质能符合单位要求的信心，主动提供更多的材料，或表示能有机会为单位的发展作出贡献。

感谢信示例：

尊敬的 * * 先生：

您好！

我是……，感谢您昨天为面试我花费的时间和精力。和您谈话让我觉得很愉快，并且了解到许多关于**公司的情况，包括公司的历史、管理形式以及公司宗旨。正像我已经谈到过的，我的专业知识、经验和成绩对**公司是非常合适的，尤其是钻研能力。我还在公司、您本人和我三者之间发现了思想方法和管理方法上的许多共同点。我对**公司的前途十分有信心，希望有机会和你们一起工作，为公司的发展共同努力。

再一次感谢您，希望有机会与您再谈。

**

年月**日

2. 不要过早打听面试结果

在一般情况下，面试组每天面试结束后，都要进行讨论和投票，然后送人事部门汇总，最后确定录用人选，这段时间可能要等3~5天。求职者在这段时间内一定要耐心等候消息，不要过早打听面试结果。

3. 不要放弃别的机会

面试回来后，你已经完成一次面试，但这只是完成一个阶段。如果你向几家单位求职，则必须调整心情，全身心投入准备第二家的面试，未签协议之前，仍未算成功，你不应放弃其他任何机会。

4. 查询结果

一般来说，你如果在面试两周后或在面试官许诺的通知时间到了，还没有收到对方的答复时，就应该写信或打电话给招聘单位或面试官，询问是否已作出了决定。应聘中不可能个个都是成功者，万一你在竞争中失败了，也不要气馁。这一次失败了，还有下一次，就业机会不止一个，关键是必须总结经验教训，找出失败的原因，并针对这些不足重新做准备，“吃一堑，长一智”，谋求“东山再起”。

第三节 面试策略

一、面试策略知多少

为了提高面试成功率，我们需要了解如下面试策略：

（一）正确面对面试官

面试是一项专业性和目的性都很强的工作，但由于每个面试官的性格各异，兴趣不同，处事方式大相径庭，对问题的看法也不尽一致，因此，求职者在面试时要根据不同类型的面试官采用相应的策略。

1. 文明礼貌，不卑不亢

大学毕业生在面试时，应懂得最起码的社交礼仪，无论面对何种类型的面试官都应注意礼貌，但也不能过分热情。有些求职者为了达到被录取的目的，对面试官大献殷勤，对面试官极尽吹捧之能事，个别人甚至达到丧失人格的地步。这样的求职者，成功的概率会很小，任何单位都希望挑选一些有作为、能为单位发展作出贡献的人，谁也不愿接收溜须拍马、卑躬屈膝的人。

2. 因人而异，区别对待

面试官的身份不同，他的用人观念和价值标准也不同。因此，面对不同的面试官，要采用不同的方法。如果面试官是技术干部，他就可能注重专业知识和技术；如果面试官是人事干部，他就会注重求职者的社会意识和处世能力；如果面试官是领导干部，则注重求职者的合作精神、办事能力和应变能力。为取得面试成功，求职者可事先了解面试官的身份，再采取相应的措施。

（1）面对“谦虚”的面试官

这类面试官，表面看来谦虚可亲，容易交往，但他们内心严谨，洞察力敏锐，即使你想掩饰内心的不安，伪装平静地谈话，也会被他们识破。对此，求职者必须保持警惕，诚心诚意地谈出自己的想法，决不要一味地去迎合面试官，更不要妄自尊大。求职者采取的策略是：他谦虚，你比他更谦虚。

（2）面对冷冰冰的面试官

这类面试官一般性格内向，比较固执，但他们坚持原则，对人的考察方式一板一眼，对人的评判以书本中的条条框框为准。对此，你只需按部就班地发挥，便可取胜。

（3）面对轻声细语的面试官

他们一般做事迟缓，工作效率较低，为人不够爽快，对他人总是不放心。但轻声细语的面试官通常都是很有耐心的人，他总把一切看得仔仔细细、明明白白。求职者对这种面试官一定要耐住性子，说话保持温和谦虚的口气，耐心、仔细、周全地回答问题，最好不要发问，少些辩驳。在证据上、表达方式上尽量地配合他，千万不要走神或有倦意的神态，只有这样，才能打动这类面试官的心。

(4) 面对喋喋不休的面试官

虽然说话多的面试官会放松对求职者的观察与把握，但求职者一定不能懈怠，或流露出不耐烦的神情。此时，你需要聆听并禁止插话，除非他向你提问，否则自己不要另起话头。让面试官充分说话，尽情表达，兴趣盎然。这样，你多半会被录用。

（二）避免走入过于谦虚的误区

谦虚是中华民族的传统美德，然而，在当代现实生活中，不该谦虚的时候是绝对不能谦虚的。有些大学生在求职面试时往往陷入“过于谦虚”的误区，错失本该属于自己的良机。

例如，有一位女学生去一家中外合资公司应聘求职。她通过了道道关卡，最后只剩下她和一位男生。经理是外国人，在与这两人的闲聊中，极为随便地问了三句话：“会打网球吗?”男的说：“会。”女的答道：“打得不好。”经理又问“给你一部轿车，限一星期的时间，有没有把握学会驾驶?”男的说：“行。”女的说：“不行。”经理再问：“厨房里有的是菜，你俩能不能给我做几样拿手好菜，我这人不挑剔。”男的说：“我做菜一流，保证做出美味的中国菜来。”而女的却说：“做得不怎么好。”最后，男生被那家公司录取，而那位女生则被淘汰了。但是，据了解，男生在以上几方面的能力比不上那位女生，但她太谦虚、不自信，公司对那位女生的评价是：工作能力差，缺乏自信心。上面的例子告诉我们：在面试中要具有务实的精神，在洽谈过程中必须准确客观地交流信息。欺骗是不道德的，过于谦虚则毫无必要。当用人单位问某人的工作能力和特长时，他只要客观讲述一下自己曾担任过的职务、时间、组织过的活动、参加过的比赛、取得的成绩就可以了。因为绝大多数面试官就是想招到“才能出众”的人才。

以诚实的态度对待面试。有这样一个真实的故事：

某公司对求职者进行最后的复试，有位大学生凭着良好的资历和优秀的学业成绩，荣幸成为几名复试人员中的一员。万万没想到的是复试主持人当着众人的面指着他说：“你救了我的女儿，是我们家的救命恩人，对你的录用我们会优先考虑。”可是这位大学生听后，愣了一下，接着坚定地对他说：“先生，你弄错了吧，我未救过任何人。”主持人听了他的回答，微笑着对他说：“年轻人，你说得很对，是我弄错了。我很欣赏你的诚实，我决定，不是优先，而是你的复试已经通过了。

（三）做好碰壁的心理准备

古人云：“胜败乃兵家常事。”就业面试也同样如此。当你面试失败，没被用人单位录取时，你决不能气馁，更不能灰心丧气。因为做任何事情不可能次次成功，事事如愿。一定要调整好心态，振作精神，认真地总结，冷静地分析失败的原因，为下一次应聘成功做好准备。

对于涉世之初的大学毕业生，在面试时出现这样那样的失误是不足为奇的。关键是在你处于尴尬境地时，如何摆脱。其实，对于自己在面试中出现的小过失，不必太在意，结果不一定会那么糟。面试官不一定会因为一些小过失而不录用你。特别是女孩子，决不能因为自己说错话，就伸伸舌头，低头不语。最好的办法是不要把它放在心上，集中精力回答好后面的问题。假如为一开始出现的一点点错误患得患失，把你的整个思路打乱，面试就很难成功。尤其是面试官的提问触及你的弱点时，不要因此影响应试情绪，更不要出现愤怒和气馁的情况。只要你保持良好心态，树立坚定的信心，就能顺利通过面试。

二、应对面试中尴尬情况的技巧

人际交往难免会出现尴尬或碰到困难，虽然你小心防备，但在面试这种重要又紧张的场合，这类情况仍很容易出现，求职者若不能镇静自如、沉着应对往往会影响自己的整个面试表现，甚至前功尽弃，导致面试失败。所以，预先了解下面试过程中可能出现的几种尴尬场面，准备好应对办法，可以增强面试信心。

（一）紧张

陌生地方被陌生人盘问，产生诚惶诚恐、患得患失之情是很正常的。一点紧张可以帮助你集中注意力，使面试技巧得到充分运用，但如果过分紧张慌乱，不但会给面试官留下坏印象，还可能无法集中注意力回答问题，因此，必须学会控制。

（1）防止紧张的最佳办法是心理准备要充分。要做到知己知彼，消除紧张心理，不要把应试的得失看得太重，保持良好心态。实际上，自己的竞争对手也同样可能会紧张，同样可能会因出错而尴尬。

（2）带一个事先整理得井井有条的文件包，包内带一些有关工作的资料，以备面试中使用。例如，在面试官提出某个问题时，可以回答：“关于这个问题，我已经做了某些设想，请过目。”这样就可以尽量减少与面试官的正面语言接触，消除紧张心理。另外，还可以带一张报纸或一本书，在等候时翻阅。在等候时最容易产生紧张心理，这时如果你全神贯注地看报、看书或者杂志，一来可以解除等候的不安，二来可以显示自己的素质。

（3）进入面试场所前，若体察到了自己的紧张情绪，可做几次深呼吸，深呼吸是克服紧张情绪的有效办法。

（4）不要抢着回答问题，求职者在听完问题后，不妨稍先思考清楚等两三秒钟再徐徐开口。要不时留心自己说话的速度，看是不是因为紧张而讲得太快。对于一些一时难以回答的问题，可用比较委婉的语气避开，努力创造出一种轻松融洽的气氛。避开不会答、答不好的问题，也是一种诚实机智的表现。其实有些问题(包括一些怪题)并非只有一个正确的答案，根据自己的理解而自信理智地回答也未尝不可，不必一遇到难题就紧张得不知所措，如果在面试过程中，发现自己说错了一些话，不妨等到双方都比较放松的时候再补偿。

（5）如果真的紧张得难以控制，最明智的办法就是适当地表白自己的紧张心理，坦白告诉面试官。例如说："对不起，我确实有点紧张。"或说："可否让我稍静一下，再回答您的问题?"通常面试官都会同情你，并因你的真诚留下好印象，这也有利于你调整自己的紧张情绪。

（二）语误

人在紧张的场合最容易脱口而出讲错话。例如，明明申请的是甲单位的职位，却误说对方为乙单位，或在称呼面试官时把他们的姓氏、职务等张冠李戴。经验不足的求职者碰到这种情况，往往懊悔万分，心慌意乱，越发紧张，接下去的表现更为糟糕。有些求职者发觉自己说错话后会停下来默不作声，或伸舌头，这些都是不成熟、不庄重的表现。明智的应对办法是保持镇静，假如说错了的话无碍大局，也没有得罪人，可以不必过多理会，专心继续应对，切不可耿耿于怀，因为一个单位不会因为一次小错误而放过合适的人才，而且面试官也会谅解你因心情紧张而出的错。假如说错了的话比较重要，或会得罪别人，应该在合适的时间更正并道歉。出错之后弥补自己的过失需要很大的勇气和技巧，面试官通常会欣赏求职者的坦白态度和打圆场的高明手法，你说不定还会因此博得好感。

（三）沉默

面试官可能无意或故意不做声，做长时间的沉默。如果是故意的，往往是想考验求职者的反应。在这种情况下，求职者很可能会不知所措，说出一些不该说的话，对自己不利。应对沉默的最好办法是预先准备一些合适的问题，在这个时候提出来，也可以顺着先前谈话的内容，继续谈下去，例如说："刚才您问我……其实我觉得还可以这样看这件事……。

（四）遇到不懂的问题

即使已经做了充分的面试准备，仍然会在面试过程中碰到不懂的问题。如果你硬着头皮胡乱说一通，掩饰自己的无知，这是下策。因为资深的面试官很可能继续追问下去，求职者乱说只会自食其果，他即使不追问，也会心中有数的。有些求职者企图回避问题，东拉西扯讲别的事情想混过去，这也是非常不明智的。最明智的应对措施是坦白承认“我不懂”，“对于这个问题，我确实不清楚，看来今后得加强这方面的学习”。没有人全知全能，什么都精通，你态度诚恳，反而会博得面试官的好感。

（五）遇到了不明白的问题

有时候在面试过程中，面试官提出的问题，求职者不明白他的真正意图，可以请求对方重复一次。可是有时即使再问一次，还是没办法抓住问题的核心。这个责任可能在求职者方面，因为他对问题涉及的范围认识不够，但也可能在面试官方面。假如明知面试官问得不妥当，也不宜当面指出（如“您的问题很模糊，我不知道您想问什么”），最好是婉转一点表示自己不大明白问题要求回答哪一方面的答案，或尝试给出最可能接近的答案，并说“不知道您想知道的是不是这个？”

课后思考题

1. 如何应对面试中常遇的十个问题？
2. 面试过程中有哪些礼仪需要注意？

课后阅读

1. 苏珊-霍奇森. 面试中的248个问题及回答技巧[M]. 张晓林，孙琴，李勤，译. 北京：中国市场出版社，2009.
2. 易定宏，陈永峰. 无领导小组讨论面试教材[M]北京：京华出版社，2009.
3. 李昀. 形象决定未来（职场新人形象管理成功书）[M]. 桂林：漓江出版社，2010.
4. 英格丽-张. 你的形象价值百万[M]. 北京：中国青年出版社，2005.

11

第十一章 试讲、说课

人生的价值，并不是用时间，而是用深度去衡量的。

——列夫·托尔斯泰

本章要点

- 熟悉试讲流程，掌握试讲技能；
- 掌握说课技能。

理论认知

第一节 试讲概述

试讲又叫尝试性课堂教学，是在有限的时间内，教师通过口语、形体语言，运用各种教学技能与组织形式来展示自己教学水平的一种教学形式。试讲作为我国招聘教师常用的手段之一，具有直观、简便、灵活的特点，能够直接体现出毕业生职业特征。正是由于试讲作为教师招聘的重要环节，对于毕业生就业起到关键性的作用，同时试讲也有助于提高广大师范毕业生的教师职业技能，在此我们来仔细探讨关于试讲的那些重要技巧。

一、试讲的类型

按时间划分：大致有 10 分钟的试讲、15 分钟的试讲、20 分钟的试讲或者 45 分钟的试讲，同时试讲也会根据用人单位的要求做相应的变化。

按性质划分：可分为竞争式试讲和过关式试讲。

按场地划分：有在毕业生所在学校试讲和在招聘单位学校试讲的。

按听课对象划分：可分为给用人单位领导试讲和直接给学生试讲。

虽然试讲有不同的类型，但是试讲的流程和标准是基本相同的。

二、试讲的一般流程

以 45 分钟课时为例，试讲的基本步骤如下：

（1）自我介绍：通常在讲课之前进行，介绍自己的学校及自己所讲的课程等，时间大约控制在 1~2 分钟。

（2）复习提问：安排与否可自行设置，主要在讲解新课之前进行，最好是与新课有关的旧知识，时间大约在 2~3 分钟。

（3）导入新课，板书课题：以情景导入为主，最好摆脱传统的模式，导入方法有所创新，同时在黑板上书写标题，时间约占 2 分钟。

（4）讲授新课：这是试讲最主要的部分，也是最能体现毕业生教学能力的环节，要做到课堂气氛活跃，讲授理论深刻、清晰、明了，时间要控制在 25 分钟左右。

（5）课堂小结：如果时间允许，最好梳理一下整节课内容，指出本节课的重点和难点，加深学生的理解，时间约占 2~3 分钟。

（6）巩固练习：设计一些能够巩固知识点的练习题，可在课堂上自问自答，也可做现场提问，或留为思考题，时间约占 10 分钟。

（7）布置作业：毕业生可根据实际确定是否安排，时间 2~3 分钟。

当然，试讲的流程并不是一成不变的，试讲者可根据试讲时间和试讲内容做相应调整，要尽量做到有所创新，力求达到最佳效果。

拓展阅读

板书六忌

一忌空：黑板上只寥寥几个字或仅仅留下课题，甚至零板书。

二忌满：教学方法的满堂灌，板书设计满黑板，老师一板一板地写，学生一板一板地抄，效果极差。

三忌乱：板书无计划、序号乱、随手信笔、层次不分、条理紊乱，缺乏内在联系。板书位置乱，东写一个公式，西写几个字，板面杂乱无章。

四忌散：中心不明确，犹似画乱如麻。

五忌潦草：板书龙飞凤舞，写得含糊不清，学生只能推测和猜想。

六忌差错：常见错误有三，即一为乱造字；二是写错别字，张冠李戴，鱼目混珠；三是演算失误。凡此种种，严重影响教学效果。

总之，在板书设计中，板书要规范、准确、赏心悦目。

三、试讲的标准

试讲有通行的标准，通常情况下用人单位都会指定教材或由应聘毕业生选择自己精心准备的课程。可以说试讲虽是整堂课程的浓缩，但是以展现应聘者的教学能力和水平，因此要格外重视，精心准备。

（1）教学目标是否明确；

（2）教学重点是否突出；

（3）教学时间是否分配合理；

（4）教学效果是否明显；

（5）教学板书是否规范；

（6）教学内容是否充实；

（7）仪表是否大方；

（8）声音是否洪亮，语速是否适中；

（9）是否恰当地运用肢体语言；

（10）课堂氛围是否融洽，学生学习积极性是否高。

四、毕业生在试讲中存在的问题

由于应届毕业生缺乏一定的教学经验，所以在试讲的时候会出现一些问题，从而直接影响自己教学水平的发挥，在这里我们选取了一些参加应聘的毕业生容易出现的有代表性的问题，希望广大毕业生能够以此为鉴。

（1）目光不与学生交流。对着黑板说话，或者低着头，或者对着窗外说话，这并不是一名优秀教师应有的表现。正确的行为应是积极面对课堂，敢于与学生进行目光交流。

（2）备课痕迹重。刚出校园的毕业生由于缺乏教学经验，于是对自己准备的教案死记硬背，这样并不会给用人单位留下良好的印象，反而使人感觉你的教学能力有限，不能充分地调动课堂气氛，所以要把背的东西转化为自然讲出来的内容，效果才好。

（3）课准备得不充分，讲得不熟。有时用人单位会让毕业生试讲自己精心准备的内容，如果自己精心准备的内容都讲得不好，当然就不能被用人单位认可。

（4）缺乏自信，没有激情。自信是讲好课的重要因素。一个人没有自信，什么也做不好，讲课也是如此，即使偶尔说错了，也要从容面对，展示出你自信的一面。

（5）紧张、粗心。紧张是不可避免的，但如何在紧张的情况下做到从容不迫则是极为重要的，这就需要毕业生做好充分的准备，勤加练习，才能保证在试讲的过程中有良好的发挥。

讲课、说课时一定要采用全新的教育理念、概念和专业术语。注意讲说结合，注意教学互动，死气沉沉的课堂气氛显然会影响教学质量。

五、试讲的注意事项

了解了经常在试讲过程中容易犯的错误，我们就应该做好相应的准备，在努力完成试讲时应注重如下细节的处理。这样会使试讲更加完美，达到用人单位的要求。

（1）态度谦和，要尽量给领导和老师留下谦虚谨慎的印象。

（2）讲课要有激情，抑扬顿挫，声音要洪亮、清晰，普通话要标准。

（3）说话写字速度不能太慢。字不要太草、太差。

（4）尽量用多媒体，要跟上时代步伐。多媒体教学是必不可少的，掌握现代化教学手段的教师是受用人单位青睐的。也可以不选择多媒体，借助精巧的板书设计征服用人单位。

（5）要有师生互动。即使面对老师讲课，也要体现学生活动。

（6）文章思路不是重点。一般文章思路都很清晰，高中生都看得清，不需要作为课堂重点。但对课文的思想内容有独到见解，这是最难的，也是最重要的，因为它体现老师的水平。

（7）尽快切入重点。不能导入太长，要详讲重点，必要时可以省略次要内容。

（8）探挖重点，略讲课文次要部分，提取出课文整体思路给人以整体感。

（9）发挥不宜太多，太多了会冲淡主题。或者更直接地说，讲课像写文章一样，围绕中心（重点）行文，无用的话尽量少讲或不讲。

总之，在试讲的过程中，要尽量给用人单位留下谦逊、热情、善于协作的品质，充分体现出你对课程的深刻理解和把握以及对课堂的驾驭能力，展示出自己的教师职业风采和鲜明的教学特色，这样才能够从众多的应聘者中脱颖而出。

六、试讲技能

（一）导入技能

1. 内涵及类型

课堂导入技能是指在教学的起始阶段，教师将学生引入一定的课堂教学情境的一种行为方式。直接导入是最简单和最常用的一种导入方法。它是指教师通过实物、标本、挂图、模型、图表等直观教具，以及幻灯、投影、电视、录像、电脑等媒体信息对与教学内容相关的信息进行联系的一种导入方法。此外还有故事导入、情境导入、问题导入、实验导入、板书导入等。

2. 基本要求

要有趣味性，做到语言风趣、热情开朗、方式新颖、引证生动；要具备启发性，导入的关键就是要启发学生思维，学习与掌握新知。为此教师应摒弃“师道尊严”的观念，以民主、平等的态度创造宽松、积极、和谐的氛围，让学生思维之门敞开，奇思妙想纷至沓来。注重迁移性，导入的最终目的是要实现新旧知识的迁移。为此，导入时要以旧引新，对比开讲。要注重目的性，不管怎样导入都不能脱离本节课的教学目标。

3. 导入的程序

一个完整的导入过程应该由集中注意——引起兴趣——激发思维——明确目的——进入学习课题这五步构成，但在具体操作中要灵活运用，不能机械照搬。有时这五步界限并不明显，甚至互相交融，有时导入并不需要这样完整的五步，因此要具体问题具体分析。

（二）新授技能

讲授新课的过程中，需要把握的原则是：①具有启发性；②精通知识点；③直观性原则；④富有感染力；⑤要和板书相配合。

（三）语言技能

语言技能包括有声语言技能（语音和吐字、音量和语速、语调和节奏、词汇与语法）和无声语言技能（眼神、手势等）两类。在试讲过程中要注意以下语言技巧：对于重点内容、主要知识、关键点与难点，语调应缓慢、高亢、字正腔圆、一句一顿，必要时还需适当反复，以便给学生较强的刺激，加深印象。对于那些次要的、非重要的知识，或学生一听就懂的地方，则可适当讲得快些，轻描淡写，一带而过。

（四）提问技能

1. 提问类型

提问有知识性提问、理解性提问、应用性提问、分析性提问、综合性提问、评价性提问等六种类型。知识性提问是考查学生概念、字、词、公式、法则等基础知识记忆情况的提问方式，是一种最简单的提问。教师通常使用的关键词是：谁、是什么、在哪里、什么时候、有哪些、写出等。

理解性提问是较高级的提问。在理解性提问中，教师经常使用的关键词是：请你用自己的话叙述/阐述/比较/对照/解释等。

在应用性提问中，教师经常使用的关键词是“应用、运用、分类、分辩、选择、举例”等。

在分析性提问中，教师经常使用的关键词是：为什么、哪些因素、什么原理、什么关系、得出结论、论证、证明、分析等。

综合性提问是要求学生发现知识之间的内在联系，并在此基础上把教材内容的概念、规则等重新组合的提问方式。在综合性提问中，教师经常使用的关键词是：预见、创作、假如……会……、如果……会……、结合……谈……、根据……你能想出……的解决方法等。

在评价性提问中，教师经常使用的关键词是：判断、评价、证明、你对……有什么看法等。

2. 提问技巧

一是对象明确。教师应该针对不同水平的学生提出不同难度的问题，使尽可能多的学生参与回答，实现全体学生都能在原有基础上有所提高的目的。二是表述清晰。发问应简明易懂，不重复，让学生迅速捕捉到信息。三是适当停顿。教师发问后，要稍作停顿，留给全班同学思考的时间，不宜匆匆指定学生作答。

3. 提问原则

一是提问应有充分准备。在课前，教师要做好提问的准备，根据不同的教学目标、不同层次学生设计不同类型的问题。二是提问应以学生为中心。有的教师经常自问自答，有的教师在学生回答不出时，干脆提供正确答案，这种做法不利于学生思维的发展。三是提问宁精勿滥。一般来说，在一节课中，教师提问不宜过多，以提三至五个能真正引发学生思考、反映教学重点的关键性问题为宜。最后，提问应兼顾各种类型的问题。教师应该兼顾各种类型、层次的问题，并且，兼顾开放性问题和封闭性问题。

4. 提问的过程

（1）拟题阶段：精心设计问题；

（2）引入阶段：提出问题的方式如“同学们，请思考这样一个问题……下面这个问题很有挑战性，看看谁能够作答……”

（3）列题阶段：提出问题并作好必要的说明如“请注意回答问题的逻辑性”“回答问题要注意……”

（4）听答启发：要认真倾听学生答题；

（5）评价阶段：回应的方式包括：①重述学生的答案；②根据学生回答的不足，追问其中要点；③根据学生回答的不足给予补充；④纠正错误的回答，给出正确的答案；⑤对学生的回答给予激励性的评价等。

（五）结课技能

结课是指教师在一个教学内容结束或一节课的教学任务终止时，有目的、有计划地通过归纳总结、重复强调、实践活动等使学生对所学的新知识、新技能进行及时的巩固、概括、运用，把新知识新技能纳入原有的认知结构，使学生形成新的完整的认知结构，并为以后的教学做好过渡的一类教学行为。结课的主要方法有归纳法、比较法、发散法、汇报法、提问法、点题法、拓展延伸法、练习巩固法、口诀结尾法、游戏表演法等。我们可以通过提问学生："你学到了什么？""你体验到了什么？""你有什么收获？"等来鼓励学生自己进行回忆和总结。

七、试讲突出亮点的技巧

（一）导入有亮点，好的开始是成功的一半

导入亮点的技巧：紧紧围绕"题目"，切合学生实际情况，简单直接，快速切入正题。关键在于"快"，并且要具有针对性，要与新课内容联系密切。

误区：导入形式多样，但不切合主题，没有针对性并且没有趣味性不能引起学生的学习兴趣。

（二）设置问题要有亮点，每个知识点均可设置问题

设置问题亮点的技巧：围绕教学目标、教学重点设置一个或几个有层次的主问题，突出主题，重视逻辑。例如：以"是什么、怎么做、为什么"为逻辑，或以"有哪些、关系如何、如何作用"为逻辑等。

误区：盲目设置问题、连问、追问，制造无效问题，导致问题无主题。

（三）互动有亮点，直击新理念

互动亮点的技巧：紧紧围绕教学重点与教学难点，活动与内容相连，问题与活动相辅，评价与环节相随。在没有学生的现场配合下，师生互动要全部依赖教师的语言描述来呈现，演绎无生试讲的互动，切忌走入"一人分饰多角"的误区。

误区：简单理解为你问我答或者穷尽各种花式互动。

（四）语言有亮点，优势很明显

语言亮点的技巧：梳理教学环节，安排教学语言。大多数试讲者都误认为，语

言表达看天赋，与教学设计无关。事实上，在教学过程中，语言是跟教学内容和教学设计密不可分的。环节设计逻辑混乱，思路模糊，表现出来的就是语言表述含混、无逻辑。因此，只有预先设计合理的教学环节，才能保证教学语言的层次感。表述中进行必要的重音强调与重复，语速与语调随着要主要表述的内容而变。在教学过程中，提出问题、交代要求时进行必要的强调与重复。重点内容要放慢语速，提高语调。总之语言要层次鲜明、表述清晰、结论果断。

误区：语速过快或过慢，表述含混层次不清。

（五）板书有亮点，试讲印象深

板书亮点的技巧：正确为基，规范为本，美观为上。

（1）字迹漂亮，将会在板书环节博得极高的印象分。但是如果达不到每个字都美观，至少整体字迹要规范、工整。字体不要太小太紧凑，避免与大黑板不协调；写字不要太急，避免粉笔多次断裂。

（2）在版式整齐、构图美观的基础上，再追求设计新颖。面试现场，推崇结构式板书和必要美观的图示式板书，但前提是一定要苦练画图基本功。

（3）板书设计在先，现场展示“胸有成竹”。建议备课环节，提前做与教学内容相关的预演和板书设计。面试现场的临时设计、擦掉重写、板书忘词等都是考生心中的“痛楚”，也是考官眼中的“不可饶恕”。

误区：一味追求版式的新、奇、特。

一场成功的“试讲”，是集全面性、严谨性、趣味性、巧妙性为一体的“微课堂”，而我们所说的“试讲亮点”正是巧妙地将全面、准确、趣味整合在一起的技巧。

第二节　说　　课

说课，作为一种模拟教学，最早是由河南省新乡市红旗区基础教育教研室作为教研改革的尝试于 1987 年提出的。说课这一教研活动一经问世即引起了教育界的广泛关注。一方面，说课要求教师具备一定的理论素养，这就促使教师不断地去学习教育教学的理论，提高自己的理论水平；另一方面，说课要求教师用语言把自己的教学思路及设想表达出来，这在无形中提高了教师的组织能力和表达能力，提高了自身的素质。实践证明，说课活动是提高教师素质，培养造就研究型、学者型教师的较好途径。说课的运用很广，领导检查教师备课、教师间开展教学研究、评价教师的教学水平、开展教学技能竞赛等均可采用说课方式。

一、说课的基本内容

说课的主要目的是向同行或者教学相关人员介绍自己对于某一课的教学设计思路，它主要体现出说课人在仔细研读课标、了解所教授的对象学情的基础上，通过进行细致的教学内容分析，所提出的如何达到了自己想要达到的教学目标的设计思路。

备好课是说课的前提，而说课必须站在理论的高度对备课做出科学的分析和解释，从而证明自己的备课是有序的，而不是盲目的；是理性的，而不是感性的。说课的内容应包括以下四个方面：

（一）说教材

即呈现分析教材的成果。任何一门课程的教材，从其知识内容到编排形式，都会构成一个系统。既要说出对教材的整体把握，也要明确本课题或章节内容在整个学段和年级的教材系统中所处的位置及其作用。只有明确了本节课在整门课程中的地位和作用，才能在教学中建立起前后知识的内在联系，准确地认定教材的重点和难点，从而增强课堂教学效果。

此外，要说出本节课的教学目标，因为它体现着教学的方向，预示着教学完成的功能。确定教学目标的依据，一是课程标准的规定，二是单元章节的要求，三是课时教学的任务，四是教学对象的实际。要把这四点结合在一起来考虑，确定教学的起点和终点。

另外，在注重“说教材”常规作法的基础上，还应增添教师个人的思维创新亮点，如对教材内容的重新组合、调整以及针对学生的实际情况而对教材进行另类处理的设计思路。

（二）说教法

教学方法的选择和教学手段的运用直接关系到教学质量能否得到提高。教师对此必须能够做出明确、肯定的回答。说教法可以理解为说教学方法，或者教学方法中某个具体的教学技巧和手段的选择及应用。例如，为完成教学任务所采用的课堂教学模式及其理论依据；为突出重点和突破难点采用的手段和理由；为处理某个习题所采用的策略和措施等。选择何种教学方法，关键在于教师对教材特点和学生认知规律的把握，但无论采用什么样的方法，都要始终贯彻“具有启发性”“突出主体性”“注重思维品质”等教学原则。

有些教师为上课制作了教具、多媒体课件等辅助手段，在说课过程中，一定要向大家简明扼要地说清它们的使用目的和作用。

（三）说学法

说学法不能停留在介绍学习方法这一层面上，要把主要精力放在解说如何实施学法指导上。特别在当今的新课程改革中，转变学生的学习方式，倡导以“主动参与，乐于研究，交流与合作”为主要特征的学习方式，是本次课程改革的重中之重，这也将成为我们所有教师教学中的“指挥棒”。

要说好学法，首先必须深入研究学生，处理好课堂教学中的师生关系。要改变呆板的“一言堂”教学模式。要注重对某些学习方法指导过程的阐述，如说明教师是通过怎样的情景设计，使学生在怎样的活动中，养成哪些良好的学习习惯，领悟出何种科学的学习方法等。

（四）说教学程序

教学程序的基本内涵是课堂结构，从教师的整个说课过程来讲，应该是精华和高潮所在。课堂结构要有过渡自然的教学环节，有清晰的教学思路，有一脉相承的教学线索，有逐步推进的教学层次。要说清楚教师突破教学难点的主要设计环节、化解教学难点的具体步骤，说清楚师生双边活动的具体安排及学情依据，说清楚课题的板书设计和设计意图，说清楚课后作业的布置和训练意图。

二、说课的基本原则

按照现代教学观和方法论，成功的说课必须遵循以下原则：

（一）说理精辟，突出理论性

说课不是宣讲教案，不是浓缩课堂教学过程。说课的核心在于说理，在于说清楚“为什么这样教”。没有理论指导的教学实践，只知道做什么，不了解为什么这样做，永远只是经验性教学，只能是高耗低效的。因此，执教者必须认真学习教育教学理论，主动接受教育教学改革的新成果，并运用到课堂教学之中。

（二）客观真实，具有可操作性

说课的内容必须客观真实、科学合理，不能故弄玄虚、故作艰深，生搬硬套一些教育教学理论方面的专业术语。要真实地反映自己是怎样做的，为什么这样做。哪怕是并非科学、完整的做法和想法，也要如实地说出来，以引起听者的思考，通过相互切磋，达成共识，进而完善教学设计。

说课是为课堂教学实践服务的，说课中的一招一式、每一环节都应具有可操作性，如果说课仅仅是为说课而说，不能在实际的教学中落实，那就成了纸上谈兵、夸夸其谈的“花架子”，流于形式。

（三）不拘形式，富有灵活性

说课可以针对某一节课的内容进行，也可围绕某一单元、某一章节展开；可以同时说出目标的确定、教法的指导、教学程序的全部内容，也可以只说其中的一项内容，还可以只说某一概念是如何引出的，某一规律的如何得出，或某个技能的如何使用等。要做到说主不说次，说大不说小，说精不说粗，说难不说易；要坚持有话则长、无话则短、不拘形式、自由研讨的原则，防止囿于成规的教条式的倾向。同时，在说课中要体现教学设计的特色，展示自己的教学特长。

拓展阅读

说课的几点要求

1. 结构性：说课要求教师从教材、教法、学法、教学程序四个方面分别阐述。

2. 科学性：课堂教学要求教师以科学的理论为指导，用科学的方法解决教学的矛盾和问题。

3. 说理性：对教材的处理、教法的选择、板书的设计、语言的推敲、教学结构的建构要言之有物，有理论依据。

4. 预见性：说课者要对所教学生的知识技能、智力水平、学习态度、思想状况、心理特点等方面进行分析。

三、说课容易出现的问题

（一）四个脱离

1. 理论与实际相脱离

在实际说课中，很容易出现理论与实际相脱离，其表现有二：一是理论与实际脱节，分别单摆浮搁，不能做到有机结合；二是理论空洞，无具体内容。如："依据教学大纲、学生实际、教材内容，确定的本节课的教学目标分别是①……，②……，③……"。对于具体的依据到底是什么，并没有说。

2. 教学目标与教学内容相脱离

教学目标是教学的目的，教学过程设计以及教法设计是实现目的的手段，是"过河"与解决"船与桥"的关系，二者应是相一致的。二者脱离的表现有两种：一是目标与措施不一致，如教学目标中确定要培养学生英语的听说能力，教学过程中却将主要精力放在教师讲语法和学法朗读上，培养的是"读"的能力。二是目标明确，没有实施措施。如某位老师在教学目标中明确提出"教育学生用所学语言礼貌提出请求"，然而在教学过程中却没有具体活动方式来体现此目标，致使目标被架空。

3. 教学目标、教学重点的确定与课程标准、教学内容相脱离

课程标准、教学内容是确定教学目标、教学重点的重要依据，二者应该是统一的。

4. 各部分内容相脱节

好的说课稿应是一篇好文章，其结构应严谨，所以应注意各部分内容的衔接和过渡。有位教师在说一节课时共讲了十个问题，每个问题之间互不联系，变成了答题式的。尤其是教学对象的分析，如果不结合学生的实际情况，不具体分析学生的实际学习需要，就会成为一个孤立的部分，严重影响说课系统的紧凑性和严密性。

（二）四大误区

1. 说课就是复述教案

说课稿与教案有一定的联系，但又有明显的区别，不应混为一谈。说课稿是在个人钻研教材的基础上写成的，说课稿不宜过长，时间应控制在10~20分钟之内为

宜；教案只说“怎样教”，而说课稿重点说清“为什么要这样教”。教案是教师备课这个复杂思维过程的总结，多是教学具体过程的罗列，是教师备课结果的记录，是教师进行课堂教学的操作性方案。它重在设定教师在教学中的具体内容和行为，即体现了“教什么”“怎么教”。

说课稿侧重于有针对性的理论指导的阐述，它虽也包括教案中的精华部分(说课稿的编写多以教案为蓝本,作为参考的第一手材料)，但更重要的是要体现出执教者的教学思想、教学意图和理论依据，即思维内核。简单地说，说课稿不仅要精确地说出“教”与“学”的内容，而且更重要的是要从理论和实践的结合上具体阐述“我为什么要这样教”。教案是平面的、单向的，而说课是立体的、多维的。说课稿是教案的深化、提高与完善。

2. 说课就是再现上课过程

有些教师在说课过程中一直口若悬河，激动万分地给听者“上课”：讲解知识难点、分析教材、演示教具、介绍板书等，把讲给学生的东西照搬不误地拿来讲给下面就座的各位评委、同行们听。其实，如果他们准备的教学内容和课程安排面对的是学生，可能会是一节很成功的示范课。但说课不是上课，二者在对象、要求、评价标准以及场合上具有实质性的区别，不能等同对待。

说课是“说”教师的教学思路轨迹，“说”教学方案是如何设计出来的，设计的优胜之处在哪里，设计的依据是什么，预计要达到怎样的教学目标，这好比一项工程的可行性报告，而不是施工工程方案的本身。由此可见，说课是介于备课和上课之间的一种教学研究活动，对于备课是一种深化和检验，能使备课理性化，对于上课是一种更为严密的科学准备。

3. 说教学方法太过笼统，说学习方法有失规范

“教学设计和学法指导”是说课过程中不可缺少的一个环节，有些教师在这一环节中多一言以蔽之：我运用了启发式、直观式等教学法，学生运用自主探究法、合作讨论法等。至于如何启发学生，怎样操作，却不见了下文。甚至有的教师把“学法指导”误解为解答学生疑问、学生习惯养成、简单的技能训练。

4. 说课过程没有任何的辅助材料和手段

有的教师在说课过程中，既无说课文字稿，也没有运用任何的辅助手段。有的教师明明说自己动手设计了多媒体课件来辅助教学，但在说课过程中，始终不见其庐山真面目，让听者不禁怀疑其真实性。所以，说课教师在说课过程中可以运用一定的辅助手段：如多媒体课件、实物投影仪、说课文字稿等，在有限的时间里向同行及评委们说清楚课，说好课。

课后思考题

1. 试讲需要注意哪些问题？
2. 说课包含哪几方面的内容？

课后阅读

1. 郑金洲. 案例教学指南[M]. 上海：华东师范大学出版社，2000.
2. 科南特. 科南特教育论著选[M]. 北京：人民教育出版社，1988.
3. 丛立新. 课程论问题[M]. 北京：教育科学出版社，2000.
4. 张华. 课程与教学论[M]. 上海：上海教育出版社，2000.
5. 李虻，姚兰. 实用应聘试讲教程[M]. 重庆：西南师范大学出版社，2006.

12

第十二章 就业心理和就业安全

心若改变，你的态度跟着改变；态度改变，你的习惯跟着改变；习惯改变，你的性格跟着改变；性格改变，你的人生跟着改变。

——马斯洛

本章要点

- 了解常见的就业心理问题，避免心理误区；
- 了解常见的就业陷阱，提高就业安全意识。

理论认知

第一节 大学生就业心理

大学生就业心理问题，是一个沉重而又非谈不可的话题，因为它会让人联想到大学生受伤害的那一幕幕揪心画面！也正是因为它影响巨大，需要引起学生、家长、学校乃至全社会的普遍关注。大学生应了解就业心理，掌握其基本的特征与规律，分析其成因，进行客观正确的心理调适，进而提高自身的心理素质。

一、大学生常见就业心理问题

大学生处于“第二次心理断乳期”，集多种特殊性于一身。由于受多重价值观、人格的再构成等内在心理因素，以及外在环境诱发因素等的影响，使得大学生的心理健康状况较为复杂。为了帮助同学们更好地认识就业心理，识别就业心理问题，做好心理调适，我们先来了解一下大学生在就业时存在的常见心理问题。

（一）就业心理压力大与焦虑

当前，激烈的就业竞争给大学生带来了较大的心理压力，而且这种压力在各年级学生中都普遍存在。清华大学的一份调查显示，个人前途与就业问题已成为影响大学生心理压力中最大的因素，而且压力有随着年级增长而上升的趋势。学生就业压力体验相当严重，尤其心理体验最为严重。大学生毕业前心理压力较过去有明显增大，主要因素有毕业去向的选择、恋爱分合、大学中不愉快经历、离别感伤、突发事件、经济条件等；女大学生心理压力大于男大学生，农村学生的焦虑水平高于城市学生。而大学生面对就业压力的释放方式则过于单一，主要是靠自己解决，偶有求助于同学和朋友的。

（二）期望值过高

许多大学生都有一种“十年寒窗，一举成名”的心理，因此对择业的期望值相当高。他们有时会过分地考虑择业的地域、职位的高低和单位的经济效益，希望到生活条件好、福利待遇高的大城市、大机关、大公司工作，而不愿到急需人才但条件艰苦的中小城市和基层小单位工作。高期望驱使毕业生总是向往高薪水、高职位、高起点，并一厢情愿地对用人单位提出种种要求，将自己就业的目标定得很高，即使找不到合适的单位也不肯降低就业期望值。可是现实的就业岗位大多不如想象中那么美好，因此当发现现实与理想的差异较大时，就容易失落，出现“高不成，低不就”的现象，甚至产生偏执、幻想、自卑等心理问题，导致择业行为的偏差。

（三）就业观念不合理

大学生的就业观念虽然在总体上倾向于务实化与理性化，但也存在着各种不合理的观念，影响了大学生的健康、顺利就业。这些不合理的就业观念主要表现在以下几个方面：①只顾眼前利益，忽视职业发展。一些大学生在择业中只关注工作条件、收入等眼前利益，而对自我的职业兴趣、职业能力、职业发展前景等因素很少考虑或不作考虑。②职业标准过于功利化。一些大学生过分强调职业的功利价值，甚至还将职业划分为不同等级，而不考虑国家与社会的需要，不愿意到条件比较艰苦的地区和行业去工作。③求安稳，“一次到位”的传统观念根深蒂固。很多大学生仍然喜欢选择稳定、清闲、福利待遇好的就业单位，而不愿意考虑有风险、有挑战性的职业，更不敢去创业。④过分强调专业对口。在求职时，有些学生对只要是与自己所学专业关系不密切的职业就不会考虑。

（四）就业人格缺陷

1. 自我同一性混乱

有些同学在就业时不能正视自己的能力、素质，对自己没有一个客观、全面的评价，对职业世界也缺乏明确的认知，因此，他们在职业选择时往往是犹豫不决、反复无常、见异思迁、躁动不安的。自我同一性混乱在就业中的两个突出表现就是盲目从众与依赖。

盲目从众，是指在求职中不考虑自己的兴趣、专业等特点，盲目听从或跟随别人的意见以及盲目寻求热门职业的现象。由于大学生已经习惯了学校的群体生活，找工作的时候也有“大帮哄”或“随大流”的倾向。这种学生往往脱离自己的实际状况，跟在别人的后面走。在参加招聘会时，哪个摊位前人多他们就往哪里去，别人说什么工作好他们就去找什么样的工作，而全然不顾自己的能力状况。

依赖，是指在就业中不愿承担责任，缺乏独立意识，没有个人独立的决策能力，没有进取精神，总是不知所措，只想依赖父母、老师或学校。一些毕业生自己不去找工作，只等着父母或亲朋好友出面四处奔波，到处找关系、托人情，找的工作不合心意还大发脾气，抱怨别人。还有不少毕业生由家长陪同参加供需见面会，是否应聘，完全听从“父母之命”，缺乏自主决策的能力。

2. 就业挫折承受力差

一些大学生在就业中只找那些把握大的职业，而对竞争激烈的工作不敢问津，害怕求职失败遭受打击，一些大学生在求职时只想成功，一旦遭受挫折就会像泄了气的皮球，从而一蹶不振，陷入苦闷、焦虑、失望的情绪之中不能自拔。他们对求职中的挫折既缺乏预判也缺乏承受能力，不能很好地调节自己的心态，也不会通过总结经验教训去争取下一次成功。

3. 自卑与自大

自卑与自大是大学生身上常见的人格缺陷，在就业中的表现就是对自己缺乏一个客观的评价，同时对职业缺乏深入的认识。

一些毕业生在求职中常会产生自卑心理，认为自己的知识储备不充分，工作能力不到位，对自己评价偏低，脑子里总有“我不行”的想法，造成在面试时不能正常发挥，失去工作机会的后果。就业中的自卑一般产生于以下一些情况：一是一些冷门专业的学生在求职中遭冷遇，容易悲观失望；二是一些性格比较内向、不善言辞的学生看到其他应聘者口若悬河，自己什么也说不出来则会自惭形秽；三是一些在校成绩与表现一般的大学生看到别人的自荐书上奖励、证书、成果一大堆，自己什么也没有，也容易自我贬低；四是一些女大学生在遭受用人单位的歧视后也会自怨自艾。总之，自卑的大学生不敢正视现实，对自己的长处估计不够，怀疑自己的能力，不善于发现适合自己的职业岗位，在对自己的抱怨、贬低中失去了求职的勇气。

自卑的反面是自大，两者有时会相互转化。有的学生自以为经过大学几年的学习和锻炼已经满腹经纶，任何工作都可以出色完成，在求职中自觉高人一等、自命不凡、四处吹嘘，可是他们还没有认识到，虽然大学生掌握的理论知识基本上能够满足工作岗位需求，但实践经验略显欠缺。还有一些大学生是脱离实际的自大，他们既缺乏对自己的客观认识，又对就业市场、职业生活缺乏了解，一切都凭自己的主观想象而盲目乐观。

4. 偏执与人际交往障碍

大学生就业中的偏执心理有不同的表现。有的是高择业标准偏执，很多大学生对求职有较高的期望，虽然有些人能及时调整自己的择业标准，但仍有大部分大学生固执己见，偏执地坚持自己原来的择业标准，甚至宁愿不就业也不改变。

有的是对专业对口产生偏执。一些大学生在就业时过分追求专业对口，不顾社会需要，无视专业伸缩性、适应性，只要是与所学专业有一定出入的工作就不问津，只要不能从事本专业相关的工作就不签约。

有些大学生缺乏基本的人际交往能力。如有的在求职过程中过于怯懦、紧张，不敢在用人单位面前表现自己，常常一开口就面红耳赤、语无伦次。还有的在求职中不会察言观色，不懂得照顾别人的感受，不懂人际交往的礼貌礼仪，如有位大学生在面试结束时，用人单位的负责人拿给他一支烟，他不仅当即拒绝还气愤地说："我从来都没有这种恶习！"

（五）就业心理障碍

1. 过度焦虑与急躁

有些大学生希望谋求到理想的职位，但要么担心被用人单位拒之门外，要么担心自己在择业上的失误会造成终身遗憾，因此在就业过程中存在一定焦虑情绪，甚至整天都因各种不必要的担心而造成精神上的紧张不宁、忧心忡忡、烦躁不安、意志消沉，行为上反应迟钝、手忙脚乱、无所适从。

还有一些大学生在就业时显得过于急躁，整个就业期情绪始终处于亢奋状态，常常心急如焚、四面出击、东奔西跑，希望尽快找到合适的工作，缺乏对就业形势的冷静观察以及对自我求职的理性思考，做了许多吃力不讨好的事。因此常常有一些毕业生在并不完全了解用人单位的情况下就匆匆签约，一旦发现实际情况与自己想象的不一样或发现了更好的工作时，追悔莫及，甚至毁约。

2. 攀比与嫉妒

大学生在求职中，同学之间"追高比低"的现象时有发生。一些同学在求职中经常吹嘘自己的岗位待遇好、收入高，导致职业期望越来越高，求职变成了自我炫耀。还有些同学看见或听说别人找到了条件优越、效益较好的单位心理上就不平衡甚至嫉妒，抱着"他能去，我更能去"的态度，非要找一个条件更好的单位，缺乏对自我的客观分析，不考虑自身的条件、社会需要、职业发展及就业中的机遇等因素，而是以比同学的工作好为标准，即使有单位非常适合自身发展，但因某个方面比不上同学选择的就业单位，而直接放弃。

3. 侥幸心理

有些同学认为用人单位不可能去查实每个人的自荐书的真实性，而且面试时间比较短、不可能对自己作全面的考察和了解，只要自己当时充分地表现一下，把工作骗到手，签好协议书就行了。于是，一些毕业生把别人的获奖证书、成果证明等偷梁换柱地复印在自己的自荐书里，而且自己明明没有当什么干部，也没有参加什么社会实践活动，也照着别人的写上，甚至胡编乱造一番。

在各种不良就业心态的影响下，会出现一些不良行为和生理反应。这些不良行为有故意旷课、夜归、喝酒、起哄、闹事、损坏东西、打架对抗、行为怪异、过度消费等，严重时还可能导致严重违纪与违法行为的出现。由于心理应激水平高，心理冲突强度大，有的毕业生会出现一些躯体化症状，如头痛、头昏、心慌、消化紊乱、神经衰弱、血压升高、身体酸痛、饮食障碍、失眠等。大学生在择业过程中遇到挫折和冲突时，应客观分析自我特征与现实要求，有效排除、缓解心理障碍，从而重新树立和保持一种积极的心态。

二、大学生就业心理问题产生原因

（一）社会环境因素

一方面随着高等教育扩招、毕业人数剧增，大学生就业难的现状对毕业生的心理产生巨大的冲击，使一些学生心态失衡，产生焦虑、急躁、偏执和抑郁心理；另一方面大学生传统的价值观念受到冲击，功利倾向日益严重。他们在择业时越来越多地考虑目前的、现实的利益，缺乏长远意识和发展眼光。因此一部分毕业生忽视职业的深层价值，在求职就业过程中为利益所牵引，盲目追求就业环境、经济收入、福利待遇最优化，由此产生很多心理问题，如自负、嫉妒等。

（二）学校环境因素

由于我国对大学生职业发展与就业的指导起步较晚，此项教育开展的时间有限，尚缺乏成熟的教育模式。高校对毕业生的就业指导多偏重思想教育和政策教育，对毕业生求职能力的培养训练、健康心理的指导教育等方面所做的工作远远不能满足大学生的实际需要。大多数毕业生缺乏求职技巧，不会恰当地自我推销，不敢积极地参与竞争，不能准确地把握机会，加之缺乏有针对性的心理健康辅导，因此在职业准备和就业过程中很容易产生偏执、焦虑等心理问题。

（三）家庭环境因素

家庭环境对孩子的成长和成熟影响非常大。这主要包括父母对孩子的期望、父母的职业定位、父母教育子女的方法、父母的社会地位和社交能力、父母对各种职业的声望评价、孩子对父母的看法与态度、家中其他成员的影响、家庭氛围等方面。这些因素对学生的影响尤其是个性发展的影响非常大，如果未能很好地引导，就容易导致毕业生在就业中产生依赖、自负、自卑等心理问题。

三、大学生就业心理自我调适

就业是我们认识和适应社会的一个过程，在求职过程中遇到困难，经历挫折是正常的，在就业中产生心理冲突、困惑，有一些不良情绪也是正常的。遇到问题时，必须从自我实际情况出发，要学会调节自己的心态，主动自觉地适应环境，与环境保持协调，有效地排除心理问题，使自己能从容、冷静、积极地面对就业这一人生重大课题，并做出正确、理智的选择，达到合理择业、顺利就业和健康成长的目的。要让大学生形成健康的就业心理，需要社会、学校、家庭各方面的努力，其中内因是关键。具体来说，可以从宏观和微观两个方面去调适：

（一）就业压力的宏观心理调适

1. 接受客观现实，调整就业期望值，树立正确的就业观

就业市场化、自主择业给大学生带来了机遇与实惠，但许多大学生对“市场”残酷的一面认识不足，对就业市场的客观实际了解不够。我们必须明白“理想很丰满，现实很骨感”，无论是抱怨还是气愤都没有用，与其怨天尤人，浪费时间，影响自己心情，还不如勇敢地接受当前所面临的现实，脚踏实地地寻求解决问题的好办法。

就业市场上用人单位找不到人、大量的毕业生无处去的“错位”现象的存在，与大学生的就业期望值普遍较高有关。因此，要顺利就业就必须首先根据自己的实际情况和就业形势，了解职业对择业者的要求。同时正确地认识和评价自我，既要充分挖掘自身优势，又要理性看待自我的不足，从而正确定位，科学地进行人职匹配，并为理想的职业做好择业的知识、能力、心理准备，调整自己的就业期望值。调整就业期望值不是对单位没有选择，只要有单位就去，而是要在职业生涯规划和职业发展观念的基础上重新确定自己的人生轨迹。这就是说要树立长远的职业发展观念，放弃过去那种择业就是“一次到位”要求绝对安稳的观念。在当前获得一个理想职业的时机还不成熟时，应采取“先就业，后择业，再创业”的办法。也就是说，在择业时不要期望太高，可以先选择一个职业，不断提高自己的社会生存能力、积累工作经验，然后再凭借自己的努力，通过正当的职业流动，来逐步实现自我价值。

2. 充分认识职业价值，树立合理的职业价值观

传统观念认为人们工作就是为了满足生存需要，但是对于现代社会的人来说，职业对个体的意义已经远不是如此简单，职业可以满足人们从低层次到高层次的多方面需要。15 种现代职业价值观就包括利他性、美的追求、创意的追求、智慧的激发、独立性、成就感、声望、有管理的权力、经济的报酬、安全感、工作环境、与上司的关系、与同事的关系、变化性和生活方式的选择。因此，职业的价值是丰富的，我们要充分认识到职业对个体发展、社会进步所起到的重要作用。

在择业时不能只考虑工作的经济收入、工作条件、地点等因素，更要考虑职业对自我一生发展的影响与作用，应看重职业能否帮助我们实现自我价值。对于那些虽然暂时工作条件不怎么样，但发展空间大，能让自己充分发挥作用的单位要优先考虑；对于那些现在经济发展水平不太高，但发展潜力大，创业机会多的工作地点也要重视。

3. 认识与接受职业自我，主动捕捉机遇

大学生就业中的许多心理困扰都与大学生不能正确地认识和接受自我有关，因此正确地认识自我的职业心理特点并接受自我，是调节就业心理的重要途径。大学生要知道自己喜欢什么样的职业、需要什么样的职业、自己的择业标准是什么，以及按照自己目前的能力能做什么样的工作，这样澄清后才能知道什么样的工作更适合自己。许多同学在参加了几场招聘会后，会发现自己的能力与水平并不像自己以前想象得那么高，于是出现失望、悲观、不满等情绪。因此，同学们在认识自我后还要学会接受自我，对当前存在的问题不能一味抱怨，也没有必要自卑，要承认自己的现状，学会扬长避短。另外，要会用发展的眼光来看待自己，要知道有些缺点并不可怕而且还是暂时的，会通过后期的努力不断弥补和完善。

求职中想抓住机遇首先必须多收集就业信息，多参加一些招聘会，并根据自己的择业标准进行选择。需要注意的是，不同的人对好工作的界定是不同的。大企业有大企业的缺点，小单位有小单位的长处，这需要与自身情况相结合，不要随波逐流，我们在择业时应该选择最适合自己的工作，只有适合自己的才是最好的。最后要注意机遇的时效性，在发现就业机会时要主动出击，不能犹豫，也不要害怕失败，应有敢试敢闯的精神。

4. 坦然面对就业挫折，提高心理承受力

面对市场竞争和就业压力，大学生的求职总会遇到许多困难、挫折甚至是委屈，如一些专业“热门”，有些则“冷门”；又如女大学生找工作容易受到歧视等。面对这些问题仅抱怨是没有用的，更重要的是调整自我心态，提高自己的心理承受能力。

在求职中遇到挫折时，要用冷静和坦然的态度待之，客观地分析自己失败的原因，进行正确的归因。一是在就业市场化、需求形势不佳、就业竞争激烈的条件下，出现求职失败是在所难免的，不能期望自己每次求职都能成功，要对可能出现的求职挫折有充分的心理准备。二是应把就业看作一个很好的认识社会、认识职业生活、适应社会的机会，应通过求职活动促进自我成长。三是一次的求职失败并不一定就是因为自己的能力不行。总之，要正确分析自己失败的原因，调整自己的求职策略，学会安慰自己，以便在下次的求职中获得成功。

（二）就业压力的微观心理调适

1. 自卑感及其心理调适

在大学生就业过程中，由于竞争激烈，产生自卑心理是比较常见的。自卑的主要原因是对自己的能力缺乏了解，缺乏自信心。比如在择业中总是自己拿不定主意，过分退缩，对自己能胜任的工作，也不敢说“行”，总是说，“试试看”，显得很没自信。

每个人都不希望有自卑感，那么怎样消除自卑感呢？一是要相信自己。车尔尼雪夫斯基有句名言：“假如一个人总想着：‘我办不到’，那他必然会办不到。”一个人的自信心并非与生俱来，而是在不断战胜困难中逐渐培养起来的。其实每个人的生活中都会碰到困难和挫折。正如俗语讲“上帝不会把所有幸运都送给别人，而把所有不幸带给你”。克服自卑感的最好办法是行动，在实际行动中逐步强化一种信念——“我干什么都行”。要经常对自己进行积极的心理暗示，比如说：“别人能干好，我一定也能干好”，“我行，我一定能干好”等。二是要正确评价自己。正确评价自己的办法就是要纠正过低的自我评价，多找自己的长处，即使微不足道也不要忽略，这些本来就属于你的财富对于你恢复自信心是十分必要的。人都有所长，利用自己的优势取长补短，寻求成功的经验，增强自信，可以有效克服自卑感。三是克服惧怕心理。不要怕失败，因为失败并不表示你不如别人，失败更不表示你一事无成。没找到工作，不是你不优秀，而是你不适合。充满自信心，是成功的前提。

2. 焦虑心理及其调适

刚走出校门，没有社会经验的大学生对选择职业这一人生大课题产生择业的焦虑心理是正常现象。要克服焦虑心理，主要是要更新观念，打破中国传统的事事求稳、求顺的思想，树立市场竞争的新观念。市场经济就是竞争经济，生活在市场经济中，竞争恐怕要伴随你一生。大学生求职过程就是竞争过程，即使你得到了比较理想的职业，如果没有竞争意识，不继续努力，也还可能丢掉这个工作。有竞争必定会有风险和失败，确立了竞争意识，不怕风险和挫折，焦虑的心理必定得到缓解或克服。当然还应克服择业心切、急于求成的思想。不然容易导致择业失败，失败的体验又会强化沮丧、忧虑的情绪。

3. 嫉妒心理及其调适

产生嫉妒心的原因是多方面的，如心胸狭窄、虚荣心太强、名利思想太严重等。嫉妒心是市场竞争中一种不正当的以极端个人主义为核心的有害心理。它主要靠加强自我修养，提高道德水平来克服。其中最重要的是要做到两点：其一是要真诚待人，其二是要学会爱人。做人要诚实，这是立身之本，诚实的人既不自欺也不欺人，一生光明磊落，襟怀坦荡，潇洒地工作和生活，诚实的人还可以主动改善人际关系，做好工作，使事业取得成功。爱人是我国的传统美德。有了这种精神境界，就能够设身处地为别人着想，别人有困难时给予帮助，有痛苦时给予安慰，就不会产生嫉妒心理。当然提高道德水平绝不是一朝一夕的事情，需要在日常生活中从一点一滴做起，长期地加强自我修养。如果别人在某些方面确有优势，而自己则明显不足，就要坦然对待，审时度势，下决心去超越，或转移竞争方向，在其他方面努力做出成绩。

此外，还可以试试以下几种心理调适方法：

(1) 转化法。有些时候，不良情绪是不易控制的。这时可以采取迂回的办法，把自己的情感和精力转移到其他的活动中去。如学习一种新的技能，参加有兴趣的活动，使自己没有时间和可能沉浸在不良情绪中，以求得心理平衡来保护自己。

(2) 宣泄法。因挫折造成焦虑和紧张时，可以去打球、爬山，参加大运动量的活动，宣泄情绪。但是宣泄一定要注意场合、身份、气氛，注意适度。

(3) 安慰法。人不可能事事皆顺心，择业中遇到困难和挫折，可说服自己适当让步，不必苛求，找一个自己可以接受的理由。

(4) 松弛法。在出现焦虑、恐惧、紧张、心理冲突、入睡困难、血压增加、头痛等身体症状时，可以在有关人员的指导下进行放松练习。

(5) 沟通法。当你对择业感到茫然时，也可找老师、同学、亲友沟通，说出你的想法，听听他们的建议和看法。

在维护和促进心理健康中，大学生除了自我调节之外，必要的时候可以寻求社会的帮助，尤其是接受心理咨询人员的帮助，全国很多高等学校都设立了心理咨询中心，为广大学生提供心理咨询服务，保持良好的择业心态，在必要时接受专业心理咨询人员的帮助是非常有效的方式。

第二节 大学生就业安全

党的十九大报告指出，就业是最大的民生，要坚持就业优先战略和积极就业政策，实现更高质量和更充分就业。面对日益沉重的就业压力和纷繁复杂的就业环境，在校的大学生们还没有足够的经验和阅历来有效应对，所以在全力促进大学生充分就业的同时，他们的安全问题也不容忽视。大学生不仅要懂得如何做好各项就业准备，也要懂得在就业中如何保护自己。在此，我们来共同探讨大学生的就业安全问题。

一、常见就业陷阱

（一）传销陷阱

张帆是某高校美术专业的毕业生。一天，他接到朋友周某从广州打来的电话，希望他来公司工作。张帆到广州后，周某让他签订了一份合同书，并让他交押金3 000元，并承诺如辞职离开公司，押金随时如数退还。张帆认为周某与自己是朋友，又有合同和承诺，便如数交了押金。当天下午，周某就带三人开始岗前“培训”。“培训”主要是讲怎样赚钱，怎样暴富和赚钱要不择手段以及“发展下线、金字塔”理论等。经过几天“培训、洗脑”后，公司让他“上班”，就是打电话、动员蒙骗那些认识的、想找工作的人来“工作”。

大学生被非法传销组织所骗受困的原因主要有：一是大学生自身防范意识薄弱，轻信他人上当受骗；二是对同学、朋友的介绍过于信任，没想到熟人还会骗自己；三是就业压力过大，择业时放松了必要的警惕，轻信以用人单位身份出现的非法传销公司；四是个别学生存在不劳而获的思想，被非法传销组织宣传的高额回报引诱。

（二）诈骗陷阱

韩天，大学毕业生，在人才交流市场，经过初步了解，与某家公司达成就业协议。但他也了解到，进这家公司，每人要收取200元的服装保证金，用于制作工作服，离开公司的时候，200元可以原数退还。1个月后，韩天来到公司的办公地点参加培训，但却发现，该公司和主管人员早已经人去楼空，才知自己上当受骗。据了解，在这起诈骗案中，有150多名求职者上当受骗，其中大多数都是刚刚毕业的大学生。

在就业市场中，类似的诈骗案很多。骗子们往往借着招聘的幌子，要么收取“报名费”，要么收取“保证金”或“培训费”，很多大学生为了获得工作的机会，不敢拒绝。但骗子们往往就抓住了大学生的这种心理，开始行骗。就业过程中，骗子最感兴趣的往往是金钱，只要同学们提高警惕，捂紧“口袋”，放好“钱包”，骗子也只能望洋兴叹，无计可施。

（三）霸王条款陷阱

王迪，大学毕业生，由于急于找到工作，没来得及仔细推敲合同里的条款，结果是不但失去了这份工作还付了一笔违约金。据其称，他与公司签合同时还未毕业，但公司要求其进入实习期。在4个月的实习期里他卖力地工作，却只能得到300多元钱的“实习工资”。实习结束后，他以为工作已经敲定，打算回学校修完剩下的一些课程，9月再回到公司正式上班。但当他向公司请假时，公司却以合同中“工作前两年不得连续请假一周以上”的条款为由，认定王迪违约，索要违约金。王迪只好交了2 000元的违约金。

在大学生择业的过程中，像王迪这样的情况比较普遍。由于就业形势比较严峻，大学生在求职过程中往往处于弱势地位，很多用人单位都提出了一些明显的不合理条款，如违约金、服务期等。对于毕业生来讲，虽然知道这些附加条款是有失公平的，但也不敢有异议。现实生活中，在职场上把“试用期”当成“剥削期”已经成了一些无良老板逃避法定义务的惯用伎俩。所以，同学们签订协议时一定要谨慎，要认真阅读协议中的每一条规定，反复斟酌，拿不准的要向有关法律机构咨询后再作决定。

（四）性别陷阱

女大学生王兰，几天前到省会某地做家教时被杀害。该同学由于轻信他人，在未经认真核实的情况下，只身去应聘家教，结果遇害。女大学生吴静，通过广告找到一家俱乐部作高级商务公关，在交纳400元“制卡费”后，却发现工作是“三陪”。

近年来，女大学生在就业过程中受到侵害的事件层出不穷，这也给我们敲响了警钟，危险离我们并不遥远，安全问题要时刻牢记心间。

（五）盗取信息陷阱

毛晖，是大学毕业生的家长，日前接到一个长途电话，称其儿子在车祸中撞伤，正在医院抢救，急需手术费5万元。毛晖闻讯后立即拨打儿子手机却怎么也打不通，相信真的出事了。就在此时，一个自称是儿子学校领导的人又打来电话，证实确有其事，并留下一个账号。毛先生连忙筹集了5万元汇过去。几小时后，毛先生终于打通儿子电话，方知上当受骗。

毕业生在求职过程中，尤其是网上求职，往往要填写一些表格，其中涉及很多个人信息。从个人电话号码，到家长姓名、家庭住址、家庭电话等可谓一应俱全。许多毕业生随意填写，结果给骗子留下了可乘之机。建议同学们求职心虽切，但切莫要大意，在填写有关应聘表格时没有必要留下家人信息，尤其是联系电话，骗子往往利用假招聘套取应聘者有关信息，从而实施诈骗。应聘者家人稍不注意，就可能落入陷阱造成损失。

（六）中介陷阱

某职业介绍所收取了苏琳等5人每人500到1 000元的中介费，并保证给他们介绍工作。如果对工作不满意，还可以在一年内重新帮他们介绍工作，并保证一个月内找不到工作，全额退款。但是，无一例外的是，当他们拿着职介所给的地址去找用人单位时，出现的状况不是用人单位不需要招人，就是根本找不到单位。一个月后，他们找到介绍所要求退款，但是介绍所根本不予理睬。

现在，中介公司遍地都是，但是却良莠不齐，很大一部分都是没有资质的。大学生求职中如果需要通过中介，一定要到合法、信用度高的中介公司，而且务必要查看中介的《职业介绍许可证》和工商部门颁发的《营业执照》的原件。正规中介机构除具有中介许可证之外，一般会将营业执照悬挂在大厅等较显眼位置。

（七）试用陷阱

王一是江西某大学的毕业生，在上海的人才交流会上，被一家翻译公司聘用。老板声称：试用期3个月，一次性发放薪水1 500元；试用期满正式录用，再签订劳动合同。考虑到严峻的就业形势，王一当时就一口答应了。在试用期间，王一表现得十分积极。可眼看试用期满，老板却告诉他不用来了。原因是他认为王一不适合做这份工作。老板甩出800元作为这3个月的“辛苦费”，将王一打发了。这时王一已错过毕业生求职的黄金期，再找工作已相当困难。

试用陷阱是学生就业过程中常见的陷阱。试用陷阱通常表现为单方面延长试用日期、试用期“永远”不合格、试用期不缴纳“三险一金”等。现在一些企业利用实习和试用名目，骗取免费劳动力。在实习试用期间，不仅不支付任何薪资，甚至要求交培训费。因此毕业生在求职过程中要多留心眼，提防掉进个别企业的“试用”陷阱。对企业所提供的“试用”或者“实习”机会，一定要弄清楚自己获得的究竟是实习机会还是试用机会。对口头提出的“试用”，尤其要当心。尽量把与用人单位的“口头协议”形成文字内容，写进就业协议，这样在合法权益受到损害时才有依据。

（八）智力陷阱

今年高校毕业的李某平时就喜欢把自己设计的作品放在网上供人欣赏。前不久，他刚把自己的最新设计放在网页上，湖北一家公司就通过QQ与他联系，要求他做一份产品的包装设计。“他们在QQ上说得天花乱坠，承诺如果采用了我的设计，会给我不菲的报酬，还可以进该公司工作。”李遇说，他花了三个晚上给对方设计了一种包装样式，未料对方通过网络收到作品后就杳无音讯。后来，李遇在网上看到这家公司的一种产品包装和他的创意很相似，打电话给该公司，对方却死不认账，更谈不上支付报酬和提供工作了。

目前个别用人单位利用毕业生的专业优势，让其承担具有一定技术含量的项目，获取廉价智力成果，项目完成后以各种理由拒收毕业生，使毕业生陷入智力陷阱。

（九）审核证件陷阱

一些单位以需要审核为由扣押求职者的身份证、学位证、毕业证等证件。同学们应该明确，招聘单位是没有权力保留求职者证件原件的。去面试的时候，特别是初次面试，最好只带上相关证件的复印件，若招聘单位要求带原件，给招聘单位展示之后，一定要把原件拿回来。不管什么样的理由，证件原件都不要给任何单位保管。

二、增强安全意识，提高防范能力

（一）合理择业，端正求职态度

有些学生好高骛远，眼高手低，不根据自身的实际情况选择合适的职业，反而追逐超过自身能力范围的黄金职业。相反，也有部分学生过于自卑，缺乏自信，破罐子破摔，对就业持消极态度。不法分子就是利用学生的这种复杂心理，设下陷阱。求职时应该正确评估自己，合理择业，这样不仅能理智地避开就业陷阱，也能找到更加适合自己的、令自己满意的工作，从而更好地在工作岗位上发挥自身优势。

（二）耐心准备，戒贪心，戒焦躁

应聘时，应认真考虑用人单位提出的条件，深入分析各方面因素，做出正确判断，确保就业安全。不要被“高薪”蒙蔽双眼，不顾工作条件和工作内容，一味向钱看，最后被人利用，自己也受到损失。也不要因一时找不到合适的职业而焦躁不安，自暴自弃，做出危害自身及他人安全的荒唐行为。

（三）加强学习，维护合法权益

很多毕业生对《劳动法》《劳动合同法》《劳动争议调解仲裁法》等与就业安全相关的法律、法规不甚了解，也不懂得求职者应享受什么样的权益，以致在求职过程中上当受骗。所以大学生要主动学习有关政策、法律、法规，增强法律意识，维护自己的合法权益。

还有很大一部分学生在面对应聘骗局或上当受骗后，不向工商、公安和劳动管理部门投诉，而是自认倒霉，将责任归于一己糊涂，认为与其四处申诉，还不如把精力放在寻找下一个工作机会上，这是一种十分错误的想法。当发现被骗后，不要“嫌麻烦”，应马上报警，或求助于劳动监察部门和劳动仲裁部门及学校的相关部门，利用法律武器维护自身的合法权益。

（四）认真谨慎，不要轻易签字

在学生遭遇的各种求职陷阱中，最常见的就是收取保证金、押金。一些招聘单位直接向应聘者索要服装、咨询、邮寄等费用，甚至利用招聘会骗取不义之财。我国《劳动合同法》明确规定：用人单位招聘时，不得以担保或其他任何名义，收取求职者任何形式的报名、培训、押金等费用。招聘单位巧立名目，收取求职者相关费用，是违法行为。另外，根据相关法律规定，单位录用员工时，与劳动者订立的是劳动合同，不是产品推销协议。毕业生要提高警惕不要签订以推广、促销为名的民事协议。也不要头脑发热，盲目签字，在签订就业协议时要小心谨慎，认真审视字句。

（五）仔细辨别，防止虚假招聘

获得就业信息是成功求职的第一步。某些用人单位在招聘过程中，经常会开出丰厚的待遇或条件，或者把普通岗位冠以华丽的名词，学生上岗后才发现上当受骗。在选择企业时，应仔细鉴别招聘信息及招聘公司的合法性，尽量通过正规途径获取信息，选择信誉佳的公司去应聘。对于那些不熟悉或没听说过的公司，应聘前应先上网或打电话求证此公司信息的真实性。如果可能的话，可以联系在该地工作的同学或校友询问相关情况，以确保信息安全。应选择在应聘单位办公地方和正常上班时间接受面试，并通过对方的办公电话进行核实。

拓展阅读

求职要识破虚假招聘信息

爆炸式招聘：一次招人逾百，岗位从总经理到属下员工一线贯穿，实际上多是恶意炒作。

永久式招聘：广告长期有效，长年招聘，且报名不受限制。

单线式招聘：联系方式模糊，或仅有邮箱、手机号。

垃圾式招聘：招聘广告贴在马路边、电线杆、私人住宅，大多是为了捞取不菲报名费。

色情式招聘：打着急招“公关先生”“公关小姐”字样，千万应聘不得。

无收入招聘：有些招聘招的是“经营人才”，却无工资，需要靠自己揽。

拔高式招聘：打出招聘财务总监或部门主管、总经理者，一般难得兑现。

错位式招聘：公司简介多而精，招聘人员少而稀，大多是公司行广告之实。

补偿式招聘：刚在内部大幅裁员，却又跑到人才市场扯起横幅大规模招人。

中介式招聘：招聘条件极低，但先要你交一笔咨询费，这些“公司”实际是靠收信息费过日子。

课后思考题

1. 分析自己可能存在的就业心理问题，并尝试进行调适。
2. 如何防范就业危险，提高就业安全意识？

课后阅读

1. 郑日昌. 情绪管理压力应对[M]. 北京：机械工业出版社，2008.
2. 卡尔. 积极心理学：关于人类幸福和力量的科学[M]. 郑雪，等译. 北京：中国轻工业出版社，2014.
3. 段鑫星，程婧. 大学生心理危机干预[M]. 北京：科学出版社，2006.

参考文献

[1] 金树人．生涯咨询与辅导[M]．北京：高等教育出版社，2007.

[2] 全国高等学校学生信息咨询与就业指导中心．大学生职业发展与就业指导[M]．北京：高等教育出版社，2009.

[3] 钟谷兰，杨开．大学生职业生涯发展与规划[M]．上海：华东师范大学出版社，2016.

[4] 顾雪英．当代大学生职业生涯规划[M]．北京：高等教育出版社，2011.

[5] 国家职业分类大典和职业资格工作委员会．中华人民共和国职业分类大典[M]．北京：中国社会劳动保障出版社，1999.

[6] 沈之菲．生涯心理辅导[M]．上海：上海出版社，2000.

[7] 杨萃先，张有明．这些道理没有人告诉你[M]．北京：北京联合出版社，2012.

[8] 杨毅宏．世界 500 强面试实录[M]．北京：机械工业出版社，2010.

[9] 鲍利斯．你的降落伞是什么颜色[M]．北京：中信出版社，2002.

[10] 吉林省高等学校毕业生就业指导中心．大学生就业创业指导教程[M]．长春：吉林出版集团有限责任公司，2015.

[11] 卡尼，韦尔斯，曹书乐．找到适合你的职业[M]．肖奔放，译．北京：中国轻工业出版社，1999.

[12] 温德顿，翁妙玮．成就完美简历[M]．郑后成，译．北京：中国劳动社会保障出版社，2004.

[13] 钱建国．大学生职业生涯规划与就业指导[M]．北京：人民出版社，2007.

[14] 北京纽哈斯国际教育咨询有限公司．求职圣经[M]．北京：机械工业出版社，2006.

[15] 吴芝仪．我的生涯手册[M]．北京：经济日报出版社，2008.

[16] 庄明科，谢伟．职业素养入门与提升[M]．北京：北京理工大学出版社，2009.

[17] 雷恩·吉尔森．选对池塘钓大鱼[M]．彭书淮，译．北京：机械工业出版社，2004.